权威·前沿·原创

皮书系列为
"十二五""十三五""十四五"时期国家重点出版物出版专项规划项目

深圳社会组织蓝皮书

BLUE BOOK OF SOCIAL ORGANIZATIONS OF SHENZHEN

深圳社会组织发展报告（2022~2023）

ANNUAL REPORT ON SOCIAL ORGANIZATIONS DEVELOPMENT OF
SHENZHEN (2022-2023)

主　编／ 深圳市社会组织管理局
　　　　 深圳国际公益学院

社会科学文献出版社
SOCIAL SCIENCES ACADEMIC PRESS（CHINA）

图书在版编目（CIP）数据

深圳社会组织发展报告. 2022~2023 / 深圳市社会
组织管理局，深圳国际公益学院主编. --北京：社会科
学文献出版社，2023.7
　　（深圳社会组织蓝皮书）
　　ISBN 978-7-5228-2053-8

Ⅰ.①深… Ⅱ.①深… ②深… Ⅲ.①社会组织管理
-研究报告-深圳-2022-2023 Ⅳ.①C916.1

中国国家版本馆 CIP 数据核字（2023）第 120561 号

深圳社会组织蓝皮书

深圳社会组织发展报告（2022~2023）

主　　　编 / 深圳市社会组织管理局
　　　　　　深圳国际公益学院

出 版 人 / 王利民
责任编辑 / 胡庆英
责任印制 / 王京美

出　　　版 / 社会科学文献出版社·群学出版分社（010）59367002
　　　　　　地址：北京市北三环中路甲 29 号院华龙大厦　邮编：100029
　　　　　　网址：www. ssap. com. cn
发　　　行 / 社会科学文献出版社（010）59367028
印　　　装 / 天津千鹤文化传播有限公司

规　　　格 / 开　本：787mm×1092mm　1/16
　　　　　　印　张：16.75　字　数：248 千字
版　　　次 / 2023 年 7 月第 1 版　2023 年 7 月第 1 次印刷
书　　　号 / ISBN 978-7-5228-2053-8
定　　　价 / 158.00 元

读者服务电话：4008918866

编委会成员

主要编撰者简介

深圳市社会组织管理局　2006 年底，深圳市将行业协会服务署和民政局民间组织管理办公室合并，组建了深圳市民间组织管理局，作为深圳市民政局直属副局级行政单位；2015 年，深圳市民间组织管理局更名为深圳市社会组织管理局；2019 年，深圳市社会组织管理局调整为市政府工作部门，并由市民政局统一领导和管理，主要履行全市社会组织的登记、监管、规范、培育、协调和服务等职能。深圳市社会组织管理局一直坚持培育发展与监督管理并重，以增强社会组织服务能力、提升社会组织质量为主要着力点，积极引导社会组织参与社会管理和公共服务，稳步推进社会组织管理体制机制改革创新，激发社会组织活力，加快构建政社分开、权责明确、依法自治、具有深圳特色的现代社会组织体制。

深圳国际公益学院　深圳国际公益学院由多位中美慈善家于 2015 年联合倡议发起，是中国首家独立注册的公益学院。秉承"兼爱·师仁"之院训，以慈善引领社会文明为愿景，以培育全球公益典范为使命，学院立足深圳、辐射全国、面向全球，以建设中国公益慈善教育领域有引领性影响力和创新创业特色的公益教育机构为目标，致力于培养满足中国和世界公益慈善需求的高级管理人才、推动社会实现可持续发展的榜样型慈善家、社会企业家和新公益领导者。学院以"可持续发展"为核心理念，以实践和创新为基本准则，采用"理论引导、实践引领、行动至上"的教学模式，构建新时代公益慈善知识体系。

摘　要

2019 年，中共中央、国务院先后印发《粤港澳大湾区发展规划纲要》和《关于支持深圳建设中国特色社会主义先行示范区的意见》，2020 年，中共中央办公厅、国务院办公厅印发了《深圳建设中国特色社会主义先行示范区综合改革试点实施方案（2020～2025 年）》。"双区"驱动下的深圳不断深化改革开放，推动各领域发展。2022 年受疫情影响，深圳社会组织在发展与管理上遇到了新的挑战，但依然在不同层面、不同领域取得了一定进展。本书是"深圳社会组织蓝皮书"的第四本。全书由总报告、分报告、专题报告和创新案例四部分组成，展现了深圳社会组织过去一年的发展情况。

总报告对深圳社会组织作为治理主体之一参与社会治理的路径、方法、困难及相关政策建议做了详细深入的梳理。分析发现，深圳社会组织无论是从规模、数量还是从发展质量来看，都已成为社会治理的重要主体，并且社会组织在社会治理各个层面的参与及其效果，形成了对社会治理工作的有力补充。在此过程中，深圳社会组织还出现了搭建政企平台、推进民生服务等诸多亮点。下一步则需要政府、社会组织、企业、公众进一步强化协同治理，凝聚合力，持续优化社会组织参与社会治理的实践路径。

分报告对深圳市行业协会、社区社会组织和枢纽型社会组织近年来的发展情况进行了梳理分析。通过分析 2019～2021 年深圳市行业协会发展的有关数据，我们发现深圳市行业协会在专利导航、标准研制、人才发展、政企沟通和服务群众五个方面的亮点和特色。在"20+8"产业集群建设背景下，行业协会也发挥着越来越重要的作用。深圳市社区社会组织发展呈现多样化的特点，在党建引领、社区服务、社区营造方面取得了很大的成绩。分报告 3 选取了公益慈善、生活服务、社区事务和文体活动四个领域的特色社区社会组织案例进行了分析，并重点分析了当前深圳社区社会组织发展面临的问题。深圳市枢纽型社会组织主要有区域型、行业型、区域+行业型三大类。分报告 4 选取了三个案例对枢纽型社会组织在党建平台搭建、提供精准服务、发挥培育功能、制定行业标准、开展行业研究等方面发挥的作用进行了分析，并提出了界定不清、发展不平衡等问题。分报告还分别就深圳市行业协会、社区社会组织和枢纽型社会组织的发展提出了建议。

专题报告主要聚焦深圳社会组织发展的亮点，分别介绍了经济类社会组织（如行业协会）、教育类基金会、体育类社会组织、生态环境类社会组织的发展状况和亮点，并对社会组织党建工作进行了总结。随着"20+8"产业集群工作的不断推进，深圳市行业协会在搭建产业网络、培育产业人才、促进产业国际交流等方面取得了显著成效。深圳市教育类基金会近年来发展迅速、类型多样，取得很大进展，但还存在资产有限、管理体制、机构发展等方面的问题。随着深圳市民体育运动热情不断高涨，深圳市体育类社会组织数量不断攀升且呈多元化发展，有效参与社会治理，呈现良好发展态势。对比之下，深圳市生态环境类社会组织在数量上保持稳定、质量上不断提升，在自然教育方面尤为突出。在社会组织党建方面，深圳市社会组织创新性地提出了"三同"联建模式、"三同步五嵌入"工作机制以及"联学联建""结对共建"等新形式，取得了显著成效。专题报告还就各个领域社会组织目前存在的问题进行了分析并提出了相应的建议。

创新案例关注深圳市社会组织在 2022 年的创新探索。关注深圳市商会、行业协会和社会机构等不同类型社会组织参与社会矛盾纠纷调解的模式和特色；以典型案例的方式呈现深港商协会在展会交流、人才认证、行业标准互认等方面的贡献和不足；本年度皮书还邀请深圳市社会组织总会、深圳市服

装行业协会和深圳市合成生物学协会供稿，通过先进社会组织的经验展示深
圳社会组织发展的亮点。

关键词：　社会组织　社会治理　党建引领　"20+8"产业集群

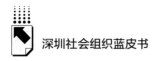
in Shenzhen have maintained stability in quantity and continuously improved in quality, particularly in the field of natural education, and have made continuous progress on the path of globalization. In terms of party building of social organizations, Shenzhen social organizations innovatively put forward the joint construction model and working mechanism, and achieved remarkable results. The special reports also analyze the current problems of social organizations in various fields and put forward corresponding suggestions.

Innovation Cases focus on the innovative exploration of social organizations in Shenzhen in 2022, such as the experience of sowing conflicts mediation from Shenzhen chambers of commerce, industry associations and social services institutions. The contributions and shortcomings of the Shenzhen and Hong Kong Business Association in exhibition exchanges, talent certification, and industry standard mutual recognition are presented through typical cases. Shenzhen Social Organization Federation, Shenzhen Garment Industry Association and Shenzhen Synthetic Biology Society were invited to introduce their experience of the development of social organizations.

Keywords: Social Organization; Social Governance; Party Building Leading; "20+8" Industrial Cluster

目　录 ⌐⌐

I　总报告

II　分报告

III　专题报告

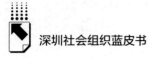
Ⅳ　创新案例

皮书数据库阅读**使用指南**

CONTENTS ↖>

I   General Report

II   Topical Reports

III   Special Reports

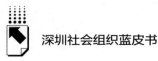

Ⅳ   Innovation Cases

总 报 告

General Report

2021~2023年深圳社会组织参与
社会治理的探索与实践

唐昊　曾伟玲　周玲秀*

摘　要： 本报告结合深圳实际情况，对社会组织作为治理主体之一参与社会治理的路径、方法、困境做了详细深入的梳理，并提出了相关政策建议。目前，深圳社会组织无论是在规模、数量还是在发展质量方面，都是能发挥社会治理功能的重要主体。并且，社会组织在社会治理各个层面的参与及其效果，形成了对党和政府社会治理工作的有力补充。在此过程中还出现搭建政企平台、推进民生服务等诸多亮点案例。社会组织在参与社会治理的过程中也面临一些困难，如外部环境尚待优化、自身能力亟须增强等，下一

* 唐昊，深圳国际公益学院研究员、教授，华南师范大学教授，美国富布莱特学者，法学博士，研究领域为历史政治学、公益慈善文化、家族文化传承、国际政治经济学、中美关系等；曾伟玲，深圳国际公益学院高级总监，社会福利博士，欧盟-中国高等教育合作项目访问学者，研究领域为社会政策、社会组织、社会服务评估、社区发展及企业社会责任等；周玲秀，深圳国际公益学院高级分析师，管理学硕士，研究领域为儿童福利、养老福利、基层治理等。

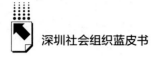
步工作的重点应是社会组织与政府、企业、公众等进一步强化协同治理，凝聚合力。

关键词： 社会组织　社会治理　治理体系　治理能力

党的二十大报告指出，要完善社会治理体系，健全共建共治共享的社会治理制度，提升社会治理效能，畅通和规范群众诉求表达、利益协调、权益保障通道，建设人人有责、人人尽责、人人享有的社会治理共同体。社会组织参与社会治理是新时代创新社会治理体制机制的重要手段。在中国的社会治理体系中，社会组织在促进经济发展、整合社会资源、提供社会服务、参与社区治理、表达社会诉求等方面发挥着积极的作用，是社会治理的重要主体。社会组织参与社会治理的路径优化和能力提升，是推进国家治理体系和治理能力现代化的有效支撑。

深圳作为改革开放的前沿城市，经济持续高速发展，社会力量活跃。根据深圳社会组织季度报告，截至 2023 年 3 月，深圳市社会组织登记总数为 10486 家，其中社会团体 4875 家（包括行业协会 731 家、异地商会 451 家、普通社团 3693 家）、民办非企业单位 5136 家、基金会 475 家。这些社会组织积极参与社会建设的方方面面，成为动员社会资源解决社会问题的重要载体。自 2019 年中共中央、国务院印发"两区文件"（《关于支持深圳建设中国特色社会主义先行示范区的意见》《粤港澳大湾区发展规划纲要》）以来，深圳获得了空前的发展机遇，这也为深圳社会组织参与社会治理提供了基本方向。深圳社会组织要发挥其作为社会治理主体的作用，联动粤港澳大湾区的社会组织，参与社会治理以及区域协同发展，这是新时代赋予其的特殊使命。本报告基于深圳市社会组织管理局历年登记管理数据、2021 年深圳社会组织年报数据及对重点社会组织的调研访谈资料进行分析，力求呈现深圳社会组织参与社会治理的整体情况。从社会组织年报报送的情况来看，2021 年应报送数量 8888 家，未报送

1446 家，报送比例为 83.7%，部分未报送年报材料的取其最近一次年报数据进行统计。

一 深圳社会组织总体发展情况

（一）深圳社会组织成为社会治理的重要主体

近年来，深圳社会组织在数量上实现稳定增长的同时，在质量上也不断提高，并承担了包括解决社会问题、提升就业水平、强化基层治理、促进企业协同发展在内的越来越多的社会治理功能，已成为社会治理的重要主体。具体说来有如下几个方面。

1. 深圳社会组织发展进入"提质增效"阶段

作为参与社会治理的主体之一，社会组织扩展了社会服务的供给，在推动慈善公益、弥补市场不足和承接政府职能转移方面发挥着重要作用。从登记数量来看，深圳市的社会组织总量从 2008 年的 3355 家增长至 2022 年的 10504 家（见图 1），增长速度较快。但近年来，深圳社会组织数量的增速明显放缓，社会组织数量甚至有轻微下滑。登记管理部门更加关注现有社会组织的规范发展和品牌打造，也意味着深圳社会组织发展正式步入了"提质增效"阶段。

根据 2021 年年报数据统计（本年度未报送年报的，取其最近一次年报数据或登记数据），深圳市 10504 家社会组织专职工作人员总数为 134773 人，平均每家社会组织约有工作人员 13 人，根据《深圳统计年鉴 2022》数据，2021 年深圳市在岗职工为 499.17 万人，社会组织的专职人员占比约为 2.7%。[1] 深圳社会团体的会员总数为 50276 个，其中单位会员 13573 个，个人会员 36703 个。深圳社会组织在吸纳社会就业方面发挥着积极的作用。

---

[1] 深圳市统计局：《深圳统计年鉴 2022》，http://tjj.sz.gov.cn/gkmlpt/content/10/10390/post_10390917.html#4219，最后访问日期：2023 年 5 月 10 日。

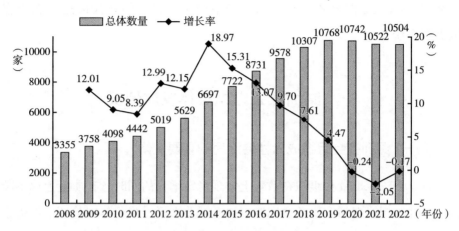

图1　2008~2022年深圳市社会组织总量情况（不含备案）

资料来源：深圳市社会组织管理局登记管理数据。

2. 深圳市不同类型社会组织的总量情况

2022年深圳市社会组织总量为10504家，其中社会团体4867家、民办非企业单位5162家、基金会475家（见图2）。总的来看，深圳社会组织中民办非企业单位占比最高，其次是社会团体，基金会占比最低。

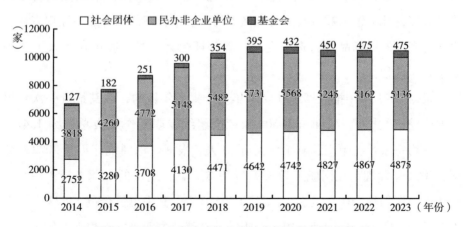

图2　深圳市分类统计的三类社会组织数据总量情况

说明：2023年为截至3月31日的数据。

资料来源：深圳市社会组织管理局登记管理数据。

3. 深圳市社会组织各领域分布情况

从 2023 年 3 月底的深圳市社会组织季度统计报告来看（见图 3），教育类社会组织最多（2558 家，占总数的 24.39%），其次是社会服务类（2345 家，占总数的 22.36%），再次是工商服务业类（1292 家，占比为 12.32%）、文化类（1182 家，占比为 11.27%）和体育类（918 家，占比为 8.75%）。

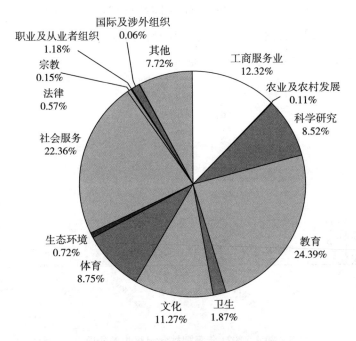

图 3 2023 年第一季度深圳市社会组织各领域分布情况

资料来源：深圳市社会组织管理局《深圳社会组织季度统计报告（2023 年第一季度）》。

（二）深圳社会组织的发展和社会治理参与

深圳社会组织的总资产规模持续扩大。2021 年度全市社会组织总资产额为 442.50 亿元，相较 2020 年度全市社会组织总资产 406.64 亿元增加了 35.86 亿元。但同期净资产有所下滑，2021 年度全市社会组织净资产为 147.18 亿元，相较 2020 年的 196.55 亿元减少了 49.37 亿元。

从收支上看，2021 年度深圳社会组织总收入 320.57 亿元，总支出 357.36 亿元①，出现了入不敷出状况。从收入分项上看，社会组织提供服务收入是其主要收入来源，这与我们对社会组织通过服务提供参与社会治理的观察一致。2021 年深圳社会组织提供服务收入达到了 231 亿元，与 2020 年度的 199.88 亿元相比有所增加。动员社会资源也是社会组织参与社会治理的主要方式，从收入上看，2021 年深圳社会组织获得捐赠收入 50.44 亿元，占分项收入的第二位（见图 4），政府补助收入持续下滑，从 2020 年的 20.36 亿元下滑至 2021 年的 17.95 亿元。

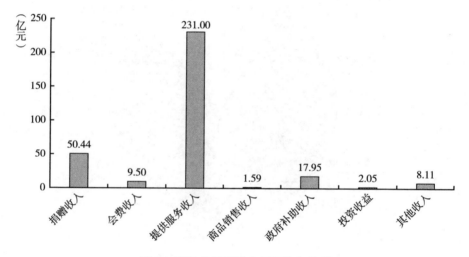

图 4　2021 年深圳社会组织收入分项

从支出上看，深圳社会组织的支出分项中，占比最高的为业务活动成本，2021 年达到了 276.75 亿元，与 2020 年的 292.95 亿元相比有所下降，这可能与疫情期间社会组织开展活动较少有关。管理费用是第二大支出分项，2021 年深圳社会组织管理费用支出达到了 74.59 亿元，占总支出的比例约为 20.87%（见图 5），但这一数据与 2020 年的 71.21 亿元相比略有增长。

① 收入和支出总数为全部总计数据，收支分项数据为各项四舍五入后加总，与总计数据有轻微出入。

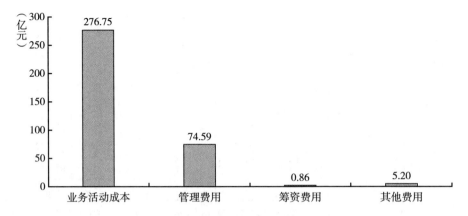

图5　2021年深圳社会组织支出分项

从社会组织的登记管理类别来看，近10年来，不同类别的社会组织在数量增长上开始放缓，但增长速度呈现不同趋势。自2013年以来，深圳社会团体登记数量持续增长，增长速度自2014年后持续放缓。2009年民政部与深圳市人民政府签订了"推进民政事业综合配套改革合作协议"（以下简称"部市协议"），授权深圳市开展基金会登记管理试点，深圳市基金会数量快速增长。深圳基金会数量的增长自2014年后开始放缓，但始终保持较高的增长速度，从2013年的127家增长至2022年的475家。2022年9月根据《广东省人民政府关于公布广东省行政许可事项清单（2022年版）的通知》及广东省民政厅相关通知要求，深圳市社会组织管理局暂停办理基金会登记业务。深圳基金会的数量定格在475家。从民办非企业单位这一类别来看，民办非企业单位的数量增长至2019年后开始出现下滑，也是社会组织中唯一出现负增长率的类别，这可能与"双减"政策及三年疫情有关。在"双减"政策下，传统以学科培训为主业的教育类民办非企业单位，业务量剧减，并且三年疫情限制了线下集中活动的开展，对教育类民办非企业单位影响较大。近三年来教育类社会组织占比持续下降，从2019年的30.39%持续下降至24.63%（见图6）。

深圳市的社会组织经历了快速发展阶段，数量达到上万家后进入了平台发展期。作为募集社会资源的主要渠道，深圳基金会数量持续增长，为募集

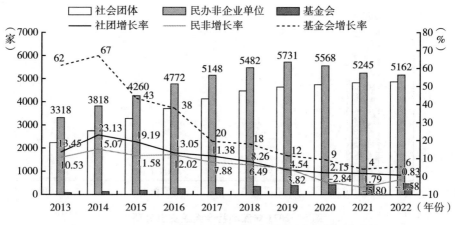

图6 2013~2022年深圳市不同登记类别社会组织的发展情况

社会资源提供了更多可能性；深圳社会服务机构近年来数量有所下滑，但绝对数量较大，增加了社会服务供给；深圳社会团体的数量持续增长，在凝聚共识和行业治理方面发挥着积极作用。深圳社会组织作为治理主体的规模不断扩大，一方面为深圳创造了更多的就业岗位，另一方面也能进一步完善治理链条和提高治理能力，在某种程度上意味着深圳以社会力量解决社会问题能力的增强，这既是社会治理现代化的题中应有之义，在现实中对于社会治理体系的完善和社会治理能力的提升也有重要的意义。

二 深圳社会组织参与社会治理的方式和内容

深圳是中国改革开放先行先试的经济特区，这种先行先试不仅体现在经济领域，也同样体现在社会领域。深圳很早就开始探索社会组织参与社会治理的路径，为发挥社会组织的治理功能，实现治理目标，深圳社会组织通常以如下方式参与到社会治理的过程中来。

（一）参与政策协商，助力行业研究

在协商民主思想的指引下，深圳社会组织积极参与政府政策咨询。专业

类的社会组织，包括社会科学类的智库组织，不仅进行政策研究，还通过专业的方式推动法律法规和政府治理政策的完善。政府也通过优惠政策、项目资助、资金支持等方式，支持民间智库、高校和有研究能力的专业社会组织等合作开展社会调研、案例分析、工具开发和政策评估等。上述社会组织通过收集和反馈民众意见、参与政策协商的过程，不仅能为政府决策提供有力的依据，达到更好的治理效果；更重要的是，协商参与可以推动社会主义民主制度建设。

深圳具有一定规模和活跃度的智库机构数量超过150家，包括党政智库、高校智库、社会智库以及企业智库等，其中社会智库大多以社会组织的形式存在。深圳市非常重视决策咨询的科学性，由深圳市决策咨询委员会牵头，深圳市51家智库联合发起成立了深圳智库联盟。该联盟以非营利性、非法人组织的形式存在，成为一个开放性、咨询研究型、平台式智库联合体。以深圳社会组织研究院、深圳工业总会为代表的多家社会组织参与了智库联盟的打造，围绕公共政策研究咨询开展前瞻性、针对性研究，实现咨政建言、理论创新、舆论引导、社会服务、公共外交的功能，以科学咨询支撑科学决策。

（二）参与市场治理，提升市场活力

俞可平将社会治理体系分为三个部分——政府治理体系、市场治理体系和社会治理体系。[①] 除了积极参与政府政策协商外，社会组织也应充分参与市场经济建设，践行市场治理任务。在社会组织的社会团体类别中，行业协会、商会等社会团体，本身就是市场经济的产物，在敦化行业风气、制定行业标准、加强行业整合、推动商业向善等方面，发挥着重要作用。

目前深圳的行业协会和商会在研发与推广新技术、制定行业标准方面已经成为重要的推动者，深圳市家具、钟表、服装、黄金珠宝等领域的行业协

---

① 俞可平：《中国的治理改革（1978-2018）》，《武汉大学学报》（哲学社会科学版）2018年第3期。

会依托专业技术与服务平台，在传统行业和新市场需求中找到新的增长点，促成"深圳制造"向"深圳创造"转型。更重要的是深圳行业协会商会围绕产业发展上下游的价值链深耕，开展各种有益于行业发展的服务，如专利导航、产业信息速递、研发实验室等，不断促进行业内的要素整合，促进行业进一步发展。

（三）提供专业服务，补齐治理短板

社会组织可补充政府和市场服务之不足，提供社会公共服务，以有针对性地解决社会问题。社会服务的专业领域涉及养老、儿童、公共卫生、教育等多个板块。这些领域内的社会组织致力于提供专业服务，以"缩小差距、推进公平"为治理方向，以社会创新、高科技高效率的解决方案为治理手段，从而促进社会问题的解决，补齐治理上的短板。

随着社会转型，公众对公共服务的需求不断增多，对服务差异化和内容专业化的要求显著提高。深圳在全国最早推行社会工作，并在2020年出台了《深圳市关于提升社会工作服务水平的若干措施》，进一步提升服务水平。随着政策的进一步落实，深圳社工服务领域不断深化，社工开展服务已经覆盖社会福利、社会救助、慈善事业、社区建设、婚姻家庭、精神卫生、残障康复、教育辅导、就业援助、职工帮扶、犯罪预防、禁毒戒毒、矫治帮教、卫生健康、纠纷调解、应急处置等16个服务领域。

（四）整合资源，支持治理项目

整合资源是社会组织，尤其是慈善组织参与社会治理的重要方式和内容，捐赠收入也成为社会组织年度收入占比中居第二位的收入。截至2022年12月31日，深圳市有慈善组织462家，其中拥有公开募捐资格的20家。社会组织通过筹集资金和整合资源，进一步支持服务型社会组织解决社会问题、实现治理目标。社会组织通过动员社会力量，参与社会治理，成为解决社会问题的多元主体。同时，推广社会治理案例，也成为在更大范围内解决社会问题、实现治理目标的推动力量。

2022 年，因应深圳疫情防控工作需要，深圳市关爱行动公益基金会发起了"抗击疫情，圳在行动"的公开募捐活动，筹集善款用于深圳和国内疫情防控和相关治疗，包括购买应对疫情的物资，开展医护人员、社区工作者、防疫志愿者及有关人员的人道救助等，募得款物共计 2322.75 万元，[①]为奋战在抗疫一线的志愿者们提供各种物资支持，也为深圳的困难家庭送上了健康关爱包。

（五）参与基层治理，做好政府助手

深圳基层治理工作注重发挥社会各方面的力量，特别是"五社联动"。深圳作为移民城市和经济特区，坚持把创新社区治理作为新时期加强社会建设、创新社会管理的基础工程和核心环节来抓，充分利用市场经济发育早、社会组织和专业社工发展快的有利条件，在社区党委的领导下，以社区居民需求为导向，大力推进基层社区联动平台建设，探索建立了以社区为平台、政府扶持监督、社会组织为载体、社会工作专业人才为支撑、项目化运作、志愿者参与的社区治理和服务模式。这种联动模式在促进矛盾纠纷调解、进行社会动员、巩固治理基础以及促使社会组织参与疫情防控等方面发挥了重要的作用，也使得社区公共服务与治理水平不断提升，社区居民的获得感不断增强。

深圳的社会服务机构及大量的社区社会组织活跃在基层，做好社会服务最后一公里的递送。截至 2023 年 3 月 31 日，深圳市社区社会组织共有 6263 家，其中在民政部门登记的社区社会组织有 1577 家，在民政部门备案的社区社会组织有 3200 家，未登记未备案的社区社会组织有 1486 家。社会组织活跃在基层，提供社会服务，丰富了公共服务供给，其中志愿组织的参与更是破解了基层治理人手不足的难题。

（六）跨界跨区域合作，打造国际平台

在"双区"战略的推动下，深圳的社会组织更加注重在大湾区框架内

---

① 来自深圳市关爱行动公益基金会官网披露数据，http://www.igongyi.org.cn/Project/Detail/Index/372，最后访问日期：2023 年 5 月 20 日。

加强与港澳，以及其他境外机构的合作。深圳作为口岸城市，对外交往素来频繁。从经济领域来看，深圳行业协会组团赴海外参展，跨境交流开拓海外市场，举办国际展会助力深圳智造品牌打造。从社会服务领域来看，深圳市中国慈展会发展中心举办中国公益慈善项目交流展示会，在全国开了先河，并连续多年举办中国慈展会，为国家慈善事业的发展及其国际推广做出了突出贡献。此外，深圳社会组织在较早时期就注重与香港、澳门的合作，深圳的社工队伍建设、社会组织发展，在早期均与香港的大学、社工机构的培训、帮助是分不开的，目前深圳正在积极探索在粤港澳大湾区框架下的整体合作方式。

三 深圳社会组织参与社会治理的亮点案例

作为参与社会治理的重要主体，不同类型的社会组织参与社会治理，既有自身资源禀赋所决定的方式特点，也存在由各自选择的不同路径所带来的多样效果，如社会团体更多地发挥团结不同主体、规范社会行为、凝聚社会共识的作用；社会服务机构发挥服务治理功能，在解决社会问题、调解矛盾纠纷、维持社会和谐方面发挥重要作用；基金会则更多地着重于动员社会资源，促进社会公正的作用。

社会团体中具有代表性的社会组织有深圳市商业联合会（以下简称"深商联"）和深圳市零售商业行业协会（以下简称"深零协"）。深商联成立于2005年，2021年有直属大中型会员企业2600多家，受政府委托服务中小企业超过1000家。① 首先，作为社会团体，深商联聚焦会员服务，搭建"深商通"企业服务平台，从会员企业的需求出发，为会员企业提供包括政策咨询、政府招投标、投融资、服务外包、软件应用等多方位配套服务。② 一方面，依托"深商通"这一信息共享和资源整合平台，会员企业既

---

① 深圳市中小企业服务局：《深圳市商业联合会》，http：//zxqyj. sz. gov. cn/ztfw/ztzl/zxqygyfwxd/sfptfwzs/content/post_ 9035682. html。
② 深商通平台简介，http：//www. sz-gcc. cn/help/about_ us. html。

能获取政府扶持政策的信息，又能获得推广展示和线上交易的机会。另一方面，借助深商联"深商风云人物""深圳老字号"等20多个品牌活动，深商通的会员企业能够加强品牌建设，提高企业的社会影响力和核心竞争力。

其次，深商联发挥了自身作为政府和企业沟通桥梁的作用，创建中小企业公共服务示范平台，为中小企业提供免费的政策咨询服务和数字化赋能服务。一方面，举办企业扶持政策宣讲会，向订阅服务的中小企业精准推送相关政策，单独帮助有需求的企业实现政策服务落地。另一方面，联合平安、阿里、金蝶、百度、碧桂园等企业，启动深圳市中小企业"平台数字化赋能"行动，为中小企业提供信息化、数字化、智能化解决方案。

最后，从治理协同功能出发，深商联充分发挥自身的平台作用，深化湾区各企业合作，促进地区经济协同发展。深商联密切联系湾区周边城市，与佛山、珠海等湾区核心城市商会实现信息交流共享。通过协助举办首届湾区经济论坛，深商联联合了300余位粤港澳城市的优秀企业家共商大湾区未来经济发展方向，促进湾区企业共同发展。深商联在参与社会治理的过程中发挥了服务会员单位、搭建政企沟通桥梁、凝聚社会共识的作用，被评为深圳市5A级社会组织、民政部全国先进社会组织和全国工商联"四好"商会。

深零协在制定行业规范标准、表达会员利益诉求方面表现出色。深零协成立于1997年7月，是由深圳市各零售、连锁经营企业及相关机构和个人自愿参加组成的社会组织。目前深零协共有会员400多家，包括深圳市主要大、中型零售、连锁企业；会员门店总数近60000个，辐射从业人员总数逾75万人。① 作为深圳零售行业共同利益的代言人，深零协的主要职能为协调行业发展和维护会员企业的合法利益，体现了社会组织表达利益诉求和参与社会治理的功能，促进了与市场经济相匹配的社会体制的形成。深零协于2000年首次制定了《深圳市零售商业行业从业人员不良行为记录备案制度》，并在随后的2006年建立了《零售行业资质标准管理委员会工作制度》，规范了协会标准制定的基本程序。为了进一步推动行业规范化发展，

---

① 《深圳市零售商业行业协会概况》，https：//www.szrba.org/overview/。

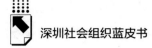

深零协还提出要建立特许经营委员会、网上购物委员会。为充分表达企业政策诉求，积极支持会员企业发展，深零协草拟了"大力发展深圳连锁商业总部经济，落实'效益深圳'发展观"的提案，并在政协会议中提交。零售行业受疫情防控影响陷入营收困境，对此深零协出台调研报告，收集企业对于普惠性补贴的政策诉求，建议政府出台租金减免、人员补贴、减税降费、贷款补贴等扶持政策以帮助企业渡过难关。

社会服务机构通过提供服务来参与社会治理，其参与方式和路径更为多元。深圳国际公益学院（以下简称"公益学院"）由多位中美慈善家于2015 年联合倡议发起，是中国首家独立注册的公益学院，以培养公益慈善人才为主要业务，通过培养社会治理人才的方式间接参与社会治理。公益学院在做好公益慈善观察研究的基础上延展至公共政策领域，承接政府部门的委托项目，为政府的决策咨询提供智力支持。公益学院承接多项部级研究课题、政府工作规划项目和地方政府咨询项目，涉及民政事业规划、社区治理、社会组织和志愿服务研究等。公益学院的课题研究成果为深圳市政府相关部门决策提供了重要参考和依据，有部分研究成果直接转化为相关政策文件草案，通过提供决策咨询的方式，间接参与社会治理。

发挥服务治理功能，参与社会问题解决是社会服务机构参与社会治理的重要表现。深圳市东西方社工服务社（以下简称"东西方社工社"）成立于 2007 年，是最早接受政府采购的专业社工机构之一，以社区发展服务为重点，注重培育社区治理新主体和探索社区文化资源，发掘社会联结纽带，促进社会联结。聚焦基层治理，东西方社工社积极培育参与社区治理新主体，挖掘培育低龄老人志愿者，充分发挥老年人参与基层社会服务的积极作用。东西方社工社自 2013 年开始推行"老伙伴·志愿行"项目，项目集合了家庭养老、机构养老和居家养老三种模式的优势，主要依靠社区低龄长者上门探访、心理咨询、义诊服务来解决困难高龄老年人问题。创新服务方式和服务内容，东西方社工社在参与基层治理过程中积极发掘和探索社区文化资源，打造社区特色文化项目。针对社区居民缺乏文娱活动的问题，东西方社工社社工聚焦引入传统文化资源——纸马舞，不仅在社区内组建了"纸马舞"队伍，还积极推动举办深圳市 2018 年"非遗"进社区——"纸马舞"专场展演，将"纸马舞"引进到龙岗区坂田街道各社区表演活动中，大大丰富了社区文娱活动，促进了社区的和谐发展。

基金会参与社会治理的方式更多的是动员社会资源，募集款物支持社会治理工作。深圳壹基金公益基金会（以下简称"壹基金"）作为第一家民间公募基金会在深圳注册，壹基金以"尽我所能、人人公益"为愿景，汇聚公众人物、企业和公众的力量，共同推动公益慈善事业发展。2022 年，壹基金实现收入超过 4.78 亿元（其中公众捐赠占比超过六成），支出超过 4.24 亿元，联合全国 1400 余家社会组织，带动超过 34 万人次的志愿者一起行动，帮助超过 1069 万人次摆脱困境。[①] 壹基金致力于灾害救助、儿童关怀与发展、公益支持与创新这三大核心业务，募集社会资源，赋能当地社会组织和工作人员。同时，壹基金还与企业合作开展特色公益项目，引导公众参与和捐赠。如壹基金携手可口可乐（中国）以及全国的装瓶合作伙伴、物流仓储体系和员工志愿者开展"净水计划"，为乡村地区的学校安装了净水设备，同时推广了校园安全饮水卫生教育，帮助乡村师生提高饮水质量。壹基金与支付宝运动联合发起"梦想足球场"公益项目，为乡村学校捐赠了梦想足球场。壹基金一方面动员社会资源，另一方面创新地开展特色公益项目，参与社会治理。作为 5A 级社会组织，壹基金连续十年保持信息公开透明度满分，两度获得慈善领域政府最高奖——"中华慈善奖"。

四　深圳社会组织参与社会治理面临的困境

虽然深圳社会组织在参与社会治理方面取得了诸多成绩，并且社会团体、基金会和社会服务机构在参与社会治理的过程中都呈现诸多亮点，取得了较大的治理成效，但依然面临来自外部和内部的挑战，这都制约着深圳社

①　《深圳壹基金公益基金会 2022 年年报》，https：//onefoundation.cn/infor/。

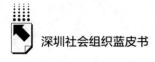

会组织参与社会治理的效能发挥。这些挑战包括来自外部的政策环境不完善及来自内部的治理能力不足等。

（一）外部挑战：支持社会组织参与社会治理的政策环境尚待优化

1. 社会组织参与社会治理的制度保障仍不完备

政府相关部门出台的配套政策和工作纲领是社会组织参与社会治理的制度保障，能为社会组织规范、高效参与社会治理提供科学指引。近年来，深圳市政府大力支持社会组织发展，出台了一系列促进社会组织"提质增效"、科学发展的政策法规，但相关条例中涉及深圳市社会组织如何有效参与社会治理的内容相对较少。首先，政府部门对社会组织参与社会治理过程的科学指导尚不够，相关文件中对于深圳市社会组织参与社会治理的基本方式和路径等缺乏明晰指引。其次，有关社会治理领域社会组织培育、专业人才培养、人才库建设工作的战略规划仍待完善。有关深圳市社会组织参与社会治理的人财物保障尚不完备，难以有效激励社会组织积极参与社会治理，不利于规范社会组织参与社会治理的行动过程和提升社会组织参与社会治理的实际成效。

2. 政府经费支持路径与经费结构有待优化

政府的购买服务和财政补助是社会组织的重要经费来源。深圳市政府通过服务购买和专项资金支持为社会组织培育发展夯实了资金基础，为其发展壮大和更好地提供公共服务创造了条件。然而，对于促进社会组织深入参与社会治理，深圳市政府的财政支持路径与资金分配结构仍存在可优化的空间。一是经费支持路径与管理制度有待优化。深圳市政府目前推行的民生微实事、福彩公益金、文体类专项基金等相关项目基金分散在不同部门，不利于社会组织在社会治理领域提供服务或开展活动时及时申领与高效利用。二是经费支持结构还不够完善，缺乏保障社会组织参与社会治理行动的专项基金。

3. 支持社会组织参与社会治理的协调机制不完善

近年来，深圳市社会组织管理工作取得较大进展，但在社会治理领域尚未建立起支持社会组织开展治理工作的政府统筹、多方共建的支持性平台，社会组织参与社会治理的工作成效有待提升。首先，深圳市现有的向社会组织开放申请的活动场地与组织驻地中缺少社会治理领域重点社会组织的专项场地，使得此类社会组织在场地申请过程中面临较为复杂的预约、审核流程。其次，用于社会组织社会治理服务信息发布的专门性平台尚未建成，使得社会组织推行的社会治理服务项目无法及时广泛向社会公布，社会组织参与社会治理的优秀案例库展演与案例集出版等工作未获得有力推进。再次，对社会组织参与社会治理成效的监管、评估制度尚未完善。政府购买社会组织社会治理领域的服务后，对社会组织提供服务的实际效果缺乏体系化的考评机制，难以衡量社会组织在社会治理领域开展工作的短期成效与长期影响，不利于激励社会组织参与社会治理水平的提升。最后，深圳市尚未建立起完备的社会组织参与社会治理工作的咨询平台与相配套的专家库、人才库，枢纽型社会组织的辐射作用仍有较大提升空间，草根社会组织所能获取的咨询服务或相关指导仍旧有限。

（二）内部困境：社会组织参与社会治理的能力有待提升

1. 工作人员专业化、职业化程度尚需提升

近些年，深圳市培育发展社会组织取得了一定成果，涌现出大量新型社会组织、社区社会组织，社会组织发展"降速提质"成为深圳市社会组织发展的重要命题。当前，深圳市社会组织内部工作人员的专业化、职业化水平有待提升。首先，评估社会组织人才梯度与人才水平的制度尚不完善，社会组织中社会治理人才的认定机制尚未建立，社会组织人才专业化提升方向不够明朗。社会组织内部工作人员缺乏专业培训，其专业能力与服务水平缺乏保障。其次，社会组织内部的人才福利待遇较低，行业内的精英人才很难长期从事社会组织工作，导致行业内人才流失。这些问题影响了社会组织在社会治理领域提供服务、组织活动的质量，不利于社会组织增强社会公信力。

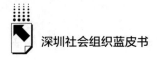

2. 社会组织内部管理不够规范, 治理架构有待完善

近些年来, 深圳市政府陆续出台了多项政策以促进社会组织规范化发展, 但社会组织内部管理水平的提升之路仍然任重道远。在管理制度方面, 部分社会组织由于规模较小, 在职人员不具备财务处理能力, 财务管理等工作依靠外包服务或托管处理, 运营水平有待提升。众多社会组织从业者缺乏市场化思维, 缺乏规范内部管理以及对工作人员服务成果进行科学考评的意识, 致使部分社会组织的内部管理水平停滞不前。在治理架构方面, 部分社会组织没有真正建立法人制度, 内部治理结构不完善, 社会组织理事会成员难以深入参与社会组织的具体服务, 对组织概况把控不够清晰, 决策参与度不够。

3. 社会组织资源渠道较为单一, 未建立起多元主体参与的合作网络

回顾深圳市社会组织在"十三五"期间的发展情况, 多数社会组织在参与社会治理时, 仍较多通过承接政府购买服务项目获取经费, 资源供给主体单一。这使得众多社会组织在参与社会治理时, 过多关注政府购买服务的项目要求, 而不能扎根社会, 自下而上地反馈市场、民众诉求, 限制了社会组织参与社会治理的灵活性。部分社会组织在开展服务时, 对服务对象、服务领域的具体情况了解不足, 致使其所提供的服务与居民诉求不够匹配, 工作思路存在提升空间。同时, 由于缺乏政府、民众、企业、社会组织等主体资源互动、诉求互递的高效对接平台, 枢纽型社会组织发挥的资源链接作用较为有限, 难以促进深圳市诸多社会组织有效拓展资源整合渠道, 使得社会组织在社会治理领域提供的服务不够多元, 社会组织参与社会治理的成效不够显著。

五 深圳社会组织参与社会治理的对策建议

为直面深圳社会组织参与社会治理的外部挑战和内部困境, 使社会组织获得更多参与社会治理的空间, 让社会力量在解决社会问题的过程中发挥更大作用, 同时推动社会治理体系和社会治理能力现代化, 需要从顶层设计到实践方法等多个方面继续做出努力。

（一）政府层面：加强政策保障、经费投入、平台支撑

1. 健全社会组织参与社会治理的制度保障体系

根据《中共中央 国务院关于加强基层治理体系和治理能力现代化建设的意见》《广东省推进民政领域基层社会治理体系和治理能力现代化的若干措施》等文件精神，政府相关部门应进一步研究制定适合深圳市发展定位要求的社会组织发展支持保障政策，引导社会组织通过对话、沟通协商等方式积极有序参与社会治理，促进社会组织在粤港澳大湾区建设、社会诉求表达、社会服务、慈善捐赠、乡村振兴等社会治理领域发挥更加重要的作用。近年来，深圳市陆续出台了很多有关社会组织规范化发展的政策文件，但是仍旧较为缺乏有关社会组织如何有效参与社会治理的战略规划、专项支持和配套政策。为此，建议健全社会组织参与社会治理的政策制度，包括拟定"社会治理领域社会组织培育发展战略规划""社会组织人才发展中长期发展规划""社会组织参与社会治理的序列配套工作指引"等重要政策规划。

2. 拓展社会组织参与社会治理的多渠道经费支持路径

政府可优化整合存量资金，逐步加大财政投入支持力度。首先，整合已涉及社会治理领域购买第三方服务的各类财政资金，比如民生微实事项目资金、福彩公益金、文体类专项基金等，进一步明确采购社会组织服务的资金投入比例，比如新增购买社会治理领域项目中向社会组织购买的比例不低于45%；其次，加大对社会组织参与社会治理领域的资金投入力度，探索设立社会组织参与社会治理创新的专项基金，采取运用福利彩票公益金或者联合社会力量等推动设立扶持社会组织参与社会治理的工作基金。此外，还可以通过各项税费减免、财政奖补政策、社会组织人才优惠政策等措施，有效提升社会组织深度参与社会治理的能力。

3. 搭建社会组织参与社会治理的支持平台

除了上述制度保障和资金投入，政府还可通过搭建社会组织参与社会治理的综合性支持平台等方式，引导社会组织更好地参与支持社会治理工作。一是利用已有公共服务空间为社会组织提供基本的办公场地及活动场地支

持。如支持枢纽型社会治理领域社会组织入驻楼栋党群服务中心办公，支持社区社会组织利用周边公园、社区广场、小区空地、社区党群服务中心等场所开展社区治理和社区服务活动，等等。二是搭建社会组织参与社会治理案例经验交流平台，建立社区社会治理创新联动机制，推动社会组织参与社会治理创新项目遴选、挖掘、培育等工作，总结、推广有关社会治理创新案例。三是加强完善社会组织参与社会治理的研究评估工作，搭建社会治理领域专家库和人才库，发挥智库型社会组织参与该领域项目设计、研究、评估的专业优势作用。四是支持成立市、区、街道等多层次的社会组织服务中心，为不同规模和类型的社会组织提供多样化、差异化的指导咨询服务，尝试从党建工作指导、登记备案业务咨询、内部治理规范、财务收支管理服务、业务活动支持指导等方面为社会组织提供"一条龙"服务。

（二）机构层面：党建引领，提升专业化和职业化、内部治理能力、联动资源水平

1. 坚持党建引领，推进党建工作与业务工作深度融合

社会组织党建工作是引领社会组织正确发展方向的重要保证。社会组织参与社会治理的程度越深，党建工作的重要性越高。加强社会组织党建工作，有利于进一步激发社会组织活力，促进社会组织在国家治理体系和治理能力现代化进程中发挥更大作用。因此，社会组织需要始终坚持党建工作，并不断推进党建工作与业务工作深度融合，坚持以党的政治建设为统领，以提升组织力为重点，不断扩大党在社会组织的影响力，引领社会组织健康正确发展方向。

2. 提升社会组织人员参与社会治理的专业能力和职业化程度

人才资源是社会组织最宝贵的资源。第一，社会组织应当加大力度积极引进吸纳优秀人才，建立科学合理的人才梯队，广泛吸纳具有管理能力与服务技能的复合型人才；完善社会组织优秀负责人和骨干人才的培育机制，努力营造社会组织人才成长的良好环境。第二，提升社会组织人才的福利待遇。建立市场化企业薪酬激励机制，建立完善的绩效考核和奖励制度。第三，加强对社会组织人才的专业化能力培训，结合日益复杂和需要创造性的

业务内容，适当为社会组织人才提供更新迭代后的工作方法和专业业务技能的培训，为社会组织人才提供外部学习交流的机会，促进工作人员建立学习型小组，强化核心团队能力建设，逐步提升全体工作人员的职业化水平。

3. 健全内部治理制度和规范自身建设

一方面，社会组织要优化自身法人治理结构，建立独立自主、权责明确、运转协调、制衡有效的内部治理结构。具体而言，就是要明晰组织内部决策管理机制、设立专门的财务管理部门，明晰机构产权和形成权责分明的组织架构。

另一方面，健全机构内部管理制度，完善内部日常运营管理制度和人事、财务、物资管理制度等；做好机构项目档案归类管理，定期向主管部门报告年报情况，向社会公示相关基础信息，提升自身的公信力。

4. 促进内外资源联动作用更好发挥

加强枢纽型社会组织自身桥梁作用的发挥，一方面，增强社会组织联动企业资源的意识和能力，可以根据企业在履行社会责任过程中的服务需求，为其提供专业化的社会服务咨询、社会问题解决方案指导，以便企业可以利用自身资源参与社会治理相关领域的工作。

另一方面，进一步发挥自身联动社会公众资源的作用，搭建社会公众参与社会治理的平台，完善公众的需求表达机制，引导和支持居民共同参与社区公共事务。同时，社会组织需积极主动收集多样化、复杂化、个性化、碎片化的公众服务需求，将其整合、分类和转化，并吸引鼓励社会公众支持参与公益性社会组织运作项目，促进公众参与社会公共事务意识和素质能力提升。

（三）社会层面：促进跨界融合、合作互动、公众参与

1. 行业组织：主动参与跨界协作

枢纽型社会组织要广泛联合行业资源，通过以"大组织"带动"小组织"的成长，建立"传帮带"机制，促进行业的良性可持续发展；发挥行业优势，加强与其他行业的联络互动，促进双方互通有无，合作双赢。

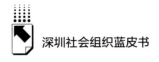
组织参与经济治理的重要载体。根据《深圳经济特区行业协会条例》的定义，"行业协会"是指依法由同行业或者跨行业的企业、其他经济组织以及个体工商户自愿组成，依照章程自律管理，依法设立的非营利性社会团体法人。

作为政府与市场之间的沟通桥梁，行业协会一方面为市场主体提供服务，对会员行为倡导规范和自律，凝聚共识谋求行业利益，另一方面与政府部门沟通，反映行业诉求，建言献策优化行业发展环境，行业协会在中国经济社会体系中扮演着重要角色。

本报告基于深圳市社会组织管理局的登记管理数据，深圳市行业协会提交的 2019～2021 年度报告数据、对多家行业协会的走访资料以及所搜集到的文献资料，梳理呈现当前深圳行业协会的发展现状及亮点，分析其发展面临的挑战，并总结研判深圳市行业协会的发展趋势。

一 深圳市行业协会发展现状

根据深圳市社会组织季度统计报告，截至 2023 年 3 月 31 日，深圳市社会组织登记总数为 10486 家，其中社会团体 4875 家（行业协会 731 家、异地商会 451 家、普通社团 3693 家），民办非企业单位 5136 家，基金会 475 家。

行业协会是社会组织的重要类别。深圳市行业协会总量在经历了 2014～2017 年的快速增长后出现回落。2018 年后深圳行业协会发展进入了稳步增长期，行业协会数量从 2018 年的 661 家增长至 2021 年的 720 家（见图 1），增幅达到了 8.93%，相对于同期深圳社会组织总量呈现的负增长，行业协会类别增幅远高于深圳社会组织的总体增幅。

（一）以产业发展为基础，出台政策引导行业协会发展

行业协会能发挥平台优势，传递企业需求和宣贯政策内容。行业协会服务经济领域的功能突出，对于完善市场经济体系、促进行业健康发展具有积

图1 2014~2021年深圳行业协会数量统计

极的作用。行业协会的数量也与地区经济发展存在一定联系，在经济活动活跃的区域，行业协会发展往往更具活力。随着产业的发展和分工精细化，产业交叉创新，形成许多新的行业，如智慧医疗、网络直播、电子竞技、收纳等行业，而在这个过程中就不断地有新的行业协会成立，这些行业协会跨行业、跨领域发展的特点就非常明显。

影响行业协会注册数量的最大因素还是政策。根据深圳市社会组织2021年年报数据中行业协会的成立时间进行分析，可以发现，行业协会每年的注册量稳定在20家左右。2011年深圳出台了《深圳行业协会法人治理指引》，规范行业协会发展，后深圳着手研究并出台行业协会条例。深圳的行业协会在2013年进入了快速发展期，当年新增行业协会数量达到了30家，2014年《深圳经济特区行业协会条例》正式出台，各区根据自身的产业发展情况，出台鼓励和扶持行业协会发展的专项资金和配套政策，深圳的行业协会在2015年新增了70家，之后每年注册量逐渐回落（见图2）。

2022年，深圳提出要发展壮大战略性新兴产业集群和培育发展未来产业。深圳市民政局以社会组织为抓手，研究制定《深圳市民政局关于培育发展相关领域社会组织助力战略性新兴产业集群和未来产业发展的工作

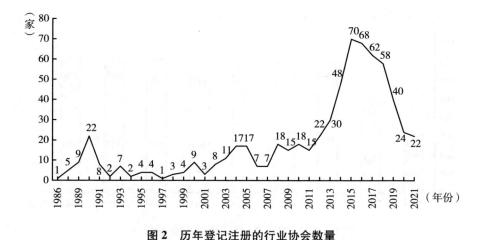

图2　历年登记注册的行业协会数量

方案》，积极培育发展相关领域的行业协会，力求加快形成"一集群一协会"体系，助力深圳发展战略性新兴产业集群和未来产业。在这一政策牵引下，深圳围绕"20+8"的新兴产业集群和未来产业新成立了10家行业协会。

（二）行业协会头部效应明显，整体发展质量有待提升

从深圳市社会组织2021年年报的情况来看，660家行业协会总资产13.71亿元，平均每家为207.73万元；净资产总额达到了6.99亿元，平均每家为105.91万元。2018年行业协会平均每家净资产为110.98万元，深圳市行业协会的平均净资产略有下滑，平均净资产下降了4.57%，这可能与连续三年的疫情影响有关。

从行业协会规模来看，2022年深圳市行业协会净资产期末数大于1000万元的行业协会有22家，净资产介于500万~1000万元的有18家，660家行业协会中仅有132家的净资产高于平均值，占20%。从净资产和资产总值居前几位的行业协会来看，行业协会呈现强者恒强的情况。如表1所示，2018年和2021年，尽管间隔3年，全市行业协会资产排名靠前的有过半是重复的。

表1 资产居前8位的行业协会

净资产合计		资产总计	
2018 年	2021 年	2018 年	2021 年
深圳市商业联合会	深圳市商业联合会	深圳市商业联合会	深圳市商业联合会
深圳市家具行业协会	深圳市家具行业协会	深圳市产品检测行业协会	深圳市个体（私营）劳动者协会
深圳市机械行业协会	深圳市个体（私营）劳动者协会	深圳市家具行业协会	深圳建筑业协会
深圳市个体（私营）劳动者协会	深圳市机械行业协会	深圳市个体（私营）劳动者协会	深圳市家具行业协会
深圳市房地产业协会	深圳市总商会	深圳市医疗器械行业协会	深圳市医疗器械行业协会
深圳市证券业协会	深圳市医疗器械行业协会	深圳市机械行业协会	深圳市机械行业协会
深圳市医疗器械行业协会	深圳市房地产业协会	深圳市房地产业协会	深圳市深商总会
深圳上市公司协会	深圳市深商总会	深圳市深商投资协会	深圳市中小企业发展促进会

从收入数据上看，2021 年，660 家行业协会的年度总收入达到了 11.38 亿元，平均收入达到了 172.42 万元。其中，年度收入超过 2000 万元及以上的仅有 8 家；年度收入高于平均值的为 146 家，占 22.12%。如图 3 所示，年收入大于 2000 万元的行业协会 2021 年比 2018 年少 1 家，但收入为 0~100 万元的行业协会数量，2021 年显著多于 2018 年。2021 年，约占 51.26% 的行业协会组织收入为 0~100 万元，2018 年这一数据仅为 48.52%。从组织运营管理来看，不超过 100 万元的行业协会年收入很难支撑一个专职团队开展机构的日常工作，更遑论做大做强。因此，收入数据从侧面反映了尽管 2018~2021 年来行业协会的数量有所增加，但发展质量有待提升。

（三）收支持平，会员覆盖面缩小，市级区级发展不平衡

深圳市行业协会收支平衡，服务收入占比持续上升，投资收益有了较快

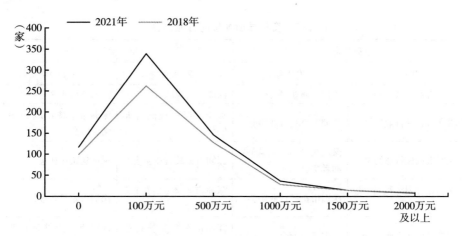

图3 2018 年和 2021 年行业协会年收入分布情况

增长。2021 年，深圳市行业协会的收入合计为 11.38 亿元，费用合计为
22.68 亿元，基本实现收支平衡。从收入与费用的差额来看，仅有 278 家行
业协会获得了正收益，占整体的 42.12%。从收入结构上看，提供服务已经
成为行业协会的主要收入来源。2021 年，提供服务收入部分占行业协会总
收入的 51.68%，会费收入占 32.27%，政府补助收入占 10.64%（见图 4）。
相较于 2018 年的收入结构，深圳市行业协会 2021 年的会费收入及政府补助
收入占比略有下滑，提供服务收入占比持续提高。投资收益部分达到了
461.27 万元，在总收入中的占比达到了 0.40%，比 2018 年高出许多。从费
用结构上看，深圳行业协会的业务活动成本达到了 11.86 亿元，占比达到了
52.29%；管理费用达到了 10.23 亿元，占比达到了 45.10%，相较 2018 年
的数据，业务活动成本占比下滑。

　　2021 年，深圳市行业协会的单位会员数达到了 118753 个，个人会员数
达到了 11912 个。其中，单位会员大于 1000 家的行业协会有 13 个，个人会
员大于 300 人的行业协会只有 3 个，仅深圳市个体（私营）劳动者协会的
个人会员超过了 9000 人，然而相较于 2018 年深圳市行业协会平均每家覆盖
180 个单位会员和 23 个个人会员，2021 年深圳市行业协会的会员覆盖面略
有下滑。

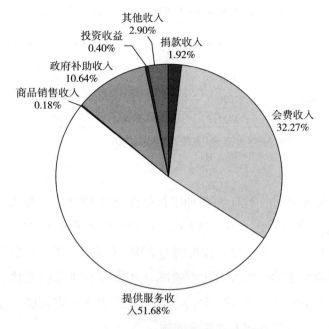

图4 2021年深圳行业协会收入结构

市、区两级的行业协会发展仍然不均衡，但情况有所改善。2022年，489家市级行业协会平均净资产为122.29万元，区级行业协会平均净资产仅为58.89万元，不及市级行业协会的一半。与2018年相比，市级行业协会的平均资产状况仍远优区级行业协会，但市、区两级行业协会的差距有所缩小。

（四）从业人员以中青年为主，高层次人才易流失

据2021年深圳市行业协会年报数据统计，行业协会共有工作人员4709人，其中专职工作人员3034人（占比64.43%），兼职工作人员1675人（占比35.57%）。2021年，深圳市行业协会工作人员的中位数为5人，与2018年数据持平；平均工作人员数达到了7人，但相较2018年的数据有所下滑。从专职人员占比来看，2021年的数据相较2018年也有轻微下滑（见表2）。

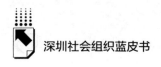

表2　2018年与2021年行业协会工作人员情况

单位：人，%

年份	工作人员总数	专职人员		兼职人员	
		人数	占比	人数	占比
2018	4252	2839	66.77	1413	33.23
2021	4709	3034	64.43	1675	35.57

注：2018年为540家、2021年为661家的工作人员情况。

资料来源：深圳市社会组织年报数据。

从学历分布来看，2021年深圳市行业协会中2695名工作人员拥有大专以上学历，占半数以上（57.23%），有研究生学历的为286人，占比达6.07%。有大专以上学历的人数比例与2018年基本持平，但值得关注的是工作人员中研究生学历的人数比例锐减（2018年深圳市行业协会工作人员中有研究生学历的比例为12.28%）。这个数据也在一定程度上印证了行业协会在访谈中反复提及的人才流失问题。

从年龄结构来看，工作人员以55岁及以下的中青年为主，2021年深圳市行业协会的从业人员中55岁及以下人员所占比例为92.12%，其中35岁及以下和36~55岁的工作人员分别占45.14%和46.98%；56岁及以上的工作人员数量最少，占比仅为7.88%（见图5）。

（五）参与社会治理，承接政府职能转移和购买服务项目

承接政府的职能转移和购买服务项目是社会组织参与社会治理的主要途径，也是政府创新公共服务供给的重要方式。公共服务日趋专业化和精细化及从管理到治理的模式转型，必然要求政府逐渐转移其非核心的服务职能，充分整合和利用社会资源，有效增加公共服务的供给主体，从而满足公众对公共服务专业化和精细化的要求。

作为非营利法人，行业协会在经济领域拢聚行业或产业主体，做好政府与市场之间的沟通桥梁。从行业协会提交的年报数据来看，2021年深圳行业协会承接政府职能转移和购买服务项目的个数达到了530个，

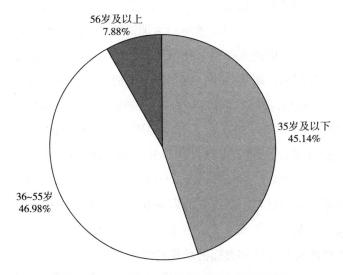

图5 2021年深圳市行业协会工作人员年龄分布

资料来源：深圳市社会组织2021年年报数据。

项目金额达到了1.3亿元，平均单个项目金额达到了24.57万元。从2016~2021年的数据来看，行业协会承接政府职能转移和购买服务项目的总金额徘徊在1亿元左右；2019~2021年逐年增长，项目个数波动较大，但单个项目的平均金额不断提高，2021年相较于2016年翻了一番多（见表3）。

表3 2016~2021年行业协会承接政府职能转移和购买服务项目的情况

年份	项目个数（个）	项目金额总计（亿元）	单个项目平均金额（万元）
2016	896	0.84	9.38
2017	1195	1.11	9.29
2018	889	1.06	11.92
2019	516	0.97	18.85
2020	569	1.21	21.19
2021	530	1.30	24.57

资料来源：历年深圳市社会组织年报数据。

从开展的活动来看，展会会议、组织考察、培训讲座和评审评定的比例都在逐年提高。展会会议、组织考察和培训讲座是展示行业面貌、优化行业结构和培育行业能力的重要举措，然而受到疫情影响，展会会议的举办存在较大的不确定性因素，疫情三年，深圳市行业协会的展会会议举办数量逐年减少，2021年的展会会议数量比2016年还要少。2019～2021年，讲座培训稳定在90场以上。2016～2021年，课题调研稳定在每年70次以上；尤其是行业协会承担评审评定的工作数量在逐年增加，从2016年的45项增长至2021年的77项，增长了70%多（见图6）。评审评定工作常指对专业人才的职称和技术资格的认定，常由人力资源和社会保障局或相关的业务主管部门来负责。由行业协会来承担该项工作，充分看出行业协会在自主管理、服务行业、承接政府职能转移方面的功能持续增强。

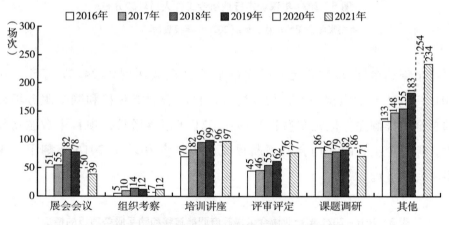

图6　2016～2021年行业协会活动开展情况

资料来源：历年深圳市社会组织年报数据。

（六）党建工作与业务活动相结合，发挥党组织引领作用

行业协会规模普遍较小，工作人员中位数仅为5人，党员比例不高，在开展党建工作方面存在现实困难。2016年深圳市出台了规范性文件《关于加强行业协会党建工作的意见（试行）》；次年，深圳市社会组织党委按照

"行业相近、产业互补"的原则，将300多家还没有组建党组织的市级行业协会分成18个类别，从市直机关各挑选局处级领导干部担任各个类别的"第一书记"，负责指导同类别行业协会联合组建党委。2018年，深圳出台了《深圳市社会组织党的建设工作规定（试行）》，深圳市行业协会按照"三同"模式（同一类型、同一地域、同一行业）组建党委，基本实现了社会组织党组织的全覆盖。

党建工作逐渐与业务活动相结合，持续发挥党组织对于行业协会工作的引领作用。根据2021年年报数据，深圳市行业协会中有337家建立了党组织，120家为党组织活动设置了年度活动经费预算，660家行业协会中有专职党务工作者293名，选派的党建组织员有217名，在工作开展上有了组织保障。2021年深圳市社会组织管理局探索树立社会组织工作标杆，通过示范引领、以点带面，推动社会组织高质量发展。深圳市智慧安防行业协会被评为党建引领领域的社会组织交流服务展示点。

二　深圳市行业协会发展的亮点

得益于深圳高度市场化的环境，行业协会有了较好的发展氛围。尤其是在一些优势行业，行业协会已经迈向了成熟发展阶段，发挥了行业龙头作用，在国内同行中也拥有一定的影响力和知名度。全市共有7家行业协会被民政部授予全国先进社会组织称号，16家行业协会被广东省民政厅授予先进社会组织称号，57家行业协会被评为5A级社会组织。

（一）专业服务助力行业创新

服务会员和行业是行业协会的立身之本。近年来，管理部门响应中央减轻企业负担的号召，推动行业协会商会减免、降低、取消和缓缴收费，并开展行业协会商会乱收费专项清理整治工作，倡导行业协会商会合法合规收费，持续优化营商环境。从行业协会的收入结构来看，会费收入占行业协会总收入的比例有所下降，提供服务收入的占比持续提升，2021年平均每家

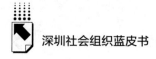

行业协会收到的会费总额为 55.78 万元，相较 2018 年的 69.34 万元下降了近 20%。政策的导向及收入结构的转型，要求行业协会更加坚定和专注提高自身服务企业和行业的能力，不断优化行业发展环境。

从企业和行业需求出发，行业协会积极探索各种服务方向。深圳市照明与显示工程行业协会于 2019 年就正式挂牌成立知识产权保护工作站。在专利平台建设方面，协会获得深圳市市场监督管理局批准建立行业工作站、深圳市商务局批准建立行业贸易工作站，开展了商标、专利、法律维权和 337 预警服务。以高价值专利培育为导向，建设可视化的新型显示行业专利导航平台，提升知识产权综合性服务能力。平台搭建完成后可以为企业提供专利数据的检索、统计监测分析、市场评估和融资交易，可检索行业企业专利布局情况。这个服务能够帮助企业及早洞悉行业研发的集中方向，挖掘企业产品核心技术，为企业提供高价值专利辅导申请服务，商标、专利和法律维权服务等。另外，作为沟通企业和政府的桥梁，协会基于导航平台，可以生成企业科创属性评价报告，为政府遴选优质科创企业提供参考依据。

（二）标准研制提升行业质量

行业协会以规范、标准、倡议等形式对行业内的经济主体进行规范和约束，以标准制定提升行业质量，以行业自律营造公平环境。深圳是全国首个"标准国际化创新型示范城市"，也是全国开展"标准化工程师"资格评定的试点城市。深圳市行业协会在探索以标准推动行业质量提升方面具有较强的意识。1983 年就成立了由深圳知名上市公司和大型集团企业组成的深圳市标准化协会，协助企业开展标准研制、标准化技术交流、标准信息服务等多项工作。2021 年深圳市标准化协会组织开展了团体标准编写实务及能力提升培训、企业参与国际标准研制工作全流程解析培训讲座，提升企业参与标准研制的能力。

从年报数据上看，2021 年有 315 项行业标准制定和规范的活动。2021年深圳市停车行业协会参与制定了 2 项地方标准——《智慧停车−智慧标志设置规范》和《智慧停车-大数据信息标准化处理与应用规范》。深圳市人工智能产业协会发布了《支持语音和视觉交互的虚拟数字人技术规范》的团体标准。深圳市商业保理协会也组织头部保理企业、律所等单位共同编制了2项团体标准。

（三）评审评定谋划人才发展

人才是发展的关键，优秀的行业协会背后往往是优秀的协会工作人员。站在行业协会角度，谋划行业人才发展，一方面是吸引高层次人才的参与，另一方面是通过职称评审和专业技术资格评定为行业人才拓展职业发展空间。深圳市行业协会2021年承接了77项政府职能部门委托的评审评定工作。

深圳锂电、人工智能、物联网、网络空间安全等新兴职业领域发展迅猛，但行业的职称评审处于空白，专业技术人才缺乏职称晋升通道。深圳市电池行业协会积极推动锂电池工程师的职称评审工作，在人力资源和社会保障等部门支持下，2021年4月首次召开锂电池工程专业的职称评审会，颁出全国首张"锂电池工程师"职称认证证书，提升了从业者对所从事行业的认同感。此外，行业协会还通过牵头组织相关的培训工作，为行业赋能。例如，深圳市印刷行业协会组织开展全市印刷法规与安全管理培训。

（四）上传下达搭建政企沟通桥梁

行业协会作为政府和企业之间的桥梁，是实现政企沟通的重要渠道之一。一方面，行业协会通过收集行业信息、代表行业发声，向政府部门反馈行业发展情况，争取更有利的发展环境。疫情期间，深圳市商业联合会收集了会员企业的意见与建议，及时反映给相关的政府部门，并综合企业复工复产情况，向深圳市人大常委会及政府部门提交请示文件，畅通政企沟通渠道。深圳市钟表行业协会收集了企业的进出口需求信息，并重点跟进有相关需求的行业企业情况，及时了解企业的对接情况，反映给工信局。深圳市女企业家商会第一时间发出《关于动员深商企业齐心抗疫倡议书》，动员会员

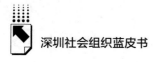

企业全力支持、参与疫情防控，并收集企业的难点、痛点和困难之处，及时向政府有关部门反映。

另一方面，行业协会向企业宣传政策内容，引导企业和产业发展方向，发挥好沟通桥梁的功能。深圳市人工智能产业协会通过线上方式，向企业宣讲深圳科创"十四五"规划和"20+8"产业集群相关政府扶持政策，让企业及时熟悉政策，结合企业日常经营活动，提前规划和申请。深圳市个体私营企业协会组织企业商户参加由市工商联组织的政策宣讲会，将不同的惠企措施分类整理后有针对性地推送给相关企业，并开通客服专线提供政策咨询辅导。深圳市服务贸易协会组织开展 RCEP 协定惠企政策解读及企业运用专题培训，为企业解读相关优惠政策。

（五）服务群众承担社会责任

对于行业协会是共益性还是公益性的讨论很多，深圳行业协会在面对社会问题时积极承担社会责任，服务群众、服务社会、服务国家。面对疫情影响，深圳市行业协会积极响应政府号召参与疫情防控工作，通过发布行业倡议、组织捐款捐物、提供志愿服务等方式，参与全国、广东省及深圳市疫情防控工作。深圳市女企业家商会通过各种渠道，通过组织物资、捐款捐物、提供物资供应保障等多种方式全力以赴支援一线抗击疫情工作。在疫情期间，深圳市宝安区文化体育产业协会也组织会员企业捐款捐物，向区内的街道和社区防疫点提供物资。

行业协会积极参与社会公益活动，关心有需要的困难群体。如深圳市财税服务行业协会针对河南省特大暴雨灾情，组织会员单位向当地的慈善总会捐赠。深圳市装饰行业协会通过深圳市关爱行动公益基金会·天使宝宝关爱基金，向脑瘫儿童家庭提供慰问礼包和慰问金。深圳市物联网产业协会面向贫困山区的孩子开展"情系山区 送书助学"爱心捐赠项目。

深圳市行业协会还积极响应国家号召，开展乡村振兴工作，通过基础设施捐赠、教育帮扶、消费帮扶、产业帮扶等方式，支持项目发展。2021年，深圳市行业协会总计投入了1845万元支持乡村发展。深圳市农产品国际流通协会组织帮扶地区农产品参展，展会期间共实现农产品销售额 500 多万元，农业项目和农产品采购签约 2.1 亿元。

三　深圳市行业协会发展过程中面临的挑战

深圳市行业协会一直致力于在行业领域内深耕，并搭建行业与政府的沟通桥梁，带动产业上下游发展，为深圳的经济发展做出了贡献。行业协会通过不断创新，积极提升行业协会的服务和管理水平，在行业标准制定、企业管理咨询、技能培训等方面展现了不少亮点。但与此同时，2021 年深圳市行业协会也面临许多挑战。

（一）业务活动受影响，收入下滑

行业协会通过提供行业服务和收取会费来获取收入。行业协会为会员单位提供的各类专业服务中，组织展会、会议活动是行业协会最为传统的业务，也是服务收入中的重要组成。疫情期间，展会活动开展受限，举办线下活动面临巨大的不确定性，但线上活动的方式往往达不到预期的效果，服务收费遇到障碍。深圳市钟表行业协会的品牌项目——中国（深圳）国际钟表展览会自 1988 年创展至今，已连续举办了 30 届，但因疫情影响展会不断延期，在 2020~2021 年停办展会，导致协会收入减少；协会日常开展的知识产权、质量检验等平台服务也受影响，业务量下滑。深圳市家具行业协会主办多年的深圳国际家具展屡屡受挫，叠加房地产行业下行周期，家具生产销售减缓，会员企业举步维艰。为响应国家号召，与会员单位共度时艰，许多行业协会都开展了减免、降低或缓收会费的活动。2021 年平均每家行业协会收到的会费收入比 2018 年下降了近 20%。从总收入上看，2018 年深圳行业协会的平均收入达到了 203.20 万元，而 2021 年协会的平均收入降至172.45 万元，下降幅度达到了 15.13%。大型行业协会尚且举步维艰，中小型行业协会受到的影响更大，仅有 245 家行业协会在 2021 年净利润大于 0，占比为 37.12%。

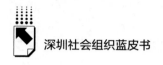

（二）有些优惠政策未能惠及行业协会

行业协会作为社会团体，与事业单位、基金会、社会服务机构等同为非营利性法人。疫情下，行业协会也与企业一样陷入经营困难、收入下降的困境。然而作为非营利性法人，行业协会无法获得与营利性法人一样的待遇，疫情期间出台的许多支持企业的政策也不能惠及非营利性法人。

深圳市人民政府于 2020 年 2 月出台了《深圳市应对新型冠状病毒感染的肺炎疫情支持企业共渡难关的若干措施》，并于 2022 年 3 月 24 日出台了《深圳市关于应对新冠肺炎疫情进一步帮助市场主体纾困解难若干措施》，对市场主体提出了普惠性纾困扶持举措，并针对特定行业中的市场主体制定了专项措施，包括税费减免、房租减免、防疫补贴和加大贷款与融资担保力度等。这些措施中房租减免和税费减免可大大地减少市场主体的运营成本，贷款和融资担保也能给到企业流动资金的支持。许多行业协会承担了政策宣传等工作，向会员宣传讲解各项纾困政策，但各项优惠政策不能惠及自身，落差感很大。全市范围内仅有福田区政府对获评福田活力奖的商协会比照区重点企业给予支持。面对业务活动受挫、收入下滑的情况，行业协会发展面临空前的压力，部分行业协会不得不采取降薪、优化人员结构等措施以减少支出，确保协会正常运转。

（三）人才短板制约行业协会发展

行业协会人员往往不多，规模偏小。2021 年深圳市行业协会中工作人员为 30 人及以上的仅有 14 家，行业协会工作人员的中位数仅为 5 人。行业协会作为法人主体，除去行政、财务、法务的工作内容，还有行业服务、会员服务、政策倡导等职能。这往往要求工作人员能熟悉行业，了解协会运作，并具备专项技能。换句话说，行业协会需要一专多能的人才，要求人员综合能力强、服务意识高，还能懂技术。但社会组织普遍存在人员薪酬不高、组织规模不大的问题，从业人员的福利待遇和职业发展空间都受到了限制。若工作人员具备较好的综合能力，又熟悉行业情况，协会中的会员单位往往能提供更有吸引力的岗位。一些优秀人才在积累了一定的工作经验和资源后多选择离职寻求更好的工作岗位，因此行业协会很难吸引和留住人才。在调研中，行业协会的被访者普遍反映很难找到适岗人才，工作人员流动性大。从 2021 年的年报数据来看，行业协会的工作人员半数以上拥有大专及以上学历，同时仍有 36.7% 的工作人员学历为大专以下。近年来，行业协会的业务活动受阻，行业协会收入下滑，也加剧了行业协会的人才流失，2021 年行业协会中研究生学历的工作人员比例与 2018 年相比降低了一半。行业协会规模小，业务开展相对灵活，负责人或管理人员的水平往往决定了机构的发展程度，高层次人才流失很可能进一步制约行业协会的高质量发展。

随着社会分工的不断精细化和市场竞争的日益激烈，行业协会更需要守正创新，为行业会员提供更多专业性的服务，积极盘活产业上下游的价值链，并扮演好政府和企业的沟通桥梁角色。这一定位无疑对行业协会工作人员的素养提出了更高的要求。因此，如何提升行业协会对人才的吸引力，留住人才，做好人才队伍建设成为制约行业协会发展的瓶颈。

（四）内部发展差异大，培育与管理面临挑战

深圳行业协会发展至今，已经出现了明显分化，梯队明显。头部机构发展相对稳健，表现为净资产排名靠前的机构名单一直稳定在几个规模较大的行业协会，大量的行业协会规模不大，发展质量不高。但对于主管单位而言，行业协会的培育与管理工作，面临较大的挑战。首先，在培育方面，行业协会涉及了各种不同的行业，直接登记制度下，行业协会缺乏主管单位的业务指导，登记管理机关很难覆盖到不同行业的发展方向，给予精细化的培育指导意见。其次，一行多会下，部分行业领域内多个行业协会出现了无序竞争。外部机构难以区分，反而影响了它们对深圳行业协会的评价。此外，部分行业协会存在内部治理不健全的问题，会员大会、理事会和监事会等治理架构以及民主管理机制没有充分发挥，常导致内部矛盾纠纷，各方常直接投诉到登记管理机关，为培育和管理工作带来巨大挑战。

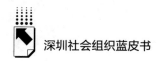

四 促进深圳市行业协会发展的建议

（一）出台行业协会扶持规划，引导重点领域行业协会发展

行业协会的发展以产业发展为基础，但政策引导对行业协会发展有着重要的影响。深圳早在 1999 年就出台了全国首部行业协会条例《深圳经济特区行业协会条例》，并在 2014 年进行了修订，深圳行业协会有了大跨越式的发展。市、区各级民政部门在推动行业协会立法、直接登记、培育扶持、政府职能转移和购买服务、脱钩改革、行业自律、规范涉企收费和评比表彰等方面做了大量工作，推动出台了一系列政策文件，引导行业协会围绕中心服务大局。重视行业协会在服务产业发展方面的作用，福田区和南山区出台了针对行业协会的扶持办法，但在市级层面尚未出台专门针对行业协会的扶持政策文件。

行业协会是政府管理经济和扶持产业发展的重要抓手。2022 年深圳提出要发展壮大战略性新兴产业集群和培育发展未来产业。深圳市民政局研究制定《深圳市民政局关于培育发展相关领域社会组织助力战略性新兴产业集群和未来产业发展的工作方案》，积极培育发展相关领域的行业协会，力求加快形成"一集群一协会"体系，助力深圳发展战略性新兴产业集群和未来产业。无疑，"20+8"产业集群将是未来一段时间的发展重点。从促进行业协会发展的角度，可以先在市级层面出台针对行业协会的扶持办法，探索成立行业协会发展专项基金，并在重点发展领域资助相关的行业协会搭建公共服务平台、参与产业规划、开展行业调研、制定行业标准、举办会议展览等。以奖促建，可以对获评 3A 级及以上等级的行业协会予以奖励，鼓励行业协会朝着更为规范化的方向发展。

（二）建立多部门联席会议制度，助力行业协会发展

行业协会的发展离不开产业的发展。自启动行业协会民间化改革后，行

业协会在人、财、物等方面与原业务主管单位全面脱钩；在登记制度改革后，行业协会属于可以直接登记的类别，与业务主管单位的联动更为匮乏，在业务活动方面缺乏主管单位从专业角度对其业务内容进行把关。2022年8月23日，国务院办公厅印发《关于同意建立行业协会商会改革发展部际联席会议制度的函》（国办函〔2022〕89号），明确联席会议由国家发改委、民政部牵头，中组部、工信部、市场监管总局等部门和单位组成，联席会议办公室设在国家发改委；主要职责包括：指导和推动行业协会商会深化改革和转型发展，统筹协调深化行业协会商会管理体制改革、促进行业协会商会健康规范发展等，协调解决行业协会商会改革发展中的重点难点问题。建议深圳市参照国家层面联席会议的设置，建立行业协会商会改革发展联席会议制度，可以优先在"20+8"产业集群中试点，并会同行业领域的主管部门，探索多部门协同下的行业协会扶持培育策略。

（三）推进协商机制完善，畅通与政府部门沟通渠道

行业协会与企业紧密相连，与行业和产业发展息息相关。行业协会是政府与企业之间良好的沟通桥梁，一方面反馈企业的所急所需，为政府出台相关的行业发展政策建言献策，另一方面宣传落实政府政策，帮助企业应用相关政策，减轻企业经营负担。2020年深圳市社会组织管理局开展了"探索建立深圳社会组织协商机制"研究，研究发现，社会组织在基层协商方面有了一定的基础，但尚未形成稳定的协商机制。因此，深圳市可以积极探索建立社会组织协商机制，通过社会组织协商的顶层设计和建立过程管理机制来畅通行业协会与政府的沟通渠道，如制定和出台深圳市社会组织协商的指导性文件，明确社会组织协商的提出机制、主体遴选机制、理性对话机制、落实和反馈机制等。针对行业协会发展，定期与党政部门召开行业协会座谈会，建立信息专报制度，在制定重大行业政策、编制行业发展规划、开展行业相关立法时，主动征询行业协会的意见与建议。行业协会可通过畅通沟通渠道，来积极争取对行业协会的支持政策。

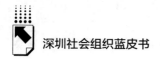
（四）加大人才支持力度，鼓励行业协会创新探索

社会组织类型较多，基金会、社会团体和社会服务机构之间的运作逻辑大相径庭。各类社会组织之间的差异也很大，各自的业务领域不同，因此所需要的人才跨度也很大。许多行业协会推动所在行业的专业人才职业体系建设，承担了职称评定/职业技能等级认定工作，然而行业协会运营管理人才却没有相应的职称评定体系。行业协会的管理人员在扁平化的组织架构里看不到职业发展路径，并且对其评定难以套用相关人才政策。年报数据和访谈素材都印证了行业协会中高层次人才流失的现象，这将中长期制约行业协会的发展。只有加大对行业协会的人才支持力度，才能促进行业协会的可持续发展。因此，行业协会的发展需要探索建立社会组织的人才认定评价体系，尤其是社会组织管理人才评价体系，让社会组织人才的发展有路径可依。相应的管理型人才在获得认定后可以被纳入人才政策范围，在补贴、住房、荣誉等方面享受与企事业人才同等待遇，助力打造专业化、职业化人才队伍。

另外，除了通过专项基金支持行业协会发展、拓宽行业协会的资金来源，还应鼓励行业协会不断探索创新，围绕会员服务和行业发展，在行业价值链上开发增值服务，如会展服务、设计研发平台、检测服务等，不断优化行业协会的服务体系。

（五）湾区合作和组团"出海"，搭建国际化交流合作平台

行业协会能发挥拓展海外市场、对外交流合作的重要作用。许多行业协会也把对外交流合作，尤其是组织会员单位组团前往海外参展作为重要的业务活动之一。深圳毗邻香港，深圳具有智能制造的能力及基础，香港具有对外展示和提供专业服务的能力，在粤港澳大湾区一体化建设的框架下，深港行业协会的交流合作能加速深港两地的行业合作和产业协同，因此推动深港行业协会交流合作平台的搭建极为重要。同时，深圳是国内对外贸易发展最活跃的地区之一，走出去开拓海外市场具有重要战略意义。疫情后，行业协

会积极组团"出海"参展，开拓海外市场并招商引资，助推深圳经济复苏。行业协会组织"出海"参展对于依赖海外市场和外贸订单的外向型企业，尤其是抗风险能力较弱的中小企业，能产生规模效益和降低成本。且集体"出海"也容易打造共同品牌，打造"深圳智造"的集体形象。此外，社会组织是"一带一路"建设的重要民间力量。支持和鼓励社会组织参与"一带一路"建设，有助于推进深圳的智能制造"出海"，也有助于深圳国际化都市形象打造。相关部门可以在行业协会走出去方面提供政策支持，并搭建国际化的交流合作平台，推动行业协会发挥资源整合的优势，为企业走出去提供更好的支持。

总而言之，2021 年深圳行业协会在会员服务、标准制定、人才发展等方面都取得了一定的成绩，但在自身建设和发挥行业引领等方面都面临着很大挑战。要想克服这些挑战，行业协会需要得到政府相关部门的大力支持，更需要不断提升自身能力和竞争力，并积极探索创新和改革，以推动行业健康发展和促进社会进步。

B.3
2022年深圳社区社会组织发展调查报告

周玲秀[*]

摘　要： 本报告以深圳市社区社会组织为研究对象，通过问卷调查、深度访谈等方法，对社区社会组织总体发展概况、发展特点、面临困境及挑战进行了分析。本报告发现深圳市社区社会组织主要以服务社区居民、营造社区氛围为创立初衷，以老年人、儿童及低收入群体、残障群体等为服务对象，且运作项目领域聚焦文化活动，活动场所较灵活、活动资金以政府资助为主。目前，社区社会组织主要面临承接项目能力有限、专业化水平不高、业务拓展能力不足以及组织管理运营有待规范等问题。基于此，本报告提出以下建议：加大政策支持和孵化培育力度；建立枢纽型社区社会组织，发挥枢纽型社区社会组织平台作用，促进组织之间的经验交流与合作；广泛鼓励大众参与社区志愿服务，建立资源联动平台；进一步提升自身治理能力，彰显社区社会组织功能亮点。

关键词： 社区社会组织　社区治理　社区服务

一　社区社会组织的界定及其在深圳的发展概况

随着社会经济发展，加强基层社区治理日渐成为社会建设的重点，培育发展社区社会组织作为社区治理的重要途径多次在中央、部委及省市的文件

---

[*] 周玲秀，深圳国际公益学院高级分析师，管理学硕士，研究领域为儿童福利、养老福利、基层治理等。

中被提到。但社区社会组织严格意义上并不是一个独立的登记类别，各层级文件对其的定义也不尽相同。2016年，中共中央办公厅、国务院办公厅印发的《关于改革社会组织管理制度促进社会组织健康有序发展的意见》指出，"对在城乡社区开展为民服务、养老照护、公益慈善、促进和谐、文体娱乐和农村生产技术服务等活动的社区社会组织，采取降低准入门槛的办法，支持鼓励发展"。这一界定其实涵盖了社区社会组织的服务范围。2017年，民政部印发的《关于大力培育发展社区社会组织的意见》（民发〔2017〕191号）提出："社区社会组织是由社区居民发起成立，在城乡社区开展为民服务、公益慈善、邻里互助、文体娱乐和农村生产技术服务等活动的社会组织。"2022年广东省民政厅印发的《广东省社区社会组织分类管理办法》（试行）提出："社区社会组织是指由本社区为主的公民、法人和其他组织自愿发起，以社区为主要活动区域，以服务社区居民、满足社区需求、推动社区发展为宗旨的非营利性社会组织。"

笔者在调研过程中也了解到，深圳市各区对于社区社会组织的界定也有差异，主要体现在发起人主体差异、活动区域范围差异以及登记备案主管部门差异等。但结合调研情况及文件的规定，社区社会组织应具备以下三个要素：一是以社区为基本活动范围；二是以社区居民为成员或服务对象；三是以满足社区居民的不同需求为目的。综上，本报告将社区社会组织界定为：由本社区为主的社区居民、法人及其他组织等主体发起成立，以街道或社区为主要活动区域，以服务社区居民、满足社区需求、推动社区发展为宗旨的社会组织（含自组织）。

二 深圳社区社会组织的发展情况

（一）政策支持情况

深圳在社区社会组织建设方面起步较早，非常重视对社区社会组织的登记备案管理，完善准入制度。2010年，深圳市政府即开始陆续出台内容包含社区社会组织培育发展的相关文件，如《深圳市社区社会组织登记与备案管理暂行办法》（深民〔2010〕128号）、《关于推进社区社会组织备案管理职能下放问题的函》（深民函〔2011〕922号）、《中共深圳市委深圳市人民政府关于进一步推进社会组织改革发展的意见》（深发〔2012〕12号）、《关于深化社会组织管理制度改革促进社会组织健康有序发展的若干措施》（深办发〔2018〕25号）和《深圳市民政局关于印发〈深圳市社区社会组织培育发展专项行动计划（2023—2025年）〉的通知》（深民〔2022〕100号）等。深圳各区政府根据社区发展和居民需求的变化，也陆续出台了内容涉及组织创新管理、人才培养、命名规范、登记备案、资金补贴等社区社会组织培育发展的相关执行文件（具体详见表1），为社区社会组织的发展提供了政策支持。

表1 2010~2022年深圳社区社会组织政策文件出台情况

发文单位	政策文件名称	发文年份
深圳市	《深圳市社会组织发展规范实施方案(2010—2012年)》	2010
	《深圳市社区社会组织登记与备案管理暂行办法》	2010
	《关于推进社区社会组织备案管理职能下放问题的函》	2011
	《中共深圳市委深圳市人民政府关于进一步推进社会组织改革发展的意见》	2012
	《关于深化社会组织管理制度改革促进社会组织健康有序发展的若干措施》	2018
	《深圳市民政局关于印发〈深圳市社区社会组织培育发展专项行动计划(2023—2025年)〉的通知》	2022
罗湖区	《关于下放社区社会组织备案管理职能的通知》	2011
龙岗区	《关于开展社区社会组织备案管理工作的通知》	2012
盐田区	《深圳市盐田区社区社会组织登记和备案管理制度(试行)》	2013
福田区	《深圳市福田区社区社会组织登记和备案管理规定(试行)》	2015
坪山区	《深圳市坪山区关于培育和发展社区社会组织的实施意见》	2017
龙华区	《深圳市龙华区社区社会组织登记备案管理暂行办法》	2017
南山区	《深圳市南山区社区社会组织登记备案管理暂行办法》	2013

续表

发文单位	政策文件名称	发文年份
南山区	《深圳市南山区"党建+社区社会组织"改革工作指导意见(试行)》	2018
	《深圳市南山区社区人才培养三年规划暨社区领头人储能计划》	2019
	《深圳市南山区社会组织负责人及后备人才培养实施计划》	2019
	《南山区南山街道社区社会组织及骨干个人星级评定制度》	2021
宝安区	《宝安区社会组织扶持资金管理暂行办法》	2018
大鹏新区	《深圳市大鹏新区社区社会组织备案管理暂行规定》	2020
光明区	《光明区社区社会组织备案管理办法(试行)(征求意见稿)》	2021

注：各区政府及相关职能部门于2017年前印发的规范性文件均已失效。

（二）总体规模情况

经调查统计，深圳社区社会组织已发展到一定规模，数量较多，以备案为主，有相当数量的未登记未备案社区社会组织，且各区发展状况存在差异。截至2023年3月31日，深圳市社区社会组织共有6263家，其中在民政部门登记的社区社会组织有1577家，在民政部门备案的社区社会组织3200家，未登记未备案的社区社会组织有1486家。从社区社会组织区域分布来看，全市各区（新区）发展存在不均衡现象。南山区、龙岗区、罗湖区、福田区拥有的社区社会组织均超过了1000家，分别是1177家、1165家、1043家和1070家；宝安区、光明区、龙华区、大鹏新区、坪山区和盐田区拥有的社区社会组织则少于400家，分别是345家、342家、327家、291家、289家和214家。

从2022年底的登记管理数据来看，社区社会组织发展类别呈现多样化特点，涵盖了公益慈善类、文体活动类、生活服务类、社区事务类等。2022年底全市有5418家社区社会组织，文体活动类社区社会组织占绝对优势，共3049家，占比为56.28%；其次是社区事务类社区社会组织，共1470家，占比为27.13%；再次是公益慈善类社区社会组织，共403家，占比为

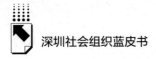

7.44%；生活服务类和其他类社区社会组织，分别为 240 家和 256 家，占比分别为 4.43% 和 4.72%。①

（三）发挥作用情况

总体来看，社区社会组织已经成为社区治理的重要参与主体，在社区治理过程中扮演着极其重要的角色，具体为如下几点。（1）社区社会组织已成为党建引领社区治理的重要抓手。社区社会组织作为社区居民发起、以满足居民需求为目标的组织，在解决社区矛盾和满足居民需求方面，具有天然的属地优势，并且社区社会组织在整合社区资源、传达社情民意等方面也具有很好的人脉优势。在基层党组织的领导下，社区社会组织能有效发挥其宣传和凝聚共识的作用。例如，南山区学府社区治理联合会是由小区党支部书记、业主委员会主任、物业管理公司负责人、社区志愿者等组成的，每年向社区党委提供许多宝贵的社区治理建议，并主动参与调解各类矛盾纠纷等，有效推动了社区问题的解决。（2）社区社会组织已成为社区服务的重要参与者。在简政放权的背景下，政府可通过向社区社会组织购买服务等方式为社区居民提供服务，社区社会组织在提供服务过程中可促进社区居民之间的志愿帮扶、互助自治，并成为居民和政府之间沟通的重要桥梁。例如，街道办事处通过购买民生微实事服务项目，每年向登记类社区社会组织购买社区服务，为居民提供社区服务，丰富居民的文化生活。（3）社区社会组织已成为社区居民参与社区营造的重要载体。作为社区居民交往、沟通和互助的平台，社区社会组织为居民参与社区事务提供了机会，锻炼了居民自我管理和自我服务的能力，增强了居民对社区的信任感与归属感，还助力社区实现善治愿景。例如，深圳辖区内有很多社区工作站、社区志愿服务组织、辖区商铺等，通过多方联动，建立了社区安全自治会和社区小商铺联盟等，促进社区居民形成了良好的安全生产意识和个人卫生管理意识等。

---

① 数据来源于深圳市社会组织管理局统计数据。

三 深圳社区社会组织发展特点分析

为了更加系统地了解社区社会组织发展的共性特点，除实地走访外，本报告通过问卷调查方法①，面向全市社区社会组织发放问卷，共收集403份问卷，其中有效问卷371份，有效回收率为92.06%。问卷内容主要包括被访者及其所在社区社会组织的基本信息、社区社会组织的发起及运作情况、社区社会组织发展面临的困难及挑战、对社区社会组织发展的政策建议等。

本次被调查社区社会组织的基本信息如下：从社区社会组织登记或备案类型来看，样本中有165家为在街道备案的社区社会组织，有160家为在区民政局登记注册且由街道办事处主管或主要服务本社区的社区社会组织，有37家为未登记未备案的自组织，还有9家其他类型的组织（如专门提供社区服务的社会企业）。此外，从社区社会组织登记注册或者备案所属的行政区域或活动开展区域来看，371家参与调查的社区社会组织在全市10个行政区域均有分布，这可以充分展现深圳市各行政区社区社会组织的发展情况，相关统计数据具有一定的科学性和代表性。

（一）组织设立以服务社区居民、营造社区氛围为主要动因

根据问卷调查结果，以"为社区居民提供服务"为创立初衷的社区社会组织占比为76.82%；以"营造社区文化氛围"为创立初衷的社区社会组织占比为62.80%；以"发起人的公益性实践倡导""关爱社区弱势群体""促进社区人居环境改善"为创立初衷的社区社会组织占比分别为45.28%、44.74%和41.24%；相比之下，以"为特定行业发展争取机会"作为组织创立初衷的社区社会组织占比仅为10.78%（见表2）。由此可知，关注社区

① 调查时间为2021年12月。本次调查对象包括来自全市范围内的登记类、备案类以及未登记未备案类社区社会组织，还包括部分以服务社区为目标的社会企业，鉴于社区社会组织发展的实际情况，本报告中笼统表述为社区社会组织。

发展，体现社区居民利益是设立社区社会组织的主要动因，这一特征也体现在社区社会组织的服务活动内容中。

表 2　社区社会组织发起成立的主要原因

单位：家，%

题目	选项	频数	占比
贵组织发起创立的主要原因（多选题）	发起人的公益性实践倡导	168	45.28
	为社区居民提供服务	285	76.82
	关爱社区弱势群体	166	44.74
	营造社区文化氛围	233	62.80
	促进社区人居环境改善	153	41.24
	促进组织成员的福利	58	15.63
	为特定行业发展争取机会	40	10.78
	由政府相关政策驱动成立	71	19.14
	其他	24	6.47

（二）服务对象以老年人、儿童等为主，同时覆盖低收入群体、残障人员群体等

社区社会组织主要服务人群包括老年人、儿童等。① 统计结果显示，76.55%的社区社会组织将老年人作为主要服务对象，分别有 40.16% 和 31.54%的社区社会组织将妇女和儿童作为主要服务对象，这反映出社区中的老年人、妇女和儿童等群体是社区社会组织中重点关注的人群；有 39.89%的社区社会组织将来深建设者作为主要服务人群，体现出社区社会组织具有促进社区和谐、城市融合的重要功能；此外，还有 37.74%的社区社会组织将中青年人作为主要服务人群（见图 1）。综上，社区社会组织的

————————

① 本次调查服务人群分类情况说明如下。根据社区社会组织业务范围以及主要项目服务人群的结构和特点，问卷设计组采取了多种分类相结合的方法，以不同年龄人群划分为基础，同时结合来深建设者、残障群体、低收入家庭、社区社会组织内部工作人员（以下简称"组织内部成员"）等实际服务人群类别，划分了社区社会组织的主要服务对象。

服务对象范围覆盖较为全面，能够顾及社区中各类居民，对于优化社区治理、促进社区居民安居乐业具有积极意义。

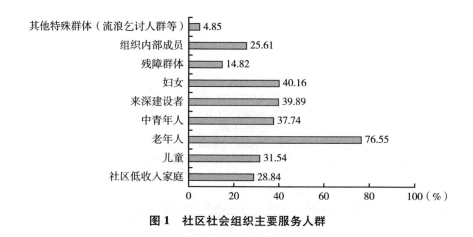

图1　社区社会组织主要服务人群

（三）社区社会组织活动内容的丰富程度仍具有提升空间

调查发现，67.65%的社区社会组织运作项目领域以文体活动（如唱歌、跳舞等）为主，众多社区社会组织运营项目的主要领域是社区文体活动。其次，51.75%的社区社会组织运作项目领域为文化交流，超过本次调查对象数量的1/2，因此社区内、不同社区间的文化交流互动也是社区社会组织运营项目的重要领域。再者，分别有33.69%和31.54%的社区社会组织运作项目领域涉及困难人群帮扶活动和教育培训活动等，同样印证了大部分社区社会组织运营项目及日常服务活动具有社区公益、社区互助等特征。与此同时，运作项目领域涉及中介服务类（如法律、技术咨询等）的社区社会组织占比仅为1.89%，运作项目领域涉及医疗救助或急救推广的社区社会组织占比也仅为5.93%（见图2），所以社区社会组织运作项目领域的丰富程度还存在进一步提升的空间。

（四）活动场所较为灵活，活动资金以政府资助为主

社区社会组织的活动资源包括很多内容，本报告主要分析其活动场所资源和活动资金来源情况。关于社区社会组织的活动场所来源，调查发现，"由

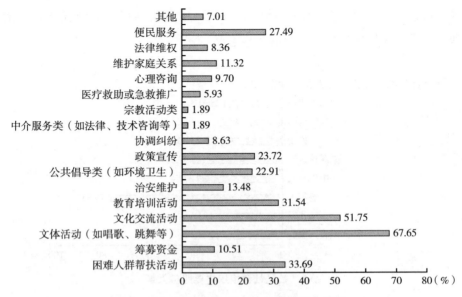

其他 7.01
便民服务 27.49
法律维权 8.36
维护家庭关系 11.32
心理咨询 9.70
医疗救助或急救推广 5.93
宗教活动类 1.89
中介服务类（如法律、技术咨询等） 1.89
协调纠纷 8.63
政策宣传 23.72
公共倡导类（如环境卫生） 22.91
治安维护 13.48
教育培训活动 31.54
文化交流活动 51.75
文体活动（如唱歌、跳舞等） 67.65
筹募资金 10.51
困难人群帮扶活动 33.69

图2 社区社会组织运作项目领域分布情况

街道和社区无偿提供场所"开展活动的社区社会组织占比最高，达到71.43%，其次，"主要利用公园、小区空地等公共场所"的占比达到60.11%。由此可推测，多数社区社会组织在寻找活动场所方面能够获得街道和社区的支持。"有偿租赁场所"和"使用自有房产"开展活动的社区社会组织占比分别为15.63%和8.63%（见表3）。只有少数社区社会组织能够在自有房产开展活动，这也意味着社区社会组织活动场所比较灵活，但在寻找活动场所时的主动权较为有限，较少拥有自有固定活动场地。

表3 社区社会组织活动场所主要来源

单位：家，%

题目	选项	频数	占比
贵组织的活动场所主要来源（多选题）	由街道和社区无偿提供活动场所	265	71.43
	主要利用公园、小区空地等公共场所	223	60.11
	有偿租赁场所	58	15.63
	使用自有房产	32	8.63
	通过其他方式解决活动场所	86	23.18

从活动资金来源来看，通过民生微实事项目获得活动资金的社区社会组织占比最高，达到47.71%，通过"福彩公益金-幸福老人计划"获得活动资金的社区社会组织占比也达到了42.05%。这说明"民生微实事项目"及"福彩公益金-幸福老人计划"项目在为社区社会组织开展社区服务提供资金支持方面的成效较为显著。而能够通过"社区股份公司的赞助"获取资金支持的社区社会组织仅占11.59%，只有26.15%的社区社会组织通过"参与者自筹"获取资金（见图3）。上述情况说明社区社会组织的资金来源有待丰富和拓展。

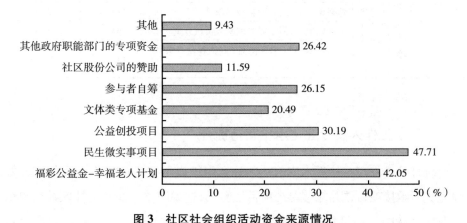

图3　社区社会组织活动资金来源情况

四　深圳社区社会组织发展面临的困难及挑战

（一）承接项目较为有限，组织生存及发展情况趋于分化

调查发现，基于现有承接项目，"目前基本没有生存困难，但仍在进一步扩大机构规模"的社区社会组织占比为41.78%。与此同时，"勉强维持生存，且面临较多困难"的社区社会组织占比也达到了35.85%，还有5.39%的社区社会组织表示"难以生存，1年内将考虑注销机构"（见表4）。从调查可以发现，社区社会组织目前运营情况差异较大，而多数社区社会组织承接项目数量较少，人员开支水平与项目资金收入水平不匹配或已成为影响社区社会组

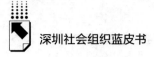

织长远发展的因素。为保障社区社会组织长远发展，政府部门需要加大向社区社会组织购买服务的力度，实施更多优惠政策，以使其有效承接和运营政府及社会服务项目。

表4　社区社会组织发展状况

单位：家，%

题目	选项	频数	占比
在承接现有项目的基础上，贵组织是否存在机构生存困难的问题（单选题）	难以生存，1年内将考虑注销机构	20	5.39
	勉强维持生存，且面临较多困难	133	35.85
	仍可以生存，但是需要缩减人员及开支	63	16.98
	目前基本没有生存困难，但仍在进一步扩大机构规模	155	41.78

（二）工作人员专业化水平有待提升

统计分析发现，接近六成的社区社会组织表示"目前工作人员能够较好地完成所承接项目，并能够总结项目经验"，这说明整体而言，社区社会组织专业化水平能够满足机构运营需要。另外，有16.17%的社区社会组织表示"目前工作人员较难匹配完成所承接项目，需内部培训和指导完成项目任务"，有15.90%的社区社会组织表示"目前工作人员较难匹配完成所承接项目，需引入外部专业力量给予支持"（见表5）。由此可知，工作人员能力较为有限、专业化水平不足也是社区社会组织高质量发展所面临的主要困境之一。

表5　各社区社会组织工作人员专业化水平

单位：家，%

题目	选项	频数	占比
贵组织现有的人员能力是否可以匹配完成所承接的项目呢？（单选题）	目前工作人员能够较好地完成所承接项目，并能够总结项目经验	220	59.30
	目前工作人员较难匹配完成所承接项目，需内部培训和指导完成项目任务	60	16.17

续表

题目	选项	频数	占比
贵组织现有的人员能力是否可以匹配完成所承接的项目呢?（单选题）	目前工作人员较难匹配完成所承接项目,需引入外部专业力量给予支持	59	15.90
	其他	32	8.63

（三）在组织管理和机构运营中面临多重挑战

调查分析发现，社区社会组织在机构运营方面面临多种困境及挑战。有45.01%的社区社会组织面临"资源获取能力不足"的困境，前文通过对社区社会组织活动场所来源、资金来源的分析也说明部分社区社会组织在调动和筹集活动资源时面临一定困难。有33.15%的社区社会组织面临"人才招募困难，且流失严重"的困境，人才不足也导致社区社会组织在日常管理中出现"缺乏年报、评估等文书写作能力""财务管理工作出现困难""项目经验、运作经验缺失""日常管理出现困难""政府文件理解有困难"等问题（见图4）。

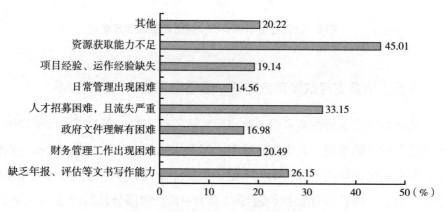

图4 社区社会组织运营面临的困境

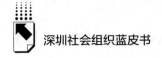

（四）业务拓展能力不足，竞争力有待提升

调查分析发现，41.24%的社区社会组织撰写项目方案和标书文件的能力较为欠缺，38.01%的社区社会组织项目设计的创新性不足，这些情况均对社区社会组织争取承接优质项目造成不利影响。此外，37.47%的社区社会组织缺乏招投标和公益创投经验，31.81%的社区社会组织认为自身了解业务的渠道缺乏，这将对社区社会组织拓展业务范围、争取优质合作产生消极影响。再者，社区社会组织多以服务社区和社区居民作为机构运营宗旨或重要目标，但有28.84%的社区社会组织表示其对社区需求的了解和评估不足（见图5），这也将影响社区社会组织的服务质量。

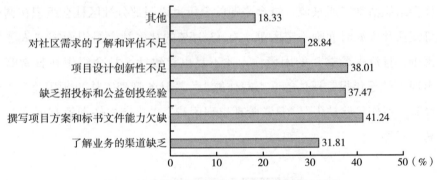

图5　社区社会组织业务拓展方面面临的困难

（五）培育支持政策有待完善，枢纽型平台尚未形成体系

从政府培育支持政策来看，政府政策连贯性不足。部分因行政干预因素推动发起成立的组织，只为基层政府一时要求而成立，在短期内发挥一点作用，但存在先天性内生成长动力不足、组织能动性弱等问题，再加上整体竞争力不强，一些社区社会组织逐渐"僵尸化"。如部分社区的老年人协会，成立之初很多是应街道的考核任务要求而成立，并获得了部分经费及项目资助，但后续一旦减少资助，缺乏内生动力的社区社会组织就举步维艰。

从服务提供与需求匹配度来看，目前的社区社会组织同质性较强，以文体活动类、兴趣爱好类、慈善帮扶类的社区社会组织为主，社区治安类、环境保护类、生活服务类的社区社会组织相对不足，纠纷调解类、法律科普类的社区社会组织较少，这与目前社区解决居民内部矛盾纠纷、参与社区治理、提供社区服务的实际需求不匹配。

另外，从行业支持来看，缺乏枢纽型平台支持。目前，深圳大部分社区社会组织在成立、培育和发展完善阶段缺乏可依托的枢纽型平台机构的支持。深圳市总体缺乏街道级枢纽型社会组织。鉴于社区社会组织服务范围一般局限于所在社区，社区所供给的资源和活动很大程度上决定了社区社会组织的社会实践频率。但单个社区社会组织往往规模小、服务对象和类型相对单一，大多数社区社会组织又未能进行资源整合形成有效的建设合力。目前街道级枢纽型社会组织较少，已成立的枢纽型社会组织虽已发挥了积极作用，但是在专业层面给予社区社会组织的支持仍然不足。同时，街道级枢纽型社会组织及平台的整体运作能力也存在提升空间。

五 深圳社区社会组织特色案例分析

从社区社会组织的业务类别来看，主要有以下几类，分别是公益慈善类、生活服务类、社区事务类以及文化活动类。我们挑选了不同类别的社区社会组织案例进行简要分析（见表6）。

表6　不同业务类别社区社会组织代表案例一览

组织类别	代表型案例
公益慈善类	南山区南山街道荔林社区关爱中心
生活服务类	坪山区坪山街道善育婴幼儿健康发展促进中心
社区事务类	大鹏新区葵新社区"爱心妈妈"义工队 坪山区坪山街道来深建设者家庭互助会
文体活动类	龙华区民治街道民泰社区舞之梦舞蹈协会 龙华区民治街道春华京剧协会

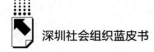

南山区南山街道荔林社区关爱中心（以下简称"关爱中心"）是 2018 年 11 月在南山街道办备案的社区社会组织，在社区党委引领下主要开展社区义务理发、关爱社区鳏寡孤独残障人士和贫困家庭、开展节日庆祝及探访等活动。其理事长为福园小区党支部书记，在党建引领和街道、社区大力培育下，服务逐步覆盖整个荔林社区，成员也发展到 120 余人，其中党员 13 人，服务范围更聚焦，服务也更规范，得到了广大居民的认可。在南山区民政局和南山街道办事处的指导扶持下，关爱中心于 2021 年 6 月在南山区民政局登记成立。关爱中心的定位为公益服务型，除了理事会之外，关爱中心成员中 80% 为注册义工，约 40 人常年参与组织服务，常年关爱社区高龄人士、困难家庭、老党员，关爱社区困难家庭。2021 年，关爱中心被评为广东省社区社会组织示范点试点单位。

深圳市坪山区坪山街道善育婴幼儿健康发展促进中心（以下简称"发展促进中心"）2020 年 3 月在坪山区民政局登记成立。发展促进中心通过对 0~3 岁婴幼儿照护服务需求进行调研，发现社区托育需求迫切且需求力巨大，而市场上提供的托育服务存在费用高、水平不一、服务标准不成体系等问题。为在"幼有所育"上不断取得新进展，完善婴幼儿照护服务体系，发展促进中心联动政府资源，创新打造了深圳首家"社区亲子互助中心"，构建了一个以家长为主导、群众之间互助、有专业机构支持的普惠性婴幼儿照护服务新模式，对推动形成良好的亲子关系、和谐的家庭关系、融洽的邻里关系起到了重要作用。

大鹏新区葵新社区"爱心妈妈"义工队是一支以"双工联动"的方式为社区特殊妇女家庭提供志愿互助结对服务的义工队伍。"爱心妈妈"义工队的骨干成员通过与社区内的特殊家庭进行一对一结对，为特殊家庭提供喘息服务，让特殊家庭的妇女可以外出走访亲戚和参加相关培训活动等。

坪山区坪山街道来深建设者家庭互助会于 2015 年 9 月在坪山区民政局登记成立，是社会工作者与来深建设者家庭为实现共同成长与发展愿景联合发起的非营利性社会组织，以有爱、团结、互助、成长为服务理念，重点服务来深建设者子女及其家庭，促进相关人群更好更快地融入社会。其主要特色服务项目包括"客家本色"客家民俗文化保育体验系列项目和"都市绿益"可持续慈善超市创建及运营项目等。

深圳市龙华区民治街道民泰社区舞之梦舞蹈协会于2015年7月在龙华区民政局登记成立，以民泰社区的老人为服务对象，以文艺作品为载体，整合多方资源，为老人提供舞蹈培训、文化分享交流活动等服务，使老人能够老有所学、老有所乐，丰富老年人社区文娱生活，不断满足老年人精神文化生活需求，改善老人身心健康状况。

深圳市龙华区民治街道春华京剧协会于2014年3月在龙华区民政局登记成立，是由民治街道众多京剧票友发起的艺术社团。该协会包含生旦净末丑等演员及国家一、二级演奏家，这些专业票友通过持续参与京剧国粹艺术活动，参与社区治理，传承中国文化。

六 深圳社区社会组织发展的对策建议及未来展望

（一）完善政策，加大社区社会组织孵化培育力度

进一步制定完善社区社会组织扶持政策，加大对社区社会组织的资金投入力度。继续保持原有的各类政府购买服务项目，并逐步引入社会力量和吸引社会慈善捐赠资金支持社区社会组织建设和发展，培育支持社区社会组织，例如通过社区基金和股份公司资助等形式加大对社区社会组织的孵化培育、资助和支持力度，优化社区基金会运作模式，发挥社区基金会在资源整合、爱心资金汇聚及其作为公益资源的"蓄水池"的作用。同时，探索推行社区自治金资助形式、各项税费减免及人才居住证优惠政策等，并尝试推动建立社区社会组织发展专项基金设立机制，在深圳示范探索制订社区社会组织专项基金扶持计划。

进一步做好社区社会组织场地支持。支持鼓励有条件的区政府、街道办及社区居委会，为社区社会组织提供孵化、办公场地入驻、活动场地共享等服务，免租金提供办公场地和服务活动场地等；逐步推广建设枢纽型社区社会组织及培育空间基地，利用现有区级、街道级、社区级等三级党群服务中心，老年日

间照料中心，儿童之家，周边公园，小区广场等存量空间场地资源，为社区社会组织提供一个可以免费申请和使用的活动场所，完善活动场所的日常运作、维护保管、租赁使用等制度。鼓励将闲置用房、福利设施等国有或集体所有资产，通过无偿使用等优惠方式提供给社区社会组织开展公益活动。

加快孵化培育公益慈善类、生活服务类及社区事务类社区社会组织。丰富社区社会组织类型，加大孵化培育以中青年人群为发起主体的社区社会组织。根据第七次全国人口普查数据，深圳市的 0~14 岁、15~59 岁、60 岁及以上人口占比分别为 15.11%、79.53% 和 5.36%[1]，然而目前社区社会组织的类型主要是老年人群发起的文娱性社区社会组织，缺乏中青年发起成立的社区社会组织，并且中青年人参与现有社区社会组织的活动较少。为更好服务各年龄段居民，应该鼓励中青年人群作为发起人，为社区居民提供服务，并且鼓励建立文明养犬、矛盾调解、垃圾分类、志愿服务小组等，为年轻人参与社区治理提供良好的外部政策环境。

（二）发挥枢纽型平台作用，共享项目经验，提供运营管理支持

调查发现，枢纽型平台提供项目指导的重要性排在支持社区社会组织发展的第一位，其次是提供人员培训、财务托管等帮助。[2] 由此可见，提升项目运营质量，提升人员专业化水平，提高财务管理效率，是社区社会组织目前最为关注的问题，也是实现社区社会组织高质量发展需要重点解决的难题。此外，提供人力资源代理、宣传托管、法律托管等服务也是社区社会组织所期望的行业支持手段。多数社区社会组织规模较小，人员专业化水平尚待提升，项目运营经验不足，自身的财务管理、人力资源管理、品牌宣传和

---

[1] 《深圳市第七次全国人口普查公报（第四号）——人口年龄构成情况》，http：//tjj. sz. gov. cn/zwgk/zfxxgkml/tjsj/tjgb/content/post_ 8772048. html。

[2] "深圳市社区社会组织发展现状调查问卷"中有一道题是"您希望行业对社区社会组织提供以下哪些方面的支持，请按照重要性进行排序"，选项是：A. 同类项目指导；B. 人员培训；C. 财务托管；D. 人力资源代理（招聘、岗位外包、灵活用工、人事代理等服务）；E. 宣传托管；F. 法律托管；G. 其他。根据对此题调查结果的分析，得出本报告有关行业层面对社区社会组织的支持建议。

法律法务部门也有待健全。因此，通过枢纽型平台为社区社会组织提供人员培训及运营管理支持是助力社区社会组织发展的可行路径。

（三）鼓励大众参与志愿服务，调动社会资源提供活动支持

调查发现，社区社会组织希望民众能更多地提供志愿服务支持，且能同时获得社会资源联动支持。[①] 也就是说，社区社会组织认为，社会民众及众多社会机构参与志愿服务活动、助力活动开展是支持社区社会组织发展的有力手段。同时，发挥社会力量、调动和筹集活动资源、提升项目运行成效也是社区社会组织发展的重要助力；大众捐赠等社会层面的物资捐助、资金支持也能为社区社会组织带来新的活力。基于此，为持续促进社区社会组织高质量发展，需要在社会层面营造积极参与志愿服务活动的氛围，提升大众参与社区志愿服务的意愿；建立枢纽型资源交流平台，为社区社会组织活动开展提供多方支持；建立社区捐赠、社会捐赠机制，为社区社会组织发展奠定坚实的物质基础。

（四）提升自身治理能力，彰显功能亮点

社区社会组织要加强自身队伍建设，着力于运营管理人才和专业技术业务人才的培养，不仅可通过能力培训、传帮带等多种形式提升社区社会组织负责人和业务骨干的能力，还可通过参加职能部门组织的示范培训、网上课堂、新媒体教学等方式，提升人才队伍的专业化、职业化水平。同时，可不断健全人才评价激励制度，完善人才队伍的晋升、留用及奖励机制，等等。在增强自身队伍建设的同时，社区社会组织仍需把握自身的核心特征，即找准组织定位，精准把握社区居民需求，提升自我造血能力，优化资金来源渠道，打造品牌特色项目，以此展现社区社会组织发展特色及功能亮点。

---

① "深圳市社区社会组织发展现状调查问卷"中有一道题是"您希望社会对社区社会组织提供以下哪些方面的支持，请按照重要性进行排序"，选项是：A. 志愿服务支持；B. 大众捐赠；C. 社会资源的联动支持；D. 其他。根据此题调查分析的结果，得出本报告有关社会层面对社区社会组织的支持建议。

B.4
2022年深圳市枢纽型社会组织发展报告

徐宇珊*

摘　要： 本报告探究以同类型、同性质、同行业、同领域的社会组织为主
要单位会员的枢纽型社会组织的发展。深圳市枢纽型社会组织包
括区域性社会组织、行业性社会组织以及综合了区域和行业的社
会组织的发展。枢纽型社会组织作为政府与社会组织之间的桥梁
纽带，发挥了搭建党建平台、提供精准服务、提供培育扶持、制
定行业标准、开展行业研究等功能和作用。在市级、基层和各领
域均涌现出一批典型枢纽型社会组织。但目前社会各界对枢纽型
社会组织的界定尚未达成共识，各区域发展尚不平衡，在一定程
度上影响了此类社会组织的作用发挥。同时，枢纽型社会组织面
临着人才匮乏、行政化倾向等挑战。展望未来，大力发展枢纽型
社会组织，需进一步落实相关政策，达成概念共识，加强区域间
交流互动和人才储备。

关键词： 社会组织　枢纽型社会组织　党建引领

一　枢纽型社会组织的界定及其在深圳的发展概况

枢纽型社会组织的概念最早出现于北京市社工委的文件中。2008 年北
京市社工委出台《关于加快推进社会组织改革与发展的意见》，提出了构建

---

* 徐宇珊，管理学博士，深圳市社会科学院研究员，研究领域为社会组织、儿童友好等。

枢纽型社会组织工作体系的新思路。2009年北京市社工委在颁布《关于构建市级"枢纽型"社会组织工作体系的暂行办法》中，首次以文件形式界定了枢纽型社会组织，其是指由北京市社会建设工作领导小组认定，在对同类别、同性质、同领域社会组织的发展、服务、管理工作中，在政治上发挥桥梁纽带作用、在业务上处于龙头地位、在管理上经北京市政府授权承担业务主管职能的市级联合性社会组织。2012年，广东省发布的《广东省社工委关于构建枢纽型组织体系的意见》中对于枢纽型社会组织的定义则为：经政府认定，在社会组织体系当中处在枢纽位置，依靠组织系统的进一步健全和提供有效的服务支持，来强化纽带联系与协调统筹，从而实现对同领域、同性质、同类型社会组织的培育孵化、合作指导、协调发展、党团管理、集约服务和自治自理，是一种联合性的社会组织。

北京市和广东省对枢纽型社会组织的界定中，共同点包括：一是枢纽型社会组织是需要被"认定"的，二是服务和管理对象是"同领域、同性质、同类型"的社会组织，三是发挥桥梁纽带、沟通协调等作用，尽管两地表述有所差异，如北京市可概括为三项功能、广东省可细化为六项功能，但基本作用是一致的。

深圳市在2012年发布的《中共深圳市委、深圳市人民政府关于进一步推进社会组织改革发展的意见》（深发〔2012〕12号）提到，推动同类型、同性质、同行业、同领域的社会组织建立枢纽（联合）型社会组织，实行协调指导、自律管理和自我服务。此后，开始培育推动建立各类枢纽型社会组织。但与北京市和广东省的界定不同的是，深圳从未开展过枢纽型社会组织的"认定"工作，因此，深圳枢纽型社会组织更多是在功能上自我界定，而非由相关部门认定。在社会组织登记的分类中，也并无"枢纽型"这一类型。正因如此，深圳枢纽型社会组织的数量目前暂无准确的数据统计，各区民政部门对枢纽型社会组织的内涵和外延的理解也有差异。

在学术研究中，学者对枢纽型社会组织的界定范围远远大于政府所认定的组织范畴。例如，王劲颖认为枢纽型社会组织是"关键少数"，包括社会组织服务中心（平台支撑式的枢纽型社会组织）、社区基金会（资金纽带式

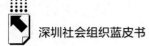

的枢纽型社会组织）、社会组织联合会（人才集聚式的枢纽型社会组织）①，这可以理解为从功能角度划分枢纽型组织。本报告的界定介于最严格认定与最宽泛范畴之间，主要聚焦于服务社会组织的枢纽型社会组织，部分社会组织尽管发挥了枢纽型的作用，但暂不在本报告讨论范畴内。本报告试图将枢纽型社会组织与行业协会类比，行业协会通常是同行业的企业及其他经济组织组成的社会团体，主要会员是企业；根据《深圳经济特区行业协会条例》第四条，行业协会应当为会员提供服务，反映会员诉求，规范会员行为，维护会员、行业的合法权益和社会公共利益，沟通、协调会员与政府、社会之间的关系，促进行业和企业公平竞争和有序发展。类似的，本报告所探讨的枢纽型社会组织是由同类型、同性质、同行业、同领域的社会组织组成的社会团体，以社会组织为主要的单位会员，其主要职能与上述行业协会的职能类似，只是会员从企业变为社会组织。

基于上述界定，根据初步调研，目前深圳市枢纽型社会组织大致有以下几种类型。一是区域性组织，其会员是本辖区内的各类组织，层级囊括了市级、区级、街道级，例如，市级枢纽型社会组织有深圳市社会组织总会，区级有各区社会组织总会，街道级如宝安新安街道社会组织联合会、龙华区福成街道社会组织促进会等，目前龙华区各街道均已成立了街道级枢纽型社会组织，虽然各街道的名称略有差异，但都履行服务和管理辖区社会组织的职能。二是行业性社会组织，其会员组织有类似的服务对象或服务领域，如深圳市妇女社会组织促进会、深圳市青年社会组织联合会等。三是结合上述两类，即区域性+行业性的社会组织，其会员是本区域内某一行业领域的社会组织，例如社工机构的枢纽型社会组织有深圳市社会工作者协会、龙华区社会工作协会、横岗街道社会工作者协会等；工会系统中有深圳市龙岗区服务职工社会组织联合会。

① 王劲颖：《新时代枢纽型社会组织参与社区治理的中国道路研究》，《中共青岛市委党校（青岛行政学院）学报》2018 年第 1 期，第 5 页。

二 深圳枢纽型社会组织的功能与作用

枢纽型社会组织一方面是政府与社会组织之间的桥梁和纽带，另一方面整合资源，促进同类型、同区域社会组织共同发展。枢纽型社会组织在协助政府构建新型社会组织管理体制框架的同时，为社会组织彼此沟通、增进互动和共同提高搭建了有效运作的协调平台。[①] 可以认为，枢纽型社会组织有联系服务、培育孵化、沟通协调、参谋咨询的功能。[②] 近几年，随着深圳市社会组织高质量发展的要求，枢纽型社会组织的功能和作用也在不断扩展和深化。

（一）搭建党建平台，实现党建引领

近几年，随着社会组织党建工作的持续推进，社会组织对开展党组织活动和成立基层党组织有迫切需求，但一家社会组织往往面临着党员人数不足、无法单独成立党支部、缺少党建经验和专职党务工作者等难题，难以顺利开展党建工作。各类枢纽型社会组织针对会员单位的党建需求，为会员单位提供挂靠、党建指导、培训等服务，探索出社会组织党建的新形式，实现对会员单位的党建引领。

消除党建盲区发挥兜底式功能。枢纽型社会组织通过建立联合党委，承担社会组织党建兜底责任，面向会员单位中尚不具备成立基层党组织条件的社会组织，发展党员和建立党组织，实现社会组织党建覆盖功能。下面以深圳市社会组织总会为例进行说明。深圳市社会组织总会于2015年1月成立党支部。2016年3月30日，经深圳市社会组织党委批准，中共深圳市社会组织总会联合委员会正式成立。截至2022年11月，深圳市社会组织总会联合党委共有党员830名，直属党组织117个，其中建立党组织的社会团体有

[①] 田舒：《枢纽型社会组织运作机制：动力、职能与结构》，《理论界》2017年第8期，第118~124页。

[②] 赵敬丹：《枢纽型社会组织功能定位分析与启示——以北京、上海、广东地区为例》，《沈阳师范大学学报》（社会科学版）2016年第6期，第4页。

85 家、基金会有 20 家、社会服务机构有 12 家。截至 2022 年 11 月，已先后成功建立 6 个党支部。挂靠深圳市总会党支部申请入党的累计有 99 人，其中入党申请人 26 人，确定为入党积极分子的 33 人，确定为发展对象的 1 人，成为预备党员的有 5 人，已按期转正的党员 34 人，分别来自全市 28 家市级社会组织。

将党建工作融入业务发展。党建工作要与社会组织的业务发展相结合，枢纽型社会组织因其了解行业的优势，可实现党建与业务有机融合、共同发展，将党建工作转化为推动业务发展的动力。深圳市社会工作者协会党委利用智慧社工、社工网院等线上学习平台，创新工作方法，面向全市社工党员开展党性教育，形成政治引领、政策协商、信息共享、规范发展的体制机制，以党建工作促进行业创新发展，实现了"党建强发展强"的目标，

面向党员开展培训。部分枢纽型社会组织承担了会员单位中党员及发展对象的培训工作。如深圳市社会组织总会于 2017 年 3 月被列为中组部组织二局全国社会组织党建工作直接联系点；2018 年，深圳市社会组织党校办公室设立在深圳市社会组织总会培训部，由其负责处理党校日常运营工作；2019 年至 2021 年受深圳市社会组织党委的委托，深圳市社会组织总会已开展 11 期发展对象培训班，累计通过考核 1241 人。

（二）提供精准服务，实现高质量管理

枢纽型社会组织的首要任务是提供服务，其影响力和凝聚力不是靠行政力量换来的，而是在提供优质周到的服务中逐渐形成的。[1] 为会员社会组织提供优质服务是枢纽型社会组织的立身之本，它们根据本区域、本行业会员的特点，结合政府监管社会组织的要求，为本组织的会员提供高效、精准的公共服务，寓管理于服务之中，通过服务实现高质量管理。

为社会组织提供"一站式"全过程服务。社会组织高质量发展对各类社会组织的规范性提出更高要求，而基层草根社会组织往往仅能聚焦到核心业

---

① 刘轩：《关于"枢纽型"社会组织建设的思考》，《学习与实践》2012 年第 10 期。

务领域，缺少专业人员完成财务、法务等保障性事务相关工作。坪山区社会组织总会作为区域性枢纽型社会组织，立足社会组织发展"增质提效"的基本要求，将社会组织自身全周期运营管理过程归纳为"党务""政务""法务""财务""事务""外务"6个板块，形成"坪山区社会组织'6W'服务项目"，精准切入社会组织发展的全过程，提供精细化的"一站式"外包服务。在提供服务的同时，也通过"6W"有效了解社会组织运作动态，实时掌握社会组织的意识形态、资金来源、开支情况、决策程序、人员管理、对外交往等情况，同时降低社会组织的运营成本和业务主管单位管理成本。

为社会组织提供精品个性化服务。龙华区社会组织总会于2020年启动了品牌运营官和公益创投项目顾问支援计划，从社会组织内部管理和项目管理两个方面，为社会组织一对一地提供个性化、针对性辅导和培育服务，内容涉及制度建设、内部治理、档案管理、项目管理、等级评估、项目申报等多个方面。截至2022年11月，已为51家社会组织配备项目顾问，为25家社会组织配备了品牌运营官，为它们提供一对一的指导服务，经过2年多的实践，成效显著，如截至2022年11月共13家社会组织获得3A级及以上的评估等级。

探索会员数字化服务模式。在信息化背景下，枢纽型社会组织的会员管理和服务在朝着数字化、智能化的方向探索。以深圳市社会组织总会为例，其与深圳商报/读创共同搭建深圳市社会组织总会会员数字化服务平台，探索会员服务向信息化、数字化方向转型；开发会员服务数字化平台、小程序，将会员服务和发展转为数据化，服务向高质量转型，同时建立会员服务标准化、体系化和数字化体系。

（三）提供培育扶持，促进能力提升

孵化培育社会组织是枢纽型社会组织早期典型的功能之一。枢纽型社会组织提供公共空间，为萌芽期的社会组织提供办公场地、注册指导、资源链接等服务。近些年来，在社会组织高质量发展的背景下，为存量社会组织提供培训指导，促进社会组织的能力提升，成为枢纽型社会组织的新功能。同时，政府资助及购买服务的工作，需要枢纽型社会组织扮演沟通协调、评审

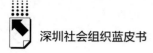

指导、监督管理等角色。

针对不同层次的社会组织从业人员分类开展培训。针对会员的需求，根据政府的管理要求，面向会员组织开展培训，是深圳各级枢纽型社会组织的日常业务，部分社会组织已形成系统的培训方案和鲜明的培训特色。例如，深圳市社会组织总会被民政部民间组织服务中心授予首批全国社会组织教育培训基地。深圳市社会组织总会从社会组织需求出发定制培训课程，以多种形式开展分层分类的培训品牌计划，全面提升社会组织人员职业化、专业化水平。针对新成立社会组织的负责人开展"初生计划"履职培训，普及应知应会的政策法规，明晰权责，加强社会组织合规自律建设。针对初入社会组织的从业人员开展"育苗计划"，解决从业人员流动性大、专业人才空缺的问题，快速培育一批具有实务能力的社会组织从业人员。针对社会组织的秘书长、骨干人员开展"领袖计划"培训班，通过专题课程、主题论坛、秘书长沙龙、访学交流考察等方式，培育一批专业化、职业化的秘书长。再如，龙华区民政局委托区社会组织总会承担公益创投监管与评估工作，探索二级小额资助微创投模式，引入公益创投项目顾问为社会组织赋能，枢纽型社会组织发挥与广大会员联系紧密的优势，依靠专业素养和严谨态度，高质量完成项目申报、评审、资助、监管、评估的各个环节，提高了政府开展公益创投的效率和效果，落实了政府对社会组织的扶持政策，也加强了枢纽型社会组织与各会员单位的联系。

协助相关部门开展政府资助及购买服务相关工作。近年来，政府购买社会组织的项目愈加规范，如政府购买社工项目必须经过申请、评审、入库等几个环节，只有入库后的项目才有可能得到政府采购。各区社会工作项目的入库工作大都由本区相关枢纽型社会组织承担，如福田区社会工作协会、光明区社会工作协会等。再如，龙华区社会组织总会充分利用区、街道两级孵化服务平台，以"探索社区新力量"社会组织人才培育和能力提升为核心，建立本土社会组织培训课程体系，通过开展社会组织骨干人才培育、秘书长培训班、优化组织管理及项目管理、财务能力提升等系列培训工作，培养社会治理方面的社会组织专业人才队伍，不断提高社会组织综合能力。

（四）制定行业标准，引导行业自律

制定行业标准是行业协会的重要功能，可对会员企业产生约束作用，并提高整个行业的标准化水平。枢纽型社会组织制定本行业标准，也是引领行业规范发展的表现。

深圳是全国社会工作的先行探索者，深圳市社会工作者协会作为行业枢纽型社会组织，成立了标准化工作委员会，联合各会员单位，积极推动将各领域的服务梳理总结，形成若干具有"模板"价值的地方社会工作服务标准体系。

一是以标准化、专业化体系推动深圳社会工作高质量发展。深圳市社会工作者协会编制形成了《深圳市社会工作标准体系》，并通过大量的国内外文献分析与调研访谈，进一步完成《深圳市社会工作服务质量管理标准体系》，这是内地首个社会工作标准体系和社会工作服务质量管理标准体系。

二是发挥会员单位优势，制定分领域地方性行业标准。目前已发布《禁毒社会工作服务指南》、《学校社会工作服务指南》、《灾害社会工作服务指南》、《老年社会工作服务指南》、《企业社会工作服务指南》、《医务社会工作服务指南》和《信访社会工作服务指南》等七项社会工作服务领域深圳市地方标准。这是社会工作者协会结合会员单位的业务优势，协助会员单位将实务经验进行总结和提炼，并结合各领域前沿发展动态，制定出的具有较强操作性和前瞻性的标准。

（五）开展行业研究，打造行业品牌

枢纽型社会组织的优势之一是可以最全面、最快速、最准确地了解整个区域或行业的信息，通过对会员组织的调研，进行数据统计、问题分析、政策研判等，从而对本地区或本行业的社会组织进行全面研究，提出有针对性的议案或政策建议。[①] 同时，枢纽型社会组织因其与政府的密切联系，沟通

---

① 张荆红、丁宇：《互依联盟何以可能？——中国枢纽型社会组织与国家之关系及其改革走向》，《北京师范大学学报》（社会科学版）2018 年第 6 期，第 10 页。

渠道多元,所开展的政策研究可以比较迅速地传递到相关政府部门,从而为政府部门建言献策。

在行业研究方面,深圳市社会组织总会充分发挥桥梁纽带作用,持续对社会领域开展宏观改革和体制机制的研究。深圳市委改革办在深圳市社会组织总会设立"调研基地",开辟社会组织向政府建言献策直接通道。2022年深圳市社会组织总会与深圳市马洪经济研究发展基金会共同发起建立社会组织智库平台。近几年,深圳市社会组织总会撰写了深圳市委改革办委托的重大课题调研成果——《深圳市社会组织参与社会治理体制机制研究和政策建议》;疫情期间,撰写《抗疫贡献与可持续发展——全市社会组织抗击疫情表现与需求调研报告》,报送深圳市社会组织管理局、中共深圳市委政策研究室、深圳市决策咨询委员会等相关部门;撰写《深圳市社会组织中青年政治倾向调研报告》,积极引导社会组织中的青年形成正确的政治倾向,对强化青年思想政治教育提出建议与对策。

三 深圳枢纽型社会组织典型案例

(一)市级枢纽型社会组织:深圳市基金会发展促进会

深圳市基金会发展促进会(以下简称"深基会")成立于2019年9月19日,是全国第一家基金会的行业组织,由12家住所在深圳的知名基金会联合发起,主管单位是深圳市民政局。

截至2022年11月29日,深圳共有登记的基金会532家,深基会直接联系并提供服务的基金会有430余家,其中224家为深基会会员单位,占深圳基金会总数的42.11%,2022年深基会会费缴纳率高达95.09%,居同类社会团体会费缴纳率之首。目前深基会依托2个"深圳基金会"和2个"会员单位群"共4个微信群,向1166名基金会从业者推送最新政策法规及相关权威解读、各类行业活动资讯,及时回应基金会对变更登记、换届备案、年报审计、税收资质、社会组织评估、项目设计等的相关咨询事项。

深基会发起的"深圳基金会中心"项目是当下全市范围内面积最大、入驻数量最多、覆盖面最广、代表性最强、可持续经营潜力最大的基金会共享空间，入选 2022 年深圳市社会组织交流服务展示点（枢纽型服务），成为深圳的"慈善新地标"。

深基会自成立以来积极配合市民政局落实基金会相关工作，发挥枢纽型社会组织作用，参与相关公共政策的修订研讨，协助统计各类业务数据，反馈基金会发展诉求，开展基金会合规建设前置服务，成为登记管理机关与基金会之间的桥梁纽带。党建方面，深基会负责联系全市 417 家未成立党组织的基金会，并指导推动 10 余家基金会组建党支部或临时党支部。2022 年 1 月 1 日，深基会发布《数说基金会｜2021 年深圳基金会数据》等系列文章 3 篇，对基金会发展的趋势和重点进行预测和展望，受到基金会同仁、慈善事业伙伴的一致认可。

深基会在完成传统枢纽型社会组织工作的基础上，结合基金会的特点，探索了一系列创新服务。协同相关金融机构共同推动成立"深圳慈善共同基金"项目，截至 2022 年 11 月"深圳慈善共同基金"已成功设立 6 期，共有 21 个基金会和慈善信托联合投资 8.62 亿元，支持深圳 6 家高新科技企业的融资需求。"深圳慈善共同基金"的设立，是民政部施行《慈善组织保值增值投资活动管理暂行办法》以来深圳积极推动办法落地的一次成功尝试，是"慈善+金融+产业"的有机融合，对慈善事业和经济社会发展都有重要的创新意义。深基会投资顾问委员会主席马蔚华说：这个共同基金一方面帮助慈善财产实现保值增值，另一方面帮助深圳高新科技企业实现"招善引资"，还引入深圳高新投提供担保，确保了慈善资金的安全性，实现了"三赢"的效果。2022 年 11 月，"深圳慈善共同基金"项目在第六届鹏城慈善奖褒扬活动中荣获"鹏城慈善典范项目"。

号召会员参与社会公共事务，推动行业联合行动。新冠疫情发生后，深基会接连面向深圳基金会发布《倡议书 1 号——深圳基金会抗肺炎疫情联合行动》、《倡议书 2 号——依法、理性开展支援抗击疫情行动"深七条"》和《倡议书 3 号——专注、专业的"战疫"行动"深三条"》，全面联合深圳 119 家基金会合规合法、理性专注、高效专业地参与"战疫"行动，并在

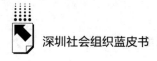

之后总结提炼基金会抗疫成果，发布《2020 深圳基金会"战疫"报告》。

探索数字化建设，打造公益行业数字化工具包。深基会与腾讯公益慈善基金会合作，以深圳 10 家代表性基金会为样本，用 1 年的时间，写出《基于数字生态的基金会数字化工具需求报告》，探究基金会在数字化建设方面的现行方案、痛点难点和未来期望，结合"630 共同富裕日"和"99 公益日"进一步观测和提炼基金会在捐赠人反馈、劝募人管理、人力资源配置和善款吞吐效能等方面所呈现的盲点，持续迭代，力争打造一批实用、共性的公益行业数字化工具包，提升基金会运营管理和资金使用效率。

以医保信息直报点为切口，发挥网络中心的作用。《国务院办公厅关于健全重特大疾病医疗保险和救助制度的意见》（国办发〔2021〕42 号）对慈善组织参与大病救助做出一系列规定。2021 年底深基会申报国家医保局信息直报点成功，成为深圳地区唯一的社会组织信息直报点。

探索基金会人才队伍建设，建立慈善人才中心，设立"基金会学堂"项目。"基金会学堂"项目下设四个子项目，分别为"实习生培育"、"慈善新力量"、"未来之星"和"头部突击营"，分别面向在校大学生、新加入基金会行业不足两年的行业新人、基金会中高层管理者和行业头部人才。截至2022 年 11 月"慈善新力量"已成功举办两期，结业后，深基会为学员组织了两次学员互访交流活动，之后引导学员自行组织 10 次合作洽谈，并最终促成 5 次学员所在基金会之间的合作。

（二）基层枢纽型社会组织：龙华区龙华街道社会组织促进会

2012 年以来，龙华区社会组织数量呈爆发式增长，为有效管理和服务社会组织，当时的龙华新区社建局联合各街道共同推动成立 6 个街道社会组织促进会（有的名称略有不同），主要承接政府职能转移、服务和引领社会组织发展。龙华区龙华街道社会组织促进会（以下简称"龙华促进会"）是在这一背景下，于 2014 年 11 月成立的。龙华促进会所开展的服务内容属于比较典型的基层枢纽型社会组织的工作，在常规服务中最大限度发挥枢纽型社会组织的功能和作用。

龙华促进会根据辖区社区社会组织广泛的特点，积极发挥管理服务协调作用，凝聚并带动各类社区社会组织围绕基层党委、政府中心工作，积极参与社区治理、提供社区服务。通过培育约束并举，规范会员单位行为。龙华促进会利用场地、资金、人员等方面的资源优势，设立社区社会组织孵化室，对辖区内有一定群众基础、活动内容健康的初创期社会组织提供所需的政策指导、项目协调、场所设备等支持。目前孵化62家社会团体和1个民办非企业单位。在培育的同时，龙华促进会还通过会员管理制度、项目管理制度等对会员单位进行自律规范管理；建立重大活动报备制度，明确社区社会组织开展重大活动特别是大型民俗文化活动之前要向龙华促进会党组织报告，由龙华促进会党组织对活动方案、资金使用等审核把关，保证活动依法、文明、安全、有序开展。自龙华促进会成立以来，未发生一起社区社会组织违法违规活动案件。

加强党的领导，培育建立社会组织党支部。龙华促进会成立不久后就成立了联合党支部，把所有组织关系在街道社会组织的党员都纳入这个支部，并将尚未转入组织关系的流动党员也一并纳入，一起开展组织生活。此后8年间，龙华促进会建立了10个社会组织党支部。同时，在尚未成立党支部的社会组织中建立联络员，由党员或积极分子担任，做好党的路线、方针、政策的宣传教育和统战工作，把党的工作覆盖落到实处。

为会员提供精准服务，开展资源链接活动。龙华促进会区分了社会组织不同类型和不同发展阶段，定制了多个套餐，安排专人对接各会员组织并提供服务保障，切实搭建好政策咨询、资源对接、思想交流的平台。在资源对接方面，龙华促进会把各会员社会组织的简要情况和可胜任的工作编制成菜单，向各部门、各社区推荐介绍。每当各部门、各社区提出会员有条件、有能力承接的项目时，龙华促进会第一时间组织会员开展项目对接培训会。对一些以老年人、残疾人为主体的社会组织，龙华促进会安排专人协助他们一起撰写项目书，全程指导他们开展项目。近年来，龙华促进会先后帮助街道社会组织成功对接区委政法委的"平安创建"，区民政局的"公益创投"，街道"福彩公益金"，各社区的"活力资金""民生微实事（服务类）"等项目累计200余个，总金额达388万元。

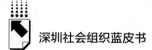

利用好相关平台和举措，规范管理会员组织。龙华促进会主要用好"三个平台"和"三大措施"，搞好"一个融合"。"三个平台"：一是民政系统的社会组织年报，二是区社会组织等级评估，三是街道优秀社会组织评选。"三大措施"：一是学习培训，将区、街道组织的一些名额有限、高质量、高层次学习培训向优秀社会组织倾斜；二是资源对接，向政府、企业重点推荐活跃型优秀社会组织及其项目；三是退出机制，对发生严重问题或者长期处于"僵尸型"的社会组织，采取纪律处分、上报黑名单或者劝退等办法予以处理。"一个融合"：把社会组织日常工作的合规情况、组织活跃度和能力建设情况、参与社会公益事业情况等一并纳入年度考核内容，搞好建档立卡，做到公平公正、公开透明。

引导会员参与社会治理，带领会员参加公益活动。每逢重大节日以及台风等自然灾害发生后等重点时期，龙华促进会都会组织会员参与相关志愿服务。新冠疫情发生后，龙华促进会积极号召会员组织捐款约 8 万余元，捐赠大量抗疫物资，组织会员单位的志愿者深入一线，配合街道、社区、小区开展疫情排查、测量体温、核酸检测、疫苗接种、防疫知识宣传、为空巢独居老人及其他行动不便的特殊人群提供送货服务等工作。据统计，龙华促进会的会员组织志愿者已累计参加志愿服务 3 万人次、1.5 万余小时。

（三）行业枢纽型社会组织：深圳市妇女社会组织促进会

深圳市妇女社会组织促进会（以下简称"妇促会"）于 2013 年 3 月 4 日在深圳市民政局注册成立，2017 年 12 月获评深圳市 5A 级社会组织，2021 年 5 月荣获第十八届关爱行动"十佳公益机构提名奖"。受深圳市妇联的委托，妇促会负责运营管理深圳市妇女社会组织服务基地，并借助服务基地这一实体平台和载体，搭建会员服务平台，以"您服务妇女儿童，我们服务您"为理念，为全市妇女儿童类社会组织提供资源链接、信息咨询、能力建设等支持性服务，团结、凝聚广大会员组织共同服务妇女儿童和家庭，引导和促进会员组织规范运作、健康发展，共同推动深圳市妇女儿童社会公益事业发展。

为了加强党的基层组织建设，妇促会于 2016 年 10 月成立了深圳市妇女社会组织联合党委。目前联合党委共有 16 个党支部，113 名党员。其中预备党员 10 名，发展入党积极分子及发展对象 19 人，成立一支党员志愿服务队（共 32 人）。

妇促会主要通过"三库一平台"建设，即打造好"项目库、人才库和数据库"，做实"会员服务平台"，提供资源链接、信息共享、交流合作等会员服务，发挥行业枢纽功能。

项目库，即优质妇儿家庭项目库。项目库于 2019 年开始运作，旨在加大优质妇女儿童和家庭公共服务供给，培育品牌项目，协助会员链接资源，推动项目落地。妇促会从全市遴选优秀的妇儿家庭项目入库，并每年对入库项目进行赋能和评估，实施入库、出库的动态管理。2021 年共有 168 个项目在库，项目的实施主体包括社会组织和企业。妇促会根据不同主体的需求择机对项目库中的优质项目进行对外宣传推广，并推动相关部门对在库项目进行采购。切实促进了优质妇儿家庭类项目的落地和实施，为妇女社会组织的发展提供了支持，也让更多居民受益。

人才库，即行业内外专家人才库。目前，人才库有专家 82 人，有行业领军人才，如各个专业机构的负责人；有行业支持人才，如项目管理、社会治理、法律咨询方面的人才；也有实务型人才，如资深社工、家庭教育指导师、心理咨询师等。2021 年，妇促会牵头开展"公益伙伴"计划，由会员妇女社会组织挑选人才库中的专家进行配对，邀请专家一对一地帮助组织解决他们遇到的具体问题。此外，人才库的专家也积极参与相关论坛，为行业发展、人才培育建言献策。

数据库，即妇女社会组织发展数据库。主要是通过妇促会的网站以及公众号，为妇女社会组织提供政策法规的解读、行业资讯和调研数据，为会员提供获取最新信息的渠道及对外展示平台。

做实"会员服务平台"。截至 2022 年 6 月，妇促会有 214 家会员单位，其中基金会 9 家、社会团体 57 家、社会服务机构 148 家，会员服务包括会员关爱、走访接待、培训赋能、资源链接、行业交流、对外展示等。除了每年三八妇女节、母亲节、中秋节固定开展会员关爱服务外，妇促会还定期举办会员交流学习活动。2022 年，妇促会在行业中挑选了约 30 位机构的项目主管，免费或者资助一半让他们进行国际发展领域项目管理的学习和考试，第一批已经有 20 人通过了考试。此外，妇促会每年组织会员单位参与线上或线下研学及交流展示活动，为妇女社会组织的品牌宣传及交流互动提供机会和平台。

四 深圳枢纽型社会组织发展中存在的问题及挑战

（一）对枢纽型社会组织的界定尚未达成共识，不利于其有效发挥作用

在调研中发现，无论是社会组织还是各级登记管理机关，对枢纽型社会组织的认识存在明显差异，对哪些社会组织属于枢纽型社会组织尚未达成统一认识。例如，深圳市民政局在开展"社会组织交流服务展示点创建活动"时，"枢纽型展示点"是十大类型展示点之一，要求各社会组织自行申报。有 41 家社会组织申报作为枢纽型展示点，数量位居十大类型之首，且远多于其他类型。41 家社会组织中，有相当多的是行业协会、研究会等社团，是某一经济类组织的枢纽型组织，但并不是社会组织的枢纽型组织。此外，在向各区征集枢纽型社会组织名单时，各区民政部门对此认识也不同。有的区把老年协会、社工机构等作为枢纽型社会组织，大大扩大了枢纽型社会组织的外延；而有的区则称本区没有一家枢纽型社会组织。

之所以社会组织及民政部门对枢纽型社会组织的认识存在显著差异，一方面是因为深圳没有像北京那样对枢纽型社会组织进行明确认定，仅是模糊地提出要培育发展；另一方面与个别政策文件的表述有关。广东省民政厅2012 年发布了《〈关于进一步培育和发展行业协会商会的实施意见〉的通知》（粤民民〔2012〕105 号），文中多次提到"促进各类行业协会联合会发挥枢纽（联合）型社会组织作用"，即把经济类的行业协会商会作为枢纽

型社会组织，这个文件中的枢纽型社会组织与北京市、广东省最早提出的枢纽型社会组织的内涵、外延不同，与目前深圳市民政局对"枢纽型展示点"的界定也不同，可以推测，部分行业协会可能是依据这一文件，将自己视为枢纽型社会组织并申报枢纽型展示点。

对枢纽型社会组织的界定尚未达成共识，不利于枢纽型社会组织有效发挥作用。各级民政部门不能明确哪些属于枢纽型社会组织，也就难以提出关于枢纽型社会组织的培育发展政策，难以发挥枢纽型社会组织在服务和管理其他社会组织中的作用。社会组织自身弄不清自己的属性，要么错失一些培育发展机会，要么难以用好相关政策谋求发展。

（二）各区域枢纽型社会组织发展不平衡，部分区域空白或未实现组织化、实体化

目前深圳各区枢纽型社会组织发展不平衡，有的区已经实现区级和街道级全覆盖，且区级有多家不同领域或行业的社会组织，有的区只有个别街道有枢纽型社会组织，有的区则所有街道都没有，这表明很多区域尚未全面落实国家、广东省关于鼓励街道级枢纽型社会组织的相关政策。

事实上，早在 2017 年，《民政部关于大力培育发展社区社会组织的意见》（民发〔2017〕191 号）就明确提出"鼓励在街道（乡镇）成立社区社会组织联合会、社区社会组织服务中心等枢纽型社会组织，发挥管理服务协调作用，规范社区社会组织行为，提供资源支持、承接项目、代管资金、人员培训等服务"。民政部《"十四五"社会组织发展规划》中也再次提出，"发挥社区社会组织联合会、社区社会组织服务中心等枢纽型社会组织作用"。因此，鼓励成立街道一级的枢纽型社会组织是在培育发展社区社会组织的背景下提出的。统计全市 74 个街道的社区社会组织，[①] 平均每个街道有 20.08 个社会组织。而已知建立了实体性的街道级枢纽型社

---

① 在"深圳社会组织信息平台"（http：//sgj.mzj.sz.gov.cn：9008/xxcx/index.jhtml）上，检索组织名称包含"某某街道"，同时，业务主管单位也为该街道的社会组织。将这一类组织视为已经登记注册的社区社会组织。

会组织的几个街道，社区社会组织的数量远远高于平均数。例如宝安区新安街道有"深圳市宝安区新安街道社会组织联合会"这一枢纽型社会组织，辖区拥有已登记的社区社会组织 134 家，远多于全市其他街道；再如龙华区各街道均有枢纽型社会组织，辖区各街道的社区社会组织数量较多，发展较快，有多个街道的多家社会组织多次申请到龙华区"公益创投"等资金。

另外，有的区虽然设立了具有枢纽型功能的架构，如街道社会组织服务中心，但性质是一个空间场地或定位为一个平台，并未实现实体化，不是一个注册登记的社会组织。此类平台往往通过购买服务，以招投标的方式，由中标的社会组织运营管理并提供服务。中标运营的社会组织主要的业务范围可能是从事一线社会服务，并不一定具备枢纽型社会组织的管理经验，也不一定具备相关人才储备。同时，购买服务招投标通常会每年或几年变动一次，不利于枢纽型平台为辖区社会组织提供长期持续性服务。

因此，街道级枢纽型社会组织有可能成为社区社会组织发展"关键环节"的切入点，[①] 街道级枢纽型社会组织对于辖区社区社会组织的发展具有重要作用，枢纽型社会组织发展的不平衡不充分会直接导致各区域社区社会组织发展的不平衡不充分。若要贯彻落实国家关于培育扶持社区社会组织的政策，需要进一步建设好基层枢纽型社会组织。

（三）枢纽型社会组织对人才素质要求较高，面临人才匮乏的挑战

枢纽型社会组织因其上接政府下连社会组织的桥梁纽带作用，对人才素质的要求较高，工作人员需要既能够与政府有效沟通，了解政府运作规律，又熟悉社会组织的特点，能引导社会组织开展工作。目前，深圳作用发挥突出的枢纽型社会组织的负责人大都是有着多年社会组织从业经验的资深公益人，是公益界的稀缺人才。枢纽型社会组织对人才素质的高要求与人才供给

---

① 李培志：《规范增能与协同治理：推动建设"伙伴式"街道社区社会组织联合会》，《学习与探索》2017 年第 12 期，第 9 页。

紧缺成为枢纽型社会组织发展中的矛盾，人才需求与供给的不平衡制约了枢纽型社会组织有效发挥核心功能和作用。

（四）枢纽型社会组织存在一定的行政化倾向，组织自主性有待提高

与行业协会大多为企业自发、自下而上成立不同，枢纽型社会组织大都是政府自上而下推动成立的。其作为事实上的社会组织联盟，往往成立于个体组织之前，在发展阶段上的倒错往往导致其自身功能的错位。[①] 因此，很多枢纽型社会组织存在资金来源单一、治理结构不完善等问题，对相关政府部门存在一定的依赖性，甚至成为上级业务主管单位的一个部门，组织自主性不足。组织虽有上下联动的功能，但首要的任务是承担政府监管责任，而服务社会组织的职能则相对弱化。

五　深圳枢纽型社会组织发展展望

2008 年，北京市首次提出枢纽型社会组织的概念，距今已有十多年。十几年中，深圳各级各类枢纽型社会组织上联政府、下接一线社会组织，在促进社会组织高质量发展方面起到了重要作用。展望未来，深圳枢纽型社会组织的发展可从以下几个方面着力。

（一）加强对相关政策的宣传解读，加大落实力度

市级民政部门加强对枢纽型社会组织相关政策文件的宣传与解读，市级民政部门要把国家、省、市有关枢纽型社会组织的相关政策文件下发到基层，并加强对文件的解读，加大贯彻落实力度。特别是把民政部《"十四五"社会组织发展规划》、《培育发展社区社会组织专项行动方案（2021～2023 年）》（民办发〔2020〕36 号）和《深圳市民政事业发展"十四五"

---

① 王瑞鸿：《社工、机构、行业组织：理想逻辑与现实路径》，《中国社会工作》2015 年第 31 期。

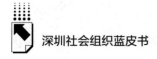

规划》等有关政策有机结合，把枢纽型社会组织的发展与培育社区社会组织有机联系起来，通过枢纽型社会组织的发展，带动社区社会组织的全面高质量发展。

（二）加强对相关概念的界定，促进达成共识

针对目前深圳各级民政部门以及社会组织自身对枢纽型社会组织的界定不清、认识不足问题，建议市级民政部门对枢纽型社会组织进行科学界定，达成共识，并传达到基层以及其他职能部门。在社会组织培训以及相关项目或资质申报时，为社会组织负责人解读枢纽型社会组织的内涵和外延。

（三）加强跨区域交流互动，推动平衡发展

针对枢纽型社会组织在各区各街道发展不平衡的问题，建议加强跨区域之间的交流，向枢纽型社会组织发展较为成熟的区或街道学习相关经验，找准本区域或本领域的问题与需求，研究制定本地或本领域鼓励性政策和实施方案，因地制宜，加强辖区枢纽型社会组织建设。在条件合适的情况下，探讨枢纽型平台实现实体化的可能。但需要注意的是，各街道并不必一刀切，不需要每个区和街道均成立枢纽型社会组织。同时，枢纽型社会组织的生成路径不应是单一的行政动员，在自上而下推动成立的同时，也注意引导自下而上的组织联合，不断激发、引导社会组织的自主联合意愿。①

（四）加强相关人才储备，提高服务能力

枢纽型社会组织对人才要求高，各级民政部门要注意从一线社会组织中发现挖掘既熟悉专业服务又具有统筹协调能力的潜在人才，对潜在人才以及现有已在枢纽型社会组织工作的员工开展特色培训研讨，提高人才整体

---

① 刘洋：《枢纽型社会组织的生成基础与发展路径——基于社会学的视角》，《学习与实践》2016年第12期，第7页。

素质。

　　展望未来，枢纽型社会组织在推动社会组织高质量发展中大有可为。政府在支持鼓励枢纽型社会组织发展的同时，需注意保持其独立性，始终坚持其作为民间组织的属性，避免枢纽型社会组织成为政府部门的附属。

专题报告
Special Reports

B.5

深圳社会组织助力"20+8"产业集群发展报告

——以行业协会为例的探讨

唐 昊　石莎莎*

摘　要：《深圳市国民经济和社会发展第十四个五年规划和二〇三五年远景目标纲要》提出，前瞻布局战略性新兴产业，培育发展未来产业，提升服务业发展能级，推动先进制造业和现代服务业深度融合发展，提高经济质量效益和核心竞争力，重塑产业链竞争新优势。基于深圳所提出的重点发展 20 个战略性新兴产业集群和积极培育 8 个未来产业对于社会组织层面的需求，本报告对社会组织在"20+8"产业集群发展进程中的作用及发展现状进

* 唐昊，深圳国际公益学院研究员、教授，华南师范大学教授，美国富布莱特学者，法学博士，研究领域为历史政治学、公益慈善文化、家族文化传承、国际政治经济学、中美关系等；石莎莎，深圳国际公益学院分析师，管理科学与工程专业硕士，研究领域为社会价值投资、企业社会责任、可持续发展等。

行分析，发现社会组织存在可根据产业特点构筑生态体系、围绕产业发展提供专业服务并积极推动产业升级、推动行业人才体系建设，及搭建政企沟通桥梁与窗口、促进产业的国际交流等特点。针对制约社会组织在"20+8"产业集群建设中存在的诸如缺乏具体政策引导、行业协会未能充分发挥关键作用、行业协会资源分散且自身发展困难，以及企业外迁与人才流失等问题，本报告提出了社会组织助力"20+8"产业集群发展的主要方向和路径。

关键词： 战略性新兴产业　未来产业　产业集群　社会组织

国家"十四五"规划提出聚焦新一代信息技术、生物技术、新能源、新材料、高端装备、新能源汽车、绿色环保以及航空航天、海洋装备等战略性新兴产业，加快关键核心技术创新应用，增强要素保障能力，培育壮大产业发展新动能。[①] 在国家战略性新兴产业分类的基础上，结合当地产业发展的特点，深圳市人民政府发布《关于发展壮大战略性新兴产业集群和培育发展未来产业的意见》（以下简称《意见》），以培育20个战略性新兴产业集群和8个未来产业发展方向为主要内容，旨在积极抢占未来产业发展先机，提升现代产业体系竞争力，打造引领高质量发展的强大动力源，为深圳建设中国特色社会主义先行示范区提供有力支撑。

战略性新兴产业是引导未来经济社会发展的重要力量，是以重大技术突破和重大发展需求为基础，对经济社会全局和长远发展具有重大引领带动作用、知识技术密集、物质资源消耗少、成长潜力大、综合效益好的产业。[②]《意见》中所布局的新兴产业是国家经济发展的主要增长点，而未来产业则

---

① 《中华人民共和国国民经济和社会发展第十四个五年规划和2035年远景目标纲要》。
② 《国务院关于加快培育和发展战略性新兴产业的决定》（国发〔2010〕32号）。

为国家经济发展引领新方向。同时"20+8"产业集群也可在中国高端制造业发展过程中,解决关键技术问题。

在推动"20+8"产业集群加速发展的过程中,社会组织作为企业之间的横向链接机构,在避免企业各自为战、促进产业集群化发展方面是必不可少的。为加快形成"一集群一协会"体系,激发产业集群建设的社会动力,需要积极培育发展相关领域社会组织,引导其在服务深圳市战略性新兴产业集群和未来产业发展中发挥积极作用。社会组织中,行业协会对"20+8"产业集群发展的影响更大,故本报告更多地以行业协会为例进行探讨。

一 深圳"20+8"产业集群发展的基本特征

根据波特在《国家竞争优势》一书中的定义,产业集群是一组在地理上靠近、相互联系的公司和关联的机构,它们处于或相关于一个特定的产业领域,由于具有共性和互补性而联系在一起。[①] 产业集群对区域竞争力的影响,主要体现在集群带来的规模经济效应、范围经济效应、交易费用效应、技术创新效应和产业衍生效应等。综合来看,深圳的 20 个战略性新兴产业集群和 8 个未来产业具有以下几个方面的特征。

(一)产业规模与发展格局逐步凸显

近年来,深圳的战略性新兴产业集群随着深圳经济的迅猛发展进入快速增长阶段,产业规模不断扩大,已成为深圳新的经济增长点。《深圳统计年鉴 2022》显示,2022 年深圳"十四五"规划中提到的 7 个战略性新兴产业规模的增加值累计已超万亿元(见表 1),[②] 2022 年扩大至 20 个战略性新兴产业产业后,其产业规模与发展格局又将提升至新的量级水平。

---

① 迈克尔·波特:《国家竞争优势》,李明轩、邱如美译,华夏出版社,2002。
② 《深圳统计年鉴 2022》,http://tjj.sz.gov.cn/gkmlpt/content/10/10390/post_10390917.html#4219。

表 1　2021 年深圳市战略性新兴产业发展情况

单位：亿元，%

指标	增加值	增长率
一、新一代电子信息	5641.66	1.2
1. 网络与通信	2046.53	0.3
2. 半导体与集成电路	487.72	13.3
3. 超高清视频显示	973.89	4.3
4. 智能终端	2091.61	−1.9
5. 智能传感器	41.91	17.8
二、数字与时尚	3103.66	13
6. 软件与信息服务	2294.97	13.7
7. 数字创意	431.54	7.4
8. 现代时尚	377.15	15.5
三、高端装备制造	506.53	19.4
9. 工业母机	216.63	23.2
10. 智能机器人	88.98	17.7
11. 激光与增材制造	73.27	23.2
12. 精密仪器设备	127.65	12.8
四、绿色低碳	1386.77	8.8
13. 新能源	641.81	12.3
14. 安全节能环保	425.12	0.2
15. 智能网联汽车	319.84	14.4
五、新材料	324.34	10
16. 新材料	324.34	10
六、生物医药和健康	589.61	7.6
17. 高端医疗器械	275.36	7
18. 生物医药	146.15	5.5
19. 大健康	168.10	10.6
七、海洋经济	593.80	14.5
20. 海洋经济	593.80	14.5
合计	12146.37	6.7

资料来源：《深圳统计年鉴 2022》http：//tjj. sz. gov. cn/gkmlpt/content/10/10390/post_ 10390917. html#4219。

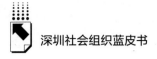

（二）战略性新兴产业与优势传统产业融合日渐加深

现代市场经济强调的"相互关联"这一特性，意味着产业集群所代表的不仅仅是某个单一的产业，而是不同产业相互融合的产业组织。伴随着技术革命的不断创新与产业变革的不断升级，深圳市战略性新兴产业与优势传统产业的融合日渐加深，并推动了传统产业的升级。作为其他战略性新兴产业链上的关键环节，深圳市新材料产业集群——包括电子信息材料、新能源材料、生物医用材料、先进金属材料、高分子材料、绿色建筑材料、前沿新材料等——的高速发展，[1] 不仅促进了其他战略性新兴产业的发展，也加快了深圳传统优势产业如手机产业的创新升级。

（三）产业创新要素不断聚集

除产业方面的"关联性"，地理聚集现象对生产力和创新也具有重要的意义。竞争力的基础是产品创新和过程创新，而产业创新则取决于知识学习过程和企业之间、产学研之间关系的质量、强度及关系网络结构。[2] 深圳作为一座创新的城市，有着创新的文化根基，为产业集群相关主体提供了积极学习交流的环境。近年来，深圳市围绕各战略性新兴产业，推出了一系列举措，如积极引入大型龙头总部企业及区域性功能总部企业，加快建设总部基地，推进开展优势学科建设，积极吸纳产业高端人才落户深圳等。产业聚集的同时又促进了企业创新和升级，提高了区域竞争力。

二 深圳"20+8"产业集群发展面临的问题

（一）各产业的标准体系尚未建立

产业集群建设是否成功，是由相关产业发展的一系列标准来衡量的。而

---

[1] 《深圳市培育发展新材料产业集群行动计划（2022—2025 年）》。

[2] 王缉慈：《超越集群——中国产业集群的理论探究》，科学出版社，2010。

在这方面，各个新兴产业集群内部，显然还缺乏建设标准体系的意识和能力。标准体系的缺位，让产业集群内部的整合和资源交换缺乏必要的前提。要解决这个问题，需要政府、行业协会及第三方智库的协作才能完成。

（二）产业集群核心技术有待突破

产业集群必须是某个领域的科学技术研发集群，才能保障产业始终处于经济和科技发展的前沿地带。但由于我国基础科学研究上的积累不足、科研产业化的机制不成熟，某些领域的核心技术未能突破，这是我国产业集群建设的重要短板。集中力量突破关键核心技术，有赖于相关科研机构与企业的有效衔接。传统的科研产业化模式存在较多问题，过去在市场经济中成长起来的新型科研机构及科研相关机构可望承担更重要的任务，像社会组织特别是科研型民非和行业协会可以在其中发挥重要作用。

（三）集群内产业链存在薄弱环节

产业集群纵向供应链的完善，决定了产业的整合效率以及相关企业的利润，是产业集群化发展的生命线。而在许多高科技产业领域，供应链存在不完整的情况。要解决这个问题，除了企业需要开拓新的上下游市场，也需要政府出台举措以保障供应链安全，还需要行业协会提高其专业性，对产业链调研分析、找出薄弱环节，以便有计划地推动供应链薄弱环节的企业的发展，建立大供应链。

（四）产业人才培养体系尚未建立

无论是对于单个企业还是对于整个产业集群来说，相关产业人才的培养都是发展的关键所在。目前国内的教育体系在培养产业人才方面，尚未形成体系，突出地表现为：大学教育与产业需求脱节、科研产业化机制对于科研人才的鼓励不足，职业教育未能满足高端制造业需求、无法为高科技产业培育产业工人，等等。因此，需要行业协会出面，推进更多的校企合作，鼓励科研成果与产业对接，推动3D打印、个性化工业设计等专业学院建设。在

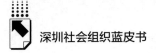

这方面，行业协会和科研机构、职业学院等，有着天然的市场优势，可望承担更多的人才培养任务。

（五）产业集群的政府作用待发挥

单个企业的发展有赖于市场竞争机制的完善，但产业集群的发展则必须有政府的介入和整合。各级政府可以在供应链整合、市场环境优化、产业集群建设监管等方面发挥重要作用。眼下，深圳市政府有决心、有能力建设一批新兴产业集群，这对于深圳未来经济发展非常重要。但如何将政府政策充分宣传至企业，确保企业充分了解政策动态，又如何将企业有关市场环境等方面的需求反馈给政府，并在充分落实政府政策的同时积极发挥企业的市场主动性，都需要行业协会、商会等中介型社会组织在其中发挥作用。

（六）多个产业集群协同发展不足

新兴产业集群之间也存在相互支持、协作的需求。如果单纯从企业层面去应对产业间的需求，不仅效率低，也难以形成真正的产业协作效果。而"一集群一协会"的设计恰好可以在产业集群之间搭建专业化的桥梁，使多个产业集群能够协调发展，获得"1+1>2"的效果。

（七）产业集群国际化水平有待提升

深圳是国家对外开放的窗口，区内企业的国际化水平一直在全国处于领先地位。但相对于打造全球领先的产业集群目标来说，深圳新兴产业领域内的企业国际化水平仍有待提升。而如果单纯依靠企业层面走出去和引进来，在竞争激烈的国际市场上则难以取得大面积的成功。而跨境社会组织，如跨境电商协会等，就会在进出口商品标准制定、企业海外应诉等方面，发挥不可替代的作用，从而支持中国企业在国际市场上获得更有利的竞争地位。

综上所述，在调研"20+8"产业集群发展现状、特色亮点的基础上，通过对产业集群发展所遇到的挑战和问题的深入分析，可以确定，在整合产业集群内外资源，使之协调发展、高质量发展等方面，社会组织可以发挥重要的作用。

三　社会组织在"20+8"产业集群发展进程中的作用

深圳在培育世界级先进制造业集群的过程中，需要新型的、非营利的集群发展促进机构。社会组织作为连接政府和市场的重要力量，在推动形成组织共治、利益共享、合作共赢的集群发展模式，以及解决"20+8"产业集群所面临的关键问题等方面可以发挥重要且必不可少的作用。

（一）有助于整合产业资源，形成集群发展模式

产业集群具有区域性和产业链两个特性。区域性是指集群一般限定在一个区域或者一个城市的范围内，带有很强的地域特色；产业链则意味着集群内的企业有着业务上下游之间的强关联，即在区域内聚集了大量企业，具有完整的产业链优势，同时又涵盖了政府部门、社会组织、大学、科研智库机构等众多组织，形成多元的网络关系。

深圳企业在以往的市场化进程中，靠市场的力量自发地形成了各个新兴领域的众多企业，但从企业群到产业群，这个过程并不顺利。这是因为，在一个市场体系中，各个企业可以在市场、资本和科技的驱动下自动形成某种产业关联，但要形成强关联的产业链，甚至是集群发展模式，则必须有顶层设计和中介组织才能做得到。

社会组织的作用体现在产业集群构筑产业生态体系的过程中。其中，行业协会等社会组织的作用必不可少。行业协会可以在三个层面发挥作用：在本地层面着眼于产业的重点板块发力，完善本地产业的上下游结构；在国内层面完善国内供应链；在国际层面开拓和保护国际供应链，以形成双循环下的产业集群发展模式。

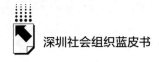

（二）有助于发挥政府和企业的桥梁和纽带作用

眼下，深圳市政府出台《意见》，意味着政府层面的政策已经开始启动，而社会对此反应也很热烈，但社会组织这一中介环节尚未启动。因此，在深圳产业集群建设的过程中，社会组织的中介作用发挥需要提上日程。

行业协会作为中介组织，可以主动参与产业调研，参与政策协商，为政府提供决策咨询服务，为政府出台产业相关政策和科学规划产业布局做好服务。例如，深圳市 8K 超高清视频产业协作联盟协助编制《深圳市培育发展超高清视频显示战略性产业集群行动计划（2022—2025 年）》，提出产业共性短板问题，号召 5G 应用产业链上中下游企业协同工作，协助、服务主管部门科学布局产业，对于推动深圳市 5G 创新应用发展起到了积极作用。

（三）有助于解决"20+8"产业集群所面临的关键问题

作为先进制造业较为集中的城市，深圳市在推进"20+8"产业集群发展的过程中已有一定基础，如毗邻港澳的区位优势、高科技企业数量众多、科研产业化能力强、支持产业发展的资本充足、开放程度较高、政策空间足等。与此同时，要实现《意见》所设计的产业发展目标，还有许多关键问题需要解决，包括：各产业的标准体系尚未建立，产业集群核心技术有待突破，集群内产业链存在薄弱环节，产业人才培养体系尚未建立，产业集群的政府作用待发挥，多个产业集群协同发展不足，产业集群国际化水平需提升，等等。而上述七大问题均需要各产业集群内的行业协会类组织进行有针对性的解决。

四 深圳市社会组织参与"20+8"产业集群发展的现状

（一）深圳市社会组织参与"20+8"产业集群发展情况

根据《意见》中提出的"一集群、一协会"（一个产业集群对应有一个行业协会)的工作体系,本报告对深圳市社会组织助力产业集群发展的情况进行了分析。为深入了解深圳社会组织助力产业集群发展的现状,通过行业数据整理及相关职能部门的推荐,本报告特整理提取涉及20个战略性新兴产业集群的重点细分领域以及8个未来产业重点方向的社会组织(见表2)。

表2 "20+8"产业集群发展的相关社会组织

序号	产业集群/未来产业	相关社会组织名单
1	高端医疗器械	深圳市医疗器械行业协会
2	生物医药	深圳市生命科学与生物技术协会
3	大健康	无
4	半导体与集成电路	深圳市半导体行业协会
5	超高清视频显示	深圳市8K超高清视频产业协作联盟
6	智能网联汽车	深圳市新能源汽车产业协会
7		深圳市汽车电子行业协会
8	新能源	深圳市新能源行业协会
9		深圳市氢能与燃料电池协会
10	网络与通信	深圳市通信学会
11	智能终端	深圳市虚拟现实产业联合会
12		深圳市智能穿戴产业联合会
13		深圳市电脑经销商商会
14		深圳市音响行业协会
15		深圳市手机行业协会
16	智能传感器	无
17	软件与信息服务	深圳市软件行业协会
18	新材料	深圳市新材料行业协会
19	工业母机	深圳市机械行业协会
20		深圳市电子装备产业协会
21		深圳市电池行业协会
22	智能机器人	深圳市机器人协会
23		深圳市无人机行业协会
24	激光与增材制造	深圳市激光智能制造行业协会
25		深圳市3D打印协会
26	精密仪器设备	深圳市传感器与智能化仪器仪表行业协会

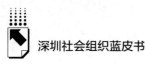

序号	产业集群/未来产业	相关社会组织名单
27	安全节能环保	深圳市环境保护产业协会
28		深圳市应急安全产业协会
29	现代时尚	深圳市时尚创意产业联盟
30		深圳市服装行业协会
31		深圳市家具行业协会
32	海洋	深圳全球海洋中心城市建设促进会
33		深圳市水产行业协会
34	数字创意	无
35	合成生物	深圳市合成生物学协会
36	区块链	深圳市信息服务业区块链协会
37	细胞与基因	深圳市生物医药促进会
38	空天技术	深圳市航空航天产业协会
39	脑科学与类脑智能	无
40	深地深海	无
41	可见光通信与光计算	无
42	量子信息	无

由表 2 可以看出，深圳市一些新兴产业都具有相应的行业协会，对于行业发展起到了积极的促进作用；也有部分产业的行业协会因成立期限短、资源不足等，对产业的促进作用有限；更有部分产业并未成立行业协会，在通过社会组织促进产业集群建设方面缺乏现实的有力抓手。

（二）深圳市社会组织在"20+8"产业集群建设中发挥的作用

1. 根据产业特点构筑行业生态体系

从走访调研的情况来看，各行业协会都在围绕产业的重点板块促进形成产业生态链，推动产业网络体系的构建。自 2010 年成立以来，深圳市新材料行业协会先后孵化成立深圳市电池行业协会、深圳市石墨烯协会等多家相关行业协会，形成"协会联合体"，在资源互动、功能整合的基础上，构建一体化的服务网络。智能机器人产业作为深圳市战略新兴产业之一，涉及的交叉学科较多，深圳市机器人协会为此搭建行业交流合作平台，推动行业资源共享、协同发展，推动了一大批优秀机器人企业发展壮大。深圳市新能源汽车产业协会针对深圳市新能源汽车产业进行"缺链补链"，并积极引进"整车组装"企业，完善深圳新能源汽车产业生态链。

2. 围绕产业发展提供专业服务

行业协会围绕产业发展需要提供对应的服务，如推动行业标准制定，组织行业展会，提供专利导航和行业咨询服务，链接专家资源，以及编撰发布产业报告等。同时，行业协会鼓励行业内企业加强技术创新，开展关键核心技术研究。如深圳市医疗器械行业协会在市场监督局的指导下，连续十余年开展医疗器械行业发展研究工作，发布行业分析报告，为推动产业发展提供建议和解决方案。

3. 积极推动产业升级

多个行业协会积极呼应国家的发展战略，并对标行业的前沿动向，推进和带动产业升级换代；推动产业链向数字化、智能化、可持续发展转型升级，积极响应联合国可持续发展目标，在国家发布碳达峰、碳中和行动方案的大背景下，引导全产业链逐步实现绿色协同发展。例如，深圳市服装行业协会推动服装制造环节节能减排，运用数字化、智能化的生产管理，打造高效环保的供应链，策划绿色可持续发展的系列活动，推动时尚产业的绿色低碳转型。

4. 推动行业人才体系建设

各行业协会为推动产业人才发展，利用自身优势，搭建行业人才服务体系和平台，通过开展学习培训、产学交流等活动，推动产教融合，促进产学研用；推动形成行业的职业能力标准，推进行业职称评审工作的开展，协助行业培养与认定专业人才，打通专业技能人才的晋升通道。在深圳市电池行业协会的积极推动下，深圳创设了锂电池工程专业职称评审，颁出全国首张"锂电池工程师"职称认证证书，解决了锂电池行业专业技术人才缺乏职称晋升通道的难题。

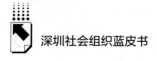

5. 搭建政企沟通的桥梁

行业协会主动参与产业调研，参与政府协商，为政府提供决策咨询服务，为政府出台产业相关政策和科学规划产业布局做好服务。推动 5G 创新应用发展，号召 5G 应用产业链上中下游企业协同工作，深圳市 8K 超高清视频产业协作联盟协助编制《深圳市培育发展超高清视频显示战略性产业集群行动计划（2022—2025 年）》，提出产业共性短板问题，协助服务主管部门科学布局产业。行业协会通过企业走访与实地调研，了解和跟踪行业、企业运行情况，收集行业和企业需求，对接主管部门，为企业与政府搭建沟通的桥梁。

6. 促进产业的国际交流

战略性新兴产业和未来产业被视为推动经济高质量发展的主引擎，是国际关注的焦点。一些行业协会作为学术研究和技术转化交流平台，积极促进学术与产业的国际交流，也为企业"走出去"提供服务。面对复杂多变的国际环境，部分行业协会会定期进行政策解读，协助企业化解潜在风险，助力企业优化发展战略。

（三）深圳市社会组织在"20+8"产业集群建设中存在的问题

深圳市社会组织在助力产业集群发展方面，已经取得了一定成效，并且在一定程度上形成了助力机制。但由于社会组织建设本身也在努力探索中，自身力量、资源有限，支持其自身发展尚有难度，因此其助力经济发展的功能并未完全发挥。经过对各大行业协会等社会组织的深入调研，发现其发展过程中存在如下相关问题。

1. 社会组织助力产业集群建设缺乏具体政策引导

《意见》出台后，各主管部门开始调研，但暂未成立市领导牵头的跨部门工作组，政策内容难以落地执行。目前，政府财政多支持科研机构和企业主体的创新发展，并未推出面向行业协会的相关扶持政策。

2. 行业协会在产业集群中的关键作用未充分发挥

未能形成行业规范与标准体系，行业协会的工作在产业发展的相关文件中没有明确体现和体制保障，工作分工不明晰，联系企业推进工作时缺乏依据。在调研中仅有深圳市互联网文化市场协会提出,需要调研其他行业的现状和面临的问题。行业协会能力和集群发挥作用、整合协调的能力有待进一步加强。

3. 部分行业协会资源分散,难以做大做强

为了避免行业协会可能出现的垄断问题、推动行业发展,政府针对行业协会推行一行多会的直接登记。产业集群涉及的协会和部门较多,存在较多同质化协会,未能形成合力。新型产业领域的行业交叉较多,导致不少同质化、雷同性的行业组织出现,分散了市场的资源,影响行业协会做大做强。调研发现,存在同名的联盟、协会、创新中心等多种同质化社会组织,力量相对分散,除了少数产业的聚集度较高,其他产业的协会之间缺乏横向互通,没有形成合力。另外,具有国际竞争力与国际话语权的行业协会数量较少。

4. 行业协会经费来源不足,影响活动开展

被访的行业协会存在资金来源不足问题。行业协会作为社会团体,其经费主要来源于服务收费及会费,政府服务购买的数量极少。但由于疫情等多重因素的影响,会展服务无法兑现,会员会费也存在延期缴纳或不缴的情况,给行业协会的日常运转带来了一定挑战。此外,行业协会还存在工作人员多为兼职人员、全职人员少的问题,影响行业协会的长远发展。

5. 企业外迁与人才流失的问题

所有被访行业协会都提到了这一点。不少城市都盯上了产业名单上的企业,并积极进行招商引资,深圳采取抓大放小的策略,尽管留住了部分龙头企业,但不少中小企业选择在周边或是其他政策相对更好的城市建立生产基地,导致深圳错失了一批具有发展潜力的中小企业。由于深圳市的用人、用地成本较高等客观因素影响,深圳对高层次人才的吸引力有所降低,企业与人才外流的问题对产业集群的进一步发展带来了较大的挑战。

之所以会出现上述问题,除社会组织自身资源不足等主观层面的成因外,在客观上也受制于产业集群发展的客观规律,即产业集群发展不同于企业发展,需要协调组织和横向、纵向的资源整合,在这方面的行业自觉性和行业需求显现之前,从外部进行推动确实面临动力不足的问题。

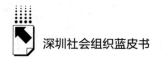

五 社会组织助力"20+8"产业集群的主要方向和路径

随着高质量经济发展的强烈需求，业内外逐渐达成了一定共识，即深圳市所面临的产业集群发展问题，需要行业内和跨行业的社会组织助力才能解决。而结合深圳的具体情况，社会组织在助力"20+8"产业集群建设上，需要在政策环境和社会组织建设端这两端同时发力，方能取得显著成效。

（一）优化政策环境，推动社会组织发挥应有功能

深圳作为改革开放的先行示范区，一向有在政策上创新创变的勇气和空间。在新的经济发展阶段，为实现经济的高质量发展，需要在政策环境端发力，具体建议方向和路径如下。

1. 党建引领协会治理，助力党建会建互促

社会组织党建是引领社会组织正确发展方向的重要保障。行业协会作为链接行业企业的枢纽，应主动将党建融入协会治理，开展以党建为引领的团队建设，通过多重创新形式开展系列主题教育学习活动，加强行业从业人员的业务素质教育，规范运作，提升服务意识和服务质量。

2. 进行宏观政策解读，助力企业优化发展战略

面对复杂多变的国际环境，行业协会应定期进行宏观政策解读，协助化解企业出海的潜在风险，助力企业优化发展战略，发挥竞争优势，以应对不断变化的国际贸易环境，实现高质量发展。

3. 健全完善政策的实施落地细则

在认真调研、科学论证的基础上，政府需要对"20+8"产业集群战略进行整体规划，完善配套实施方案，形成标准化、具体化、可操作的实施细则。如成立由市政府领导牵头的工作组，积极协调各职能部门，提高决策效率，推动政策落地。

4. 加强协同，推动重大事项和重点工作

加强职能部门与行业协会、企业等机构间的协同作用，积极推动解决"20+8"产业集群发展中的重大事项和重点工作，集中解决企业面临的人才难留、租金成本高、研发经费不足等关乎行业发展的核心问题。由主管部门牵头组织高校科研成果实时同步，委托行业协会促成研究成果的转化，对科研成果的落地进行及时认定，并给予资金支持或政策倾斜，减轻企业发展压力。

5. 形成政府与行业协会、企业的长效沟通机制

尽可能地发挥行业协会的联结纽带作用，促进企业与政府的交流，并及时跟进问题的解决情况，特别是行业共性问题，尽可能发挥协会能动性，协调主管部门及有关单位尽量做到"不落一问，不遗一难"，定向定点解决行业问题。

（二）推动产业集群智库建设，加强顶层设计，科学规划布局

为解决新兴产业集群发展过程中面临的现实问题，特别是社会组织服务和助力不足的问题，需要加强社会组织自身的建设，使得社会组织在协同布局、政企中介、培育人才等方面发挥重要作用。具体体现在以下七个方面。

1. 推动建立"20+8"政企信息服务平台，助力形成高质量公共服务供给阵线

为促进"20+8"产业集群协同发展，推动各产业资源共享，建议建立"20+8"政企信息服务平台，在资源互动、功能整合的基础上，构建一体化的服务网络，畅通政府部门、行业协会、企业等多方协同沟通渠道，形成高质量公共服务供给阵线。

2. 推动行业自律，引导形成高质量行业标准

行业协会应积极推动行业标准制定，提供专利导航和行业咨询服务。通过链接产业资源，调动行业协会、产业联盟和智库跨界联动，探索通过产业技术的创新和突破，解决产业"卡脖子"的关键技术问题。提升产业竞争力不仅仅是提升企业竞争力，还要在高水平基础上形成具有国际影响力的行业标准，引领全球产业发展。

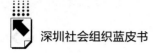

3. 推动产学研用合作迈向新阶段

行业协会应主动参与产业调研，参与政府协商，为政府提供决策咨询服务，为政府出台产业相关政策和科学规划产业布局做好服务。同时，链接龙头企业、知名高校、科研机构及相关机构，推动产业链上中下游企业协同工作，协助服务主管部门科学布局产业，推动产学研用迈向新阶段。

4. 通过社会组织的工作促进不同产业协同发展

调动行业协会、产业联盟和智库合力建立重点企业和重点项目库，对重点企业和重点项目的发展情况进行跟踪，及时有效地提出建设性意见。提高产业聚集度，推动国际标准的建立，提升深圳市乃至我国在相关领域内的国际话语权。

5. 引导行业协会高质量发展，提升行业协会整体水平

社会组织本身的能力加强，才能为产业集群的发展提供更好的服务。为此，也需要建立行业协会间的跨界联系。调研中，深圳市软件行业协会和深圳市电池行业协会都提到，希望实现资源交互和学习提升，促进行业协会开放发展。希望主管部门创造更多的环境，促进协会真正成为有国际化水平甚至有话语权的行业协会。

6. 推动高等教育、职业教育等教育改革，加强人才体系建设

加快培育行业协会专业人才，需要从国际化的视野，打造行业协会人才体系，包括社会组织人才体系、产业集群专业人才体系、国际化产业人才体系等。还要通过制定形成行业协会职称认定标准，打通人才晋升通道，提高待遇，以引进相关国内外人才，提高行业协会和产业集群的总体人才水平。

7. 促进产业国际交流，推动国际社会组织跨境总部基地建设

行业协会积极促进学术与产业的国际交流，为企业"走出去"提供服务。如积极推动社会组织"引进来""走出去"，引导行业协会高质量发展，提升社会组织与国际机构合作的能力，建立行业协会间的跨境、跨界联系。目前，在大湾区建设方面可以以香港为突破口，乘新时代的东风，实现社会组织之间的资源交互和能力提升，促进行业协会开放发展，促进深圳本土的行业协会真正成为有国际化水平甚至有国际话语权的行业协会。

B.6

2018~2020年深圳市教育类基金会发展状况调研报告

饶锦兴*

摘　要： 本报告基于笔者于2021年所主持的"深圳市资助支持教育事业的基金会发展研究"成果，研究分析了基金会中心网上相关基金会2018~2020年的年报数据，分析总结了深圳市资助支持教育事业的基金会（以下统称教育类基金会）的发展现状。总体上看，目前深圳市教育类基金会登记数量多，资产规模却不大，还存在管理体制不完善、支持政策不配套、机构建设不专业、作用发挥不明显等诸多问题和挑战，但在筹措社会资源、补充教育经费、资助基础教育、关注教育公平以及发展特色教育等方面进行了有益的探索，产生了重要的影响。本报告建议有关部门从建设中国特色社会主义先行示范区高质量教育体系的战略高度，充分认识教育类基金会健康发展的重要性和迫切性，制定出台促进深圳市教育类基金会高质量发展的实施意见，建立健全教育类基金会管理制度，完善多部门联动工作机制，落实相关配套支持政策，加强专业化能力建设，进一步激发教育类基金会创新活力，充分发挥教育类基金会的积极作用。

关键词： 基金会　教育　教育类基金会

---

* 饶锦兴，深圳社会组织研究院院长，北京大学社会发展研究所硕士，中国社会组织促进会专家委员会委员，研究领域为社会组织、社会政策、社会创新、慈善事业等。

一 发展状况

本报告中的教育类基金会是指资助支持教育事业发展的基金会，包括"教育基金会"和"资助教育的基金会"，也即包括业务范围涉及"教育""学校""奖学""助教""留学"等并资助开展教育公益项目的各类基金会。其中，教育基金会是指登记名称中含"教育"的基金会，及登记名称中不含"教育"但主营业务为"教育""学校建设""奖学助教"的基金会；资助教育的基金会则是指登记名称中不含"教育"两字，但是业务范围涉及资助开展教育类公益项目。

（一）登记数量快速增长，类型多样

截至 2022 年末，在民政部、广东省民政厅和深圳市民政局登记的、住所在深圳的基金会在册总数共有 506 家（见表 1），位居广东省各市之首，并超过了大部分省、自治区、直辖市的基金会登记数量。

表 1 深圳市教育类基金会基本情况

单位：家

登记情况	基金会总数	教育类基金会	其中:教育基金会		资助教育的基金会
			登记名称中含"教育"的基金会	登记名称中不含"教育"但主营业务为"教育""学校建设""奖学助教"的基金会	
国家民政部登记	10	10	0	0	10
广东省民政厅登记	46	23	2	0	21
深圳市民政局登记	450	200	45	18	137
合计	506	233	47	18	168

在深圳基金会当中，教育类基金会共有233家，占有相当高的比例。他们中有200家在深圳市民政局登记，有10家在民政部登记，还有23家在广东省民政厅登记；并且它们中有31家基金会是有业务主管单位，其余的202家都是直接登记，没有对应的业务主管单位；同时，他们中的9家基金会具有公开募捐资格。统计发现，在这233家教育类基金会当中，有65家教育基金会，其中47家基金会登记名称中含有"教育"字样，另有在深圳市民政局登记的18家基金会虽然登记名称不含"教育"字样，但主营业务是"教育"、"学校建设"或"奖学助教"等。此外，"资助教育的基金会"有168家。鉴于笔者对教育类基金会中的"教育基金会"和"资助教育的基金会"的具体分项数据和掌握的情况差异，下文有时候是分析65家教育基金会的数据，有时候是整体分析233家教育类基金会的总体情况。

从设立主体的背景来看，在65家教育基金会[①]中，由个人申请设立为主的有25家，由企业申请设立为主的有19家，由政府部门参与发起设立的有6家，由高校主导发起设立的有9家，由各类社会组织参与发起设立的有6家。从资金主要用途来看，65家教育基金会中主要资助支持中小学校建设和相关公益项目的有9家，主要资助支持非营利性教育机构的有4家，其他主要是资助各类助学、支教和特色教育项目。

（二）资产规模总体偏小，边募边用

从原始注册资金状况分析，深圳市教育类基金会有153家的原始注册资金为200万元，这是《基金会管理条例》规定的设立基金会的最低金额。原始注册资金在200万元以下的有17家，主要是社区基金会；注册资金在5000万元及以上的有13家，占比不足6%（见表2）。

---

① 鉴于笔者只能统计了解到65家教育基金会的设立主体、资金主要用途等信息，为此，无法同步披露另外168家"资助教育的基金会"的此分项信息情况。

表 2　深圳市教育类基金会原始注册资金区间情况

单位：家

原始注册资金区间	教育基金会			资助教育的基金会	总计
	政府参与	高校发起	社会发起		
200 万元以下	0	0	0	17	17
200 万元	0	9	38	106	153
200 万~500 万元	1	0	3	13	17
500 万~1000 万元	0	0	2	14	16
1000 万~5000 万元	1	0	6	10	17
5000 万元及以上	4	0	1	8	13

　　从年末净资产状况分析，65 家教育基金会中有 54 家基金会在 2020 年的净资产总额为 238577. 96 万元，平均每家为 4418. 11 万元。[①] 此外，65 家教育基金会中 2020 年末净资产总额超过 1000 万元的有 20 家，其中净资产总额超过 1 亿元的有 10 家。与此同时，168 家资助教育的基金会中 2020 年末净资产数据缺失的有 42 家，126 家有净资产数据（其中 5 家为 0 元）的基金会也都是在深圳市民政局登记的，他们的净资产总额为 253653. 00 万元，平均每家为 2013. 12 万元。

　　从保值增值投资收益状况分析，2018~2020 年，21 家教育基金会和 39 家资助教育的基金会有投资活动，[②] 其中 5 家投资收入为负数。从 2019 年起，教育基金会的投资收入远高于资助教育的基金会。深圳美丽园丁教育基金会和深圳市桃源居教育基金会在 2019 年和 2020 年的投资收入均超过千万元。个别持有股票的基金会在保值增值上出现了负增长，原因是持有的股票价格下跌。

　　总体上看，深圳市教育类基金会资产规模不大，保值增值投资运营能力较低。统计发现，教育类基金会[③] 2020 年末净资产数总额 492230. 96 万元，不足 50 亿元。无论是教育基金会还是资助教育的基金会，其净资产的中位

---

① 数据缺失的有 11 家，54 家有年末净资产数据（其中 1 家为 0 元）的基金会都是在深圳市民政局登记的，所以未在此统计之列。

② 投资收入不为零，视为有投资活动。

③ 主要统计了已经披露相关数据的 180 家教育类基金会的情况，其中包括 126 家资助教育的基金会和 54 家教育基金会的相关数据。

数都在 200 多万元,处于"边募边花"的状态,靠保值增值投资运营成长起来的"航空母舰"式基金会还没有出现。深圳市大多数基金会每年的收支余额都基本与原始基金数额相当或是略超原始基金数额,还有不少基金会年末净资产已经少于原始注册资金,甚至为 0 元。

(三)捐赠收入占比较高,大额捐赠不多

从教育类基金会财务报表来看,2018~2020 年共有 45 家基金会出现过年度收入为 0 元的情况,其中有 11 家基金会三年的年度收入均为 0 元;有 8 家基金会两年的年度收入为 0 元。在 45 家中,有 13 家是教育基金会(10 家社会发起、3 家学校设立),32 家是资助教育的基金会。就教育基金会而言,个人或企业发起的教育基金会年度收入相对较低,2020 年有所下降。支持学校的教育基金会年度收入受政府补助收入影响变化较大,政府支持的教育基金会年度收入逐年增加。

和各类基金会目前的情形一样,在教育类基金会年度收入构成中捐赠收入依然是主要收入来源。资助教育的基金会在 2018~2020 年收入增幅明显,收入主要来自捐赠收入,占到了教育类基金会年度收入的 85%。而教育基金会捐赠收入在 2018~2020 年逐年减少,从 2018 年的 4.7 亿元减少至 3.6 亿元,而资助教育的基金会年度捐赠收入逐年上升。

从提供服务收入来看,2018~2020 年共有 5 家教育基金会和 9 家资助教育的基金会有提供服务收入。教育基金会年度服务收入平均值明显高于资助教育的基金会(见表 3)。

表 3　2018~2020 年深圳教育类基金会提供服务收入平均值

单位:元

年份	教育基金会	资助教育的基金会
2018	76993	13410
2019	120119	21749
2020	17850	12367

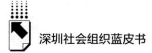

2018~2020 年，共有 6 家教育基金会和 14 家资助教育的基金会有政府补助收入，合计收入约为 2.2 亿元。资助学校的基金会由于可获得政府按比例配捐，其政府补助收入的额度远超其他教育类基金会，如深圳市香港中文大学（深圳）教育基金会获得政府补助收入 9608 万元，深圳市南方科技大学教育基金会获得政府补助收入 6200 万元。

在教育基金会中，社会发起的基金会在 2018~2020 年虽然捐赠收入有所下降，但投资收入明显增加；资助学校的基金会在 2018 年收到大量政府补助收入；政府支持的基金会在 2019~2020 年，捐赠收入明显增加。资助学校的基金会和政府支持的基金会每年均有一定比例的其他收入。

笔者对 2018~2020 年深圳市资助教育事业的基金会开展的重大公益项目做了数据分析，发现不少基金会对教育事业的大额捐赠流向全国各地，特别是流向清华大学等知名高校。

（四）公益活动领域广泛，支出较集中

从年度报告的财务报表来看，2018~2020 年教育类基金会共有 16 家基金会出现过年度支出为 0 元的情况，其中有 8 家教育基金会（4 家社会发起、2 家学校发起的、2 家政府支持的），另有 8 家是资助教育的基金会。

从数量上看，2018~2020 年，深圳市所有基金会共开展 4826 个公益项目，其中由资助教育事业的基金会开展的公益项目有 2955 个，占比为 61%。在 2955 个公益项目中，652 个项目（占 22%）由教育基金会开展，除了 29 个项目与教育无直接关联或者用于基金会日常运营外，其余 623 个项目均为教育项目；2303 个项目（占 78%）由资助教育的基金会开展，由于资助教育的基金会同时在开展非教育领域的公益项目，因此 2303 个项目中仅有一部分项目与教育有关，由于统计难度较大，本报告无法提供具体数据。

在教育基金会开展的 652 个项目中，除去少量不确定实施地区的项目外，从项目支出占比来看，70% 的项目在深圳市内开展，28% 的项目在全

国范围①内开展，还有1%在广东省②内，1%在国外开展。在深圳市内开展的公益项目主要用于奖教助学、学校运营管理、学校硬件建设三大领域，此外，也有相当一部分的经费投入到课外活动、学术科研活动等领域。在深圳市外开展的公益项目，在学校运营管理方面有更大的投入（主要是因为2018年陈一丹公益慈善基金会捐出1亿元人民币筹建西湖大学），其次在奖教助学、学校硬件建设上有较大支出。

比较深圳市内及深圳市外的公益项目，关爱教师、创新创业类项目主要在深圳市内开展，而支教、资助社会组织开展项目则更多发生在深圳市外。

从不同类型的教育基金会来看，政府支持成立的基金会主要在深圳市内开展活动（70个项目、支出9985.93万元），社会发起成立的基金会主要在全国范围内开展活动（203个项目、支出1.87亿元），学校发起成立的基金会也主要在深圳市内开展活动（262个项目、支出3.63亿元）。

二 作用和贡献

（一）补充教育经费，支持地方教育事业发展

不少教育类基金会活跃在基础教育领域，通过奖教助学，支持基础教育的发展，并促进教育质量的提升。由地方政府参与设立的资助支持教育事业的基金会与当地教育局的工作开展紧密结合，通过政府牵头或者企事业单位发起，以政府注资或社会化方式募集资金，开展支持当地教育事业发展的公益性活动，如奖教助学和支持学校硬件建设。部分公募基金会下的专项基金也同样以支持地方教育事业为主，如大鹏新区教育公益基金。这些基金会/基金的特点是政府注资，并采用社会化募资，聚焦本地教育事业，为提升本地教育质量注入新的活力。

---

① 除广东省。
② 除深圳市。

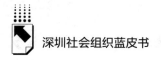
（二）资助基础教育，探索实现优质教育路径

深圳是一个移民城市，年轻人多，学龄儿童较多，基础教育资源紧缺，优质的教育资源更为稀缺。资助支持教育事业的基金会筹集社会资本，补充教育资源之不足，夯实基础教育，并以更灵活的方式探索优质教育发展路径。2013 年，福田区人民政府和腾讯公益慈善基金会联合发起了深圳市明德实验教育基金会，举办实体学校——深圳明德实验学校，基金会作为深圳明德实验学校（以下简称明德学校）的委托管理方，通过委托管理方式，借鉴和引入腾讯在企业创新机制、创造性人才培养和学习型组织管理的经验，打造福田区教育综合改革示范校。在福田区政府和深圳市明德实验教育基金会的大力支持下，深圳明德实验学校综合教育改革项目取得了多项重大成果，并通过资金支持、智力引领等方式开展区域教育实验，实现基金会所倡导的教育理念，探索优质教育发展路径。

除了探索基础教育的机制改革，教育类基金会在细分领域解决基础教育需求问题，也发挥着积极作用。2016 年信义集团有限公司董事局主席李贤义以个人名义发起了深圳市李贤义教育基金会。2021 年，围绕着跨境学童上学难的问题，深圳市李贤义教育基金会举办了香港培侨书院龙华信义学校，由香港办学机构直接实施运营管理，提供约 3000 个优质学位，助力跨境学童上学问题的解决。

（三）筹措社会资源，助力高等教育创新发展

教育基金会正在成为高校在募集社会资源、扩大办学自主性的一个重要支撑。目前深圳市有 9 所普通高校发起设立了教育基金会。以深圳市香港中文大学（深圳）教育基金会为例，其成立于 2014 年，发起时的基金数额为200 万元，迄今已经收到超过 4 亿元的捐赠，用于校园基础建设、奖助学金、教学与科研项目和创新创业项目，助力打造学校的教学质量和社会影响力。

作为高校发起设立的教育基金会，其项目主要服务于学校日常运营的各

方面，但也有少数项目例外，如深圳市南方科技大学教育基金会就有支持亚非发展中国家提升高等教育质量的"国际高等教育创新腾讯基金"项目、"支援海外高校抗疫（理学院）"项目、"广东扶贫济困日"项目等。

（四）关注教育公平，扶贫助困振兴乡村教育

据基金会中心网 2019 年的统计，在深圳 233 家教育类基金会的业务范围中，以"贫困"进行检索，就有 98 家，主要是资助贫困学生和贫困地区教学，许多奖教助学类项目也会优先考虑家庭贫困的学生。招商局慈善基金会由招商局集团发起并持续捐资，注册资金规模达 1 亿元，在助学助教方面资助贫困学生完成学业、提高乡村教师整体素质。并且，招商局慈善基金会设立了"招商局奖学金"和"招商局助学金"，专门支持欠发达地区孩子的教育。深圳市桃源居教育基金会也曾向广东省梅州市大埔县大东镇定向捐赠，主要用于支持乡村教育。

除了奖教助学，深圳部分资助支持教育事业的基金会结合自身的资源优势，积极探索教育帮扶的细分领域。如深圳市华唱原创音乐基金会开发了可视化的音乐课教学机，以提升欠发达地区的音乐教育质量，促进教育公平。

（五）探索特色教育，促进教育生态多元发展

在推动教育生态多元化发展方面，深圳市陈一丹公益慈善基金会积极推动教育研究，挖掘兼具洞察力与前瞻力之研究课题，支持教育研究，以扎实的研究成果为教育发展提供有效支持。同时，该基金会不断探索教育创新，聚力推动"家校社"三位一体协同培育项目。自 2019 年起，该基金会设立"教育研究专项课题"项目，以"博雅教育""终身学习""素养教育模型"等为研究主题，与北京大学、北京师范大学的学者开展研究合作；同时就年度研究主题与北京大学教育学院共同举办"一丹教育论坛"，推动教育研究及国内外学术交流。

而深圳市亚太国际公益教育基金会、深圳市前海华人国际资本管理公益

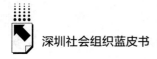
基金会、深圳市正安中医教育基金会和深圳市桃源居教育基金会，则重点支持公益慈善教育、金融教育、中医教育和社区教育等。

三　问题与挑战

（一）管理体制不完善

2009 年 7 月，民政部和深圳市人民政府签订"部市协议"，授权深圳市民政局进行基金会登记管理的试点。此后十年间，深圳市基金会如雨后春笋般登记成立，绝大部分基金会"业务主管单位"写着"深圳市相关职能部门及单位"，实际上是无主管部门，实行直接登记，而且业务范围比较宽泛，如出现前文所述，70%以上的基金会业务范围含有"教育""学校""助教""助学"等字样。233 个教育类基金会中只有 31 个基金会有业务主管单位，其余 202 个基金会全部是直接登记成立的。

深圳市社会组织管理改革探索，实现了登记权限下放和大部分实行直接登记外，但实际的情况是基金会进行登记面临很难找到业务主管单位的问题。在基金会进行登记时，法律没有规定相关业务部门一定要承担管理职责。《基金会管理条例》对业务主管单位同意设立的条件和履行登记前置审查、日常监督管理的职责规定也非常模糊。大量基金会等社会组织在登记时不需业务主管单位可进行直接登记，从而带来监督管理上的问题，民政部门面临很大压力却没有足够能力应对。

教育类基金会的管理不仅涉及教育部门、民政部门、财政部门、税收部门和金融部门，还涉及公安部门、外事部门。目前，综合监管面临的实际困难是各部门的职责分工、协调机制仍然不完善，基金会登记信息和监管信息也缺乏共享机制。中央文件提出要加强对负责人、资金、涉外活动的监管，但相关部门还没有专门的人力物力和足够的技术手段进行落实。具体体现在：（1）年度检查制度改为年度工作报告制度后，登记管理部门实际上是弱化了对基金会等社会组织的监管，年度工作报告审查难以取得有效监管效果；（2）基金会享受税收优惠政策实行免税资格制度，税务部门基本上也没有力量对基金会公益活动支出进行监管，对很多获得税收优惠的捐赠资金的使用是否符合公益目的也缺乏必要的监督；（3）捐赠票据使用状况没有公开透明工作机制，相关统计数据没有向社会发布，使得社会捐赠数据真实性、可靠性存疑；（4）不同管理部门的制度冲突给教育基金会财产使用带来困惑，如财政资金要求按照财政预算制度使用，教育部门不让基金会给老师发补贴和奖金等。此外，一个部门多头管理也让基金会无所适从，如不同类型的基金会分别对应市教育局不同处室，各个处室又各有要求，业务交叉，流程不统一，信息不对称。

此外，目前法律法规对捐赠人的权利义务界定更是不太明确，捐赠人希望通过公益捐赠推动教育改革创新，但现行体制往往很难实现这样的公益目的，致使捐赠人的捐赠热情受挫。

（二）支持政策不配套

2016年《中华人民共和国慈善法》（以下简称《慈善法》）出台，明确规定：慈善组织及其取得的收入，自然人、法人和其他组织捐赠财产用于慈善活动的，受益人接受慈善捐赠，均依法享受税收优惠；慈善组织、捐赠人、受益人依法享受税收优惠的，有关部门应当及时办理相关手续。《慈善法》颁布已六年多，国家财税部门没有出台系统性、创新性的政策法规，财政部、国家税务总局出台的《关于非营利组织免税资格认定管理有关问题的通知》（财税〔2014〕13号文），财政部、国家税务总局、民政部发布的《关于公益性捐赠税前扣除有关事项的公告》（2020年第27号），基本在原有制度框架里"缝缝补补"，且存在法律适用的冲突状况，《慈善法》相关促进慈善事业发展的税收优惠配套制度仍未落实。根据深圳市2021年社会组织年报数据统计，深圳市233个教育类基金会取得公益性捐赠税前扣除资格的有123个，占比约为53%；取得非营利性组织免税资格的有165个，占比约为71%。也就是说，还有相当一部分教育类基金会没有获得免税资格。如果没有公益性捐赠税前扣除资格，意味着捐赠人捐赠后基金会无

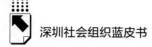

法提供捐赠票据，捐赠人就不能获得所得税抵扣；如果基金会没有非营利性组织免税资格，则意味着其收入需要缴纳企业所得税。

为鼓励和引导高校积极募集社会资金、拓宽筹资渠道，深圳市财政局会同深圳市教育局印发了《深圳市普通高校捐赠配比资金管理办法》，明确市财政每年安排 5 亿元配比资金，对深圳高校获得的符合规定条件的社会捐赠收入进行奖励补助。市财政予以配比的捐赠收入，仅限于深圳高校上年度实际接受到账的、单笔数额在 100 万元以上（含 100 万元）的货币捐赠资金（含外币），统一按照 1∶1 的比例配比。其对单笔到账金额的限定，相对于中央规定的单笔 10 万元货币资金起配更为严苛，深圳市规定是单笔到账金额不足 100 万元的捐赠，高校接受的仪器设备、建筑物、书画等实物捐赠，未变现股票、股权，以及长期设立的奖学金、基金运作利息等投资收入，均不包括在内，这就影响了小额捐赠、实物捐赠的积极性。

此外，深圳市于 2013 年出台《深圳市人民政府关于鼓励社会捐赠促进高等学校发展的意见》，旨在引导和鼓励社会各界向深圳市高等学校捐赠，允许以捐赠人姓名或商号冠名奖教金、奖学金、助学金、各类教育基金及校内建筑，各高校可根据本校实际，依照国家法律法规、政策和社会公德要求，自行制定有关致谢捐赠人的办法，并报市民政、教育行政部门备案。目前在对捐赠项目或建筑物进行捐赠冠名时有一定的标准与规范，除去捐赠人的捐赠金额需要达到一定规模之外，尤其注重考察捐赠企业或捐赠人的社会声誉，只对具有良好社会声誉的捐赠企业或个人进行冠名，在此前提下，为避免过分商业化，通常只针对人名进行冠名，少数情况下允许用企业名进行冠名，拒绝用捐赠企业的商品名进行冠名。

（三）机构建设不专业

调研发现，教育类基金会中的理事会大多奉行"资金引入者主导模式"，即在这些慈善组织中，绝对话语权往往属于那些为组织筹集最多资源的"关键角色"，如由申请设立人、主要捐赠人、创办人担任，而他们对公益行业和专业知识不够熟悉，却掌握着组织由上而下的人事权，导致真正能专业化地发挥公益资源效用的人才难以流入管理层。因此，这些基金会在项目设计、运作方面都显得不够专业，甚至很大程度上受"关键角色"主观意志的制约。目前大多数基金会受制于甚至依附于设立申请人和原始基金捐赠人，甚至有的缺少独立法人地位。

理事会成员权利义务关系不明，或者利益关系偏弱，常常导致理事会形同虚设，难以形成治理机构的权利制衡。一旦理事会、监事会和秘书处之间这种相互制约、相互联系的运行规则模糊不清，理事会人力资源管理职能的诸多问题就会显现。而如果理事会没有专业人员负责资源的筹集、年度预算、财政监督以及有效率的资金管理、投资等工作，则会严重影响到理事会筹资和财务管理职能的有效发挥。如果没有完善的监督机制，则容易导致管理者的行为偏离组织的目标，甚至出现善款挪为他用的情况，严重影响基金会的健康发展。

目前，深圳市基金会普遍存在专职工作人员不足的情况，2018~2020年年报统计数据显示，绝大部分基金会专职工作人员数量在5人以内，超过20人的基金会也不超过5家。并且，薪酬待遇低、人员流动大等，也是基金会目前面临的普遍问题。受制于基金会相关管理规定及其免税资格的认定，与以营利为目的的企业不同，其从业人员的薪酬水平也受到相应的限制，从而使得员工流动性高，这在一定程度上阻碍基金会的发展。

（四）作用发挥不明显

如前文所述，深圳市基金会登记数量在全省乃至全国处于发展水平领先状态，但总体实力并不强，从资产来看，大部分还是小规模的基金会。仅以高校基金会为例，明善道公司发布的《2021中国高校基金会大额捐赠观察报告》显示，在2015~2020年大额捐赠总额（协议额）TOP 20榜单中，深圳上榜的为深圳大学（排名第11）、南方科技大学（排名第18）与香港中文大学（深圳）（排名第20），分别是6.40亿元、3.45亿元与3.10亿元，合计为12.95亿元，是榜首清华大学（130.95亿元）的9.89%。而在2015~2020年大额捐赠总额（到账额）TOP 20榜单中，深圳上榜的高校仅为香港中文大学（深圳）（排名第16），到账额是 3.05 亿元，仅为榜首清华大学（108.65 亿元）的 2.81%。明显的差距说明深圳市教育基金会的筹资能力与可持续发展水平极不均衡，大部分捐赠资源被重点院校基金会、知名企业基金会占据，多数教育基金会资产规模小，项目创设缺乏创新，活跃度不高，组织架构不健全，公开度和透明度不高，工作思路有待进一步拓展。

目前，深圳市基金会注册原始基金总计 29.32 亿元，其中超过八成的基金会注册原始基金集中在 200~800 万的区间，注册资金在 1 亿元及以上的有 7 家。2019 年、2020 年深圳全市地区生产总值（GDP）分别为 26992.33 亿元、27670.24 亿元，深圳市基金会收入总数分别为 36.07 亿元、44.5 亿元，分别占深圳 GDP 的 0.13%、0.16%。而深圳市教育基金会①注册原始基金总计约 17.71 亿元，占全市基金会注册原始基金总数的 60.40%，原始基金数额在 1 亿元及以上的有 6 家，1000 万元及以上的有 22 家，200 万~1000 万元的有 186 家。2018~2020 年深圳市教育基金会收入总额分别为 19.51 亿元、18.67 亿元和 26.87 亿元，占深圳 GDP 的 0.08% 和 0.07%、0.10%，对深圳全市地区生产总值的贡献率为 0.31%。2018~2020 年深圳市教育基金会接受捐赠金额分别为 15.86 亿元、17.84 亿元和 25.16 亿元，占深圳市教育经费总收入的 1.83%、1.76% 和 2.12%，贡献率为 2.89%。综合而言，深圳市教育基金会对教育收入的财务贡献率不高，整体作用发挥有限。2020 年，对比深圳、北京、上海三地的教育经费数据可见，深圳市教育捐赠收入占教育经费总收入的 0.13%，相较于北京（1.01%）、上海（0.32%）与全国（0.22%）而言，捐赠收入占比较低。同期深圳市财政补助支出占教育经费支出的比例则为 84.26%，远高于北京（71.11%）、上海（73.82%）与全国（79.73%）水平，可见深圳市教育经费总体上仍然依赖于财政补助，教育基金会未能充分发挥"扩大社会投入"的功效，总体实力不强，对于社会力量支持教育事业的支撑作用尚不明显。

---

① 此处仅统计了教育类基金会中的教育基金会的数据，资助教育的基金会未纳入统计范畴。

四 对策建议

就如何推动教育类基金会更好地发挥作用，本报告具体提出如下几点建议。

（一）完善管理体制机制

围绕建立健全教育类基金会管理制度，明确教育类基金会的认定标准、设立条件和监督管理职责，建立健全综合监管、行业自律、评估激励、统计调查、信息公开的协作机制；建立业务主管单位和登记管理机关在教育类基金会日常监督管理中的职责清单和协调机制，逐步健全教育类基金会法人治理、党组织建设、变更登记、负责人任职审查、财务资产管理、重大事项报备、涉外活动、换届选举、等级评估、行政约谈等方面的制度指引；建立深圳市民政局、教育局牵头，社会组织管理、人社、公安、财政、审计、金融、税务等部门参加的联合执法机制，运用数字化技术手段建立教育类基金会综合监管大数据平台，加强负责人管理、资金监管、票据管理、重大事项、涉外活动等方面的信息共享和动态监管，指导教育类基金会加强合规管理；深圳市、各区教育部门每年开展教育类基金会发展状况、教育捐赠资金接受使用情况的统计、调查和分析，将其纳入全市教育事业发展情况主要统计指标；深圳市、各区教育部门在官方网站、公众号设立统一的教育类基金会专栏和教育捐赠专栏，及时向社会公开教育类基金会名录、年报等信息和教育捐赠统计数据；民政部门监督和指导教育类基金会在指定的信息平台进行信息公开，及时公开登记事项、监督检查等信息，建立信用记录制度，依法动态管理活动异常名录和严重违法失信名单。

（二）落实配套支持政策

落实现行法律规定的相关配套支持政策，鼓励支持各区、各类学校申请或联合其他社会力量申请设立教育类基金会、专项基金和教育慈善信托，把

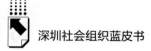

促进教育类基金会的高质量发展、增加教育事业的慈善捐赠收入作为对教育督导评价的重要内容，作为对各区教育发展水平、各学校发展能力评价的重要指标。鼓励各级教育部门和相关学校积极协助创造有利条件支持教育类基金会、专项基金、教育慈善信托的设立运行，通过政府购买服务方式为教育类基金会提供登记住所、活动场地、财税咨询、人才培养、统计调查、项目评估等综合性服务。深圳市、各区教育部门安排专人负责教育类基金会和各类学校的慈善捐赠管理工作，每年至少组织一次教育类基金会联合募捐活动，打造具有深圳教育场景特色的公开募捐平台。支持设立深圳市、各区教育发展基金，为教育类基金会、专项基金投资管理专业能力建设提供平台服务。鼓励高校与捐赠人合作设立大学捐赠基金，由专门的机构进行专业化的运营和投资。支持教育类基金会作为合格的机构投资者进入资本市场开展保值增值投资活动。鼓励金融机构为教育类基金会、专项基金提供托管人服务。

（三）激发创新发展活力

充分发挥教育类基金会的积极作用，探索建立各类基金会捐赠支持公办学校的奖励激励机制，对发展教育事业有突出贡献的基金会和捐赠者予以表彰或表扬。支持学校设立的教育类基金会作为学校多元化筹资体系的重要组成部分和接受社会公益捐赠的窗口，围绕学校办学目标开展专业筹款活动，为学校建设提供持续捐赠资金。鼓励捐赠人设立教育类基金会或者专项基金，按照民办教育促进法相关规定举办非营利性民办学校，履行举办者职责，完善现代学校制度，探索建立政府和教育类基金会合作出资的资金保障机制。鼓励、支持教育类基金会打造特色公益项目，树立品牌形象。结合自身情况开展独具特色的内容新颖、形式丰富、影响广泛的捐赠项目，吸引更多的人参与公益捐赠。通过各种重大节日、重要事件，设计新奇有趣，有纪念意义的捐赠活动，吸引社会捐赠，将项目长期持续开展下去。

（四）加强专业能力建设

支持教育类基金会进行专业能力建设，将党建工作全流程嵌入教育类基金会登记管理、业务指导、购买服务、评优评先等各个环节。新申请设立的教育类基金会同步组建党组织。推动党组织书记参加（列席）教育类基金会有关理事会会议、参与换届人选审查等重大决策，推动教育类基金会党组织与负责人交叉任职。进一步明确业务主管单位、设立学校和教育类基金会的职责关系，业务主管单位、设立学校监督和指导教育类基金会建立以理事会为核心的民主决策机制，尊重、维护教育类基金会的独立法人地位和独立核算制度。支持教育类基金会建立专职、专业的运营管理团队，不断提高资金募集、捐赠管理、项目执行、财务管理、保值增值投资以及专项基金管理等方面的运营管理能力。指导教育类基金会加强对筹资过程的管理和监督，提升筹资活动的专业化水平。

B.7
2021~2023年深圳体育类
社会组织发展报告

苏媛媛*

摘 要： 深圳体育类社会组织发展快，在促进竞技体育水平提升和群众体育发展尤其是全民健身运动的开展方面发挥了积极的作用。基于对深圳市登记成立的体育类社会组织的分析，本报告发现，深圳体育类社会组织涵盖的体育项目领域广泛，又具有深圳地方特色；体育类社会组织的发展已形成市—区—街道—社区四级发展的网络，在促进体育资源不断向基层下沉、推动体育场地建设和共享、有效解决体育基础设施不足等问题及参与社会治理等方面发挥了应有的作用。深圳体育类社会组织取得的成效得益于良好的政策环境，但发展仍然面临诸多挑战，包括发展结构不平衡、监管协同机制弱、专业化水平不高等。本报告认为，应该加强顶层设计，从更高层面推动深圳体育类社会组织直面问题、推动问题解决，走向更高质量的发展之路。

关键词： 体育类社会组织 群众体育 社会治理

随着我国经济社会发展水平的不断提升，人们对体育健身的需求不断发展，各类体育类社会组织积极参与其中，展现了责任担当。在深圳

---

* 苏媛媛，博士研究生，深圳市罗湖区东湖街道办事处公共事务中心主任，研究方向为社会组织、慈善发展。

这样一个常住人口平均年龄仅有 32.5 岁的城市，① 人们参与体育的热情高涨，各类体育类社会组织顺应群众需求，积极推动竞技体育和群众体育的发展。

一 深圳体育类社会组织发展现状

近年来，深圳市高度重视体育类社会组织建设，体育类社会组织蓬勃发展，取得了较好的成果。

（一）深圳体育类社会组织发展概况

根据深圳市民政局提供的统计数据，截至 2023 年 3 月底，全市共有各类登记成立的社会组织 10486 家，其中体育类社会组织 918 家。体育类社会组织占全市登记成立的社会组织总量的比例为 8.75%。按照"五大类 14 小类"的类别划分，体育类社会组织的总量在 14 类社会组织中排第 5 位（见图 1）。

根据深圳市民政局提供的数据，2019 年全市共新增登记成立社会组织 651 家，其中体育类社会组织 51 家，占全年新增社会组织的 7.83%；2020 年全市共新增登记成立社会组织 506 家，其中体育类社会组织 53 家，占全年新增社会组织的 10.47%；2021 年全市共新增登记成立社会组织 339 家，其中体育类社会组织 49 家，占全年新增社会组织的 14.45%（见图 2）。以 2019 年的数据作为参照基数，2020 年、2021 年，受疫情影响，其他类型的社会组织的新增登记成立数量明显减少，但体育类社会组织新增登记成立的数量基本维持在 2019 年的水平，新增登记成立的体育类社会组织占比则不断攀升，这进一步反映出人民群众对体育类社会组织的需求。

---

① 《深圳概览》，http：//www.sz.gov.cn/cn/zjsz/gl/content/post_ 10220985.html，最后访问日期：2023 年 5 月 24 日。

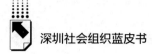

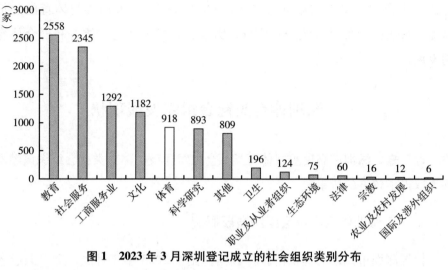

图 1　2023 年 3 月深圳登记成立的社会组织类别分布

资料来源：深圳市 2023 年第一季度社会组织简报。

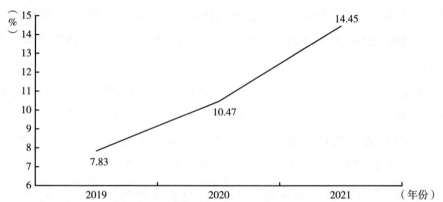

图 2　2019~2021 年深圳新增体育类社会组织占全年新增社会组织的比例

资料来源：深圳市民政局统计数据。

　　根据相关统计，截至 2020 年底，全国共有各类登记成立的体育类社会组织 4.73 万个，[①] 2020 年底，全国共有各类登记成立的社会组织 89.4 万个，[②]

---

① 《瞭望·治国理政纪事｜全民健身：让生活更美好》，https：//baijiahao. baidu. com/s？id＝
170760037542803265 4&wfr＝spider&for＝pc，最后访问日期：2023 年 4 月 19 日。

② 《2020 年民政事业发展统计公报》，https：//images3. mca. gov. cn/www2017/file/202109/
1631265147970. pdf，最后访问日期：2023 年 4 月 19 日。

体育类社会组织占到社会组织总量的 5.29%。深圳共有各类登记成立的社会组织 10742 家，其中体育类社会组织 826 家，体育类社会组织占到社会组织总量的 7.69%。比较发现，深圳登记成立的体育类社会组织占社会组织总量的比例高于全国平均值 2.4 个百分点。

然而，如果将深圳的体育类社会组织发展情况与同样是超一线城市的上海进行比较，就会发现仍然存在一定的差距。从统计数据来看，截至 2020 年底，上海市有各类登记成立的体育类社会组织 1437 家，按照当年上海市的常住人口来计算，每万名常住人口拥有体育类社会组织的数量为 0.59 个。[①] 根据第七次全国人口普查数据，2020 年 11 月 1 日零时深圳市常住人口为 1756 万人，[②] 如果用 2020 年底深圳市拥有的体育类社会组织数量进行计算，可以得出深圳市每万名常住人口拥有的体育类社会组织的数量仅为 0.47 个，与上海相比差 0.12 个。这意味着，虽然深圳体育类社会组织发展情况在全国范围内高于平均水平，但与体育类社会组织发展更快一步的上海相比，仍然存在差距。更值得关注的是，上海市在 2022 年初公布了《上海市体育类社会组织发展"十四五"规划》，对体育类社会组织的发展做出了专项规划，上海市体育类社会组织将进一步迈向发展的快车道。

（二）深圳体育类社会组织的分布情况

本报告以深圳体育类社会组织填写的 2021 年年报数据为依据对深圳体育类社会组织发展状况进行分析。因疫情影响部分体育类社会组织未开展活动或活动严重受限等，2021 年，共有 728 家体育类社会组织提交了年报，占到所有应提交年报体育类社会组织的 84.16%。本报告接下来的分析全部来自 2021 年年报数据。

---

① 《一图读懂〈上海市体育类社会组织"十四五规划"〉》，https://baijiahao.baidu.com/s?id=1723207149302236068&wfr=spider&for=pc，最后访问日期：2023 年 4 月 19 日。

② 《深圳市第七次全国人口普查主要数据解读》，http://tjj.sz.gov.cn/ztzl/zt/szsdqcqgrkpc/ggl/content/post_8772304.html，最后访问日期：2023 年 4 月 19 日。

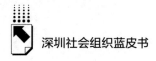

1. 区域及类型分布

从年报填报情况来看，728家体育类社会组织的类别情况如下：社会团体587家，民办非企业单位137家，基金会4家。在深圳市民政局登记成立的市级社会组织共206家，其中社会团体127家、民办非企业单位75家、基金会4家（见表1）。各区拥有的体育类社会组织数量差距较大，拥有体育类社会组织数量最多的是龙华区，共有93家，而拥有体育类社会组织数量最少的大鹏新区只有16家。各区体育类社会组织拥有数量的多少和各区自身的情况密不可分。与其他区相比，大鹏新区、盐田区的人口密度低，相应地组建或成立体育类社会组织的需求也较低。

表1　2021年深圳体育类社会组织分布情况

单位：家

	社会团体	民办非企业单位	基金会	合计
市级	127	75	4	206
福田区	53	20	0	73
罗湖区	34	3	0	37
盐田区	24	3	0	27
南山区	40	24	0	64
宝安区	69	4	0	73
龙岗区	89	0	0	89
龙华区	87	6	0	93
坪山区	24	0	0	24
光明区	24	2	0	26
大鹏新区	16	0	0	16
合计	587	137	4	728

表1清晰地表明了三类体育类社会组织在各区的发展情况，从表1中所列的数据可以看出，整体来看，各区都出现了体育类社会团体发展明显快于体育类民办非企业单位的情况，但是在各区之间又表现出显著的差异。如福田区和南山区的体育类社会团体和体育类民办非企业单位的发展差距相对来说较小，但龙岗区、坪山区和大鹏新区则根本没有活跃的体育类民办非企业单位。

2. 登记成立时间分布

从这些填报年报的体育类社会组织的登记成立时间来看，在2013年之前，每年新增登记成立的体育类社会组织数量较少，基本都在20家以内，有的年份甚至没有新增登记成立的体育类社会组织。但自2013年开始，体育类社会组织登记成立的数量迅速增加，并一直保持高速增长，到2017年达到峰值，当年新增登记成立了107家体育类社会组织，之后虽然增长有所减缓，但每年增加的数量仍然维持在较高水平（见图3）。2013年这个增长转折点的出现，和党的十八届三中全会密切相关，因为在这次全会上，对社会领域的改革明确提出了"激发社会组织活力"的要求，社会组织成为推进国家治理体系和治理能力现代化的重要举措之一。借着这股东风，社会组织领域的改革迅速推进，体育类社会组织也如雨后春笋般成长壮大起来。

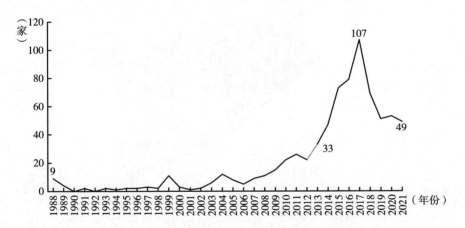

图3　深圳体育类社会组织历年新增登记成立数量

资料来源：深圳市民政局提供的2021年社会组织年报数据。

3. 成立区域级别分布

近年来，随着体育类社会组织在全民健身运动中所发挥的作用越来越明显，在街道和社区范围内活动的体育类社会组织不断涌现。因社会组织登记管理机关对社会组织名称核准的规则要求，社会组织的名称中必须包含对应登记层级的行政区划名称，因此可以从社会组织的名称中所包含的行政区划名称辨别出社会组织的所属区域级别。据此简单将深圳社会组织进行类别划分：将名称中仅含有"深圳市"的界定为市级社会组织，将名称中仅含有"深圳市××区"的界定为区级社会组织，将名称中仅含有"深圳市××区××街道"的界定为街道级社会组织，将名称中含有"深圳市××区××街道××社区"的界定为社区级社会组织。体育类社会组织也依此划分。通过对年报数据的分析发现，市级体育类社会组织有206家，区级体育类社会组织有393家，街道级体育类社会组织有103家，社区级体育类社会组织有26家（见图4）。值得注意的是，街道级和社区级体育类社会组织的兴起是近几年才出现的，随着全民健身运动的发展和资源下沉，街道级和社区级体育类社会组织数量有可能进一步增加。

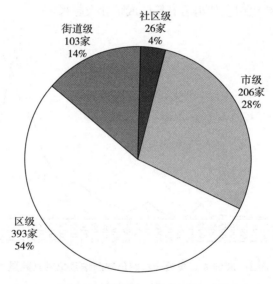

图4　2021年深圳市各级体育类社会组织的分布

资料来源：深圳市民政局提供的2021年社会组织年报数据。

4. 负责人分布情况

根据社会组织的章程，通常情况下，会长或理事长是社会组织的法定代表人，对外代表社会组织，对内召集和主持理事会，检查会员大会（或会员代表大会）、理事会（或常务理事会）决议的落实情况。秘书长或者行政负责人作为执行层的负责人，则要负责社会组织的日常运作，落实理事会通过的工作计划。因此会长或理事长、秘书长或行政负责人对一个社会组织的发展至关重要，为方便行文，本报告将其统一称为体育类社会组织的负责人。

从学历分布来看，深圳体育类社会组织负责人的学历水平普遍较高，会长或理事长中拥有大专及以上学历的比例占到填报总数的84.1%，秘书长或行政负责人中拥有大专及以上学历的比例占到填报总数的90.1%（见表2）。根据第七次全国人口普查公布的数据，深圳市常住人口中拥有大专及以上文化程度的比例为28.85%，① 而体育类社会组织负责人的文化程度远高于全市常住人口平均水平。较高的学历水平能够使这些体育类社会组织的负责人在规划本组织的发展时，有更开阔的视野，也更能随社会的发展而调整组织本身的发展策略。

表2　2021年深圳体育类社会组织负责人的学历情况

单位：人，%

学历	会长/理事长		秘书长/行政负责人	
	人数	占比	人数	占比
高中及以下	96	13.2	71	9.8
大专	244	33.5	293	40.2
本科	317	43.5	330	45.3
硕士	46	6.3	31	4.3
博士	6	0.8	2	0.3
未填报	19	2.6	1	0.1
合计	728	100.0	728	100.0

体育类社会组织负责人的政治面貌，在一定程度上影响社会组织发展的方向。从年报填报的情况来看，会长或理事长中有接近1/4的人是中共党员，秘书长或行政负责人中党员的比例虽然比会长或理事长约低5个百分点，但仍然有接近1/5的人是中共党员（见表3）。主要负责人的党员身份

① 《深圳市第七次全国人口普查公报（第五号）——人口受教育情况》，http：//www. sz. gov. cn/cn/xxgk/zfxxgj/tjsj/tjgb/content/post_ 8772099. html，最后访问日期：2023年4月19日。

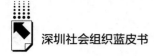

能够更好地促进党的方针政策在体育类社会组织中落实，对确保其发展的正确方向有着重要意义。

表3　2021年深圳体育类社会组织负责人的政治面貌

单位：人，%

	会长或理事长		秘书长或行政负责人	
	人数	占比	人数	占比
群众	504	69.2	556	76.4
共青团员	21	2.9	32	4.4
中共党员	168	23.1	135	18.5
民主党派	16	2.2	4	0.5
未填报	19	2.6	1	0.1
合计	728	100.0	728	100.0

社会组织负责人的专职情况，在一定程度上代表着社会组织的职业化发展水平，尤其是秘书长或行政负责人的专职化程度，更具有代表性。从年报的情况来看，体育类社会组织中，会长或理事长是专职的比例占到填报总数的31.7%，秘书长或行政负责人专职的比例占到填报总数的33.5%（见表4）。这说明约有1/3的体育类社会组织的秘书长或行政负责人是专职从事体育类社会组织工作，这对于保持体育类社会组织自身发展的规范性和持续性以及促进体育类社会组织自身的造血功能，具有显著的正向作用。

表4　2021年深圳体育类社会组织负责人的专职/兼职情况

单位：人，%

	会长或理事长		秘书长或行政负责人	
	人数	占比	人数	占比
专职	231	31.7	244	33.5
兼职	474	65.1	483	66.3
未填报	23	3.2	1	0.1
合计	728	100.0	728	100.0

二 深圳体育类社会组织的发展特点及作用发挥

经过较长时间的发展，深圳体育类社会组织在体育事业发展、全民健身运动开展及参与社会治理方面都积极作为，形成了具有深圳特色的发展特点，并展现了自身的独特作用。

（一）覆盖领域广泛又兼具地方特色，充分体现了体育多元化发展的方向

从深圳现有的登记成立的体育类社会组织来看，体育类社会组织所指涉的体育项目覆盖领域广泛，既有传统的单项体育运动，也有几年来新兴的体育项目；既有普遍性的体育运动，也有具地方特色的体育项目，还有符合深圳作为海洋城市特点的水上运动项目。

从深圳体育类社会组织涵盖的体育运动项目来看，在国家体育总局公布的99个体育项目中，深圳的体育类社会组织涵盖了71个项目。除了冰雪类项目和与飞行相关的项目，深圳的体育类社会组织较少涉猎外，其他的体育运动项目几乎都有。除国家体育总局公布的99个体育项目，深圳体育类社会组织还涵盖另外一些体育项目，如极限运动、桌式足球、户外运动、跳绳、瑜伽、普拉提、徒步、卡丁车、空手道、马拉松、气排球、木球、柔力球等。

从深圳体育类社会组织所涵盖的运动项目中可以看到，深圳体育类社会组织非常注重对传统文化的传承，其中醒狮就是典型的代表。醒狮是极具广东特色的运动项目，也是中华龙狮文化的"南狮"。醒狮在深圳有较为悠久的历史，它既是每逢春节时深圳人迎接新年的美好记忆，也是重大活动、节日庆典时的重要记忆。深圳市宝安区福永街道怀德醒狮武术团就是其中的典型代表，近年来他们的醒狮表演不断发展壮大，已经成为深圳市的一张重要文化名片。

深圳是海洋城市，在发展体育运动方面，深圳的体育类社会组织也充分

利用了这一天然优势，不断发展各类海洋运动项目，如深圳市帆船帆板运动协会在做好运动员培训和组织相关赛事的同时，积极开展帆船帆板运动进校园活动，培养广大青少年对帆船帆板运动的兴趣；深圳市冲浪协会不仅组织运动员参与各类冲浪赛事，还积极开展科学健身指导，对冲浪、桨板及海岸安全救生等进行推广；深圳市大鹏新区潜水协会，不仅开展各类潜水运动、表演，培养潜水运动员、教练员、裁判员，还发挥潜水运动的优势，开展海洋保护教育、珊瑚普查等工作。

（二）辐射区域逐渐下沉，形成市—区—街道—社区四级服务网络

前文已经就深圳体育类社会组织进行了级别分布的分析，市级 206 家，区级 393 家，街道级 103 家，社区级 26 家。因早期体育类社会组织的成立采取的是自上而下推动的模式，国家、广东省已经有的各类单项运动协会，深圳市基本都对应地建立了市级体育协会。近年来，随着体育运动的不断发展，区级体育类社会组织及各类下沉的社会组织不断建立起来。尤其是街道级和社区级的体育类社会组织，大都是在 2013 年后，随着国家激发社会组织活力政策的出台而发展起来的。此外，近年来随着政府向社会组织购买服务的推进和深圳市持续推行的"民生微事实"项目的开展，各级各类社会组织越来越将自己的活动下沉到街道和社区层面，在推广群众体育、倡导科学健身等方面发挥了重要作用。

除了登记成立的体育类社会组织，深圳市还有许多备案的体育类社会组织，这些体育类社会组织主要为活跃在社区的各种体育运动团队，如羽毛球队、广场舞队、柔力球队、钓鱼队，也有一些市级或区级协会在社区成立的各种健身队，比如深圳市坪山区太极拳协会发展了 15 个社区太极队，覆盖了坪山区的 6 个街道。这些"草根组织"或者运动队伍，活跃于各社区，在推动社区居民积极参与各项体育运动方面发挥了积极作用。

（三）推动体育事业专业化发展，广泛宣传体育理念

从深圳体育类社会组织的发展来看，最早成立的一批体育类社会组织都

是市级的单项体育运动协会，它们推动运动员、教练员、裁判员等的选拔和培训，在促进单项体育运动项目的专业化发展方面发挥着不可替代的作用。如深圳市航空航海车辆模型运动协会不断开展遥控航空模型飞行员培训，仅2014年就举办了14期培训和考核，共计222人考取遥控模型航空器飞行员执照。深圳市登山户外运动协会举办二级攀岩裁判员培训，为全市各区学校、攀岩馆、户外俱乐部、营地教育机构和协会提供攀岩裁判员的培训，提升他们的专业化水平。

各类体育类社会组织是组织运动员参加体育赛事的重要力量，如深圳市残疾人体育协会输送运动员并组队参加了全国第十一届残疾人运动会羽毛球、冰壶、飞镖等项目赛事。2021年，深圳市南山区潜水协会成立的"南山区自由潜水竞技队"参加了包括中潜联以及全国其他城市举办的各类大小赛事7场，在各类赛事中共取得了金牌6枚、银牌16枚、铜牌22枚的优异成绩。

深圳体育类社会组织也积极参与各类赛事的筹备和举办。如2021年，深圳市举办第十届运动会，众多的竞技体育项目都是由各体育类社会组织承办的，如深圳市青少年体育发展促进会承办了田径、跳水、花样游泳3个项目的比赛，深圳市羽毛球协会承办了羽毛球比赛，深圳市社会体育指导员协会承办了乒乓球比赛，深圳市登山户外运动协会承办了攀岩比赛，深圳市赛艇协会承办了赛艇比赛，等等。深圳市草地滚球协会在2021年接受委托成为第十四届全运会群众比赛地掷球预赛暨2021全国掷球锦标赛（深圳赛区）的赛事执行单位，组织了此项全国性比赛。

体育类社会组织也积极面向群众开展体育运动项目的宣传推广，让更多的居民认识体育、参与体育。如深圳市射箭协会发挥专业优势，利用社区开展的"4点半课堂"，积极开展中小学生射箭培训，并开展射箭选拔赛，推动青少年射箭运动的开展。深圳市大鹏新区水上运动协会在全民健身日组织市民免费体验帆船帆板、摩托艇、皮划艇、桨板等水上运动，宣传推广水上运动项目。这些活动让群众更直观地了解和参与体育运动项目，宣传推广了体育理念。

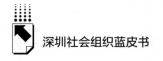

（四）增加场地设施供给，解决体育活动场地设施不足问题

深圳面积较小，居住人口众多，且山地丘陵散布，给建设各类体育场馆、设置健身器材带来了很大的挑战，体育场馆的供给远远不能满足群众日益高涨的健身热情。体育类社会组织积极参与场馆建设，或协同推动场馆建设，或倡导场馆建设，为各类体育运动项目的开展创造了条件。如深圳市深大乒乓球俱乐部积极推动乒乓球训练基地的建设，成立了深大乒乓项目综合发展中心（华侨城基地），设置了完善的乒乓球和体能训练设施设备，营造了专业的训练环境。个别体育类社会组织积极吸纳社会捐赠，解决运动场地不足问题。如深圳市老年人篮球协会接受社会捐赠 40 万元，采用硅 PU 胶地板建设了室外篮球场。

因深圳土地资源稀缺、新建场馆审批的复杂性、资金投入大和回报周期长等，新增建设场馆较难落实。一些体育类社会组织充分挖掘现有场馆资源，建立合作机制，解决场地使用问题。如深圳市大盛游泳俱乐部与北京师范大学南山附属学校以体教结合的形式合作，在学校设立首家"广东省青少年游泳培训基地"，开展游泳项目的培训和训练，并在该学校初中、小学部开展游泳课程教学，助力学校选拔学生组建校游泳队，极大地推动了游泳在学校的推广。

（五）以运动为载体不断参与社会治理，发挥社会治理能效

社会组织作为"多元共治"中的重要"一元"，参与社会治理的功能日益凸显。体育类社会组织作为社会组织的组成部分，也积极参与社会治理，主要表现在以下四个方面：一是疫情期间自觉约束会员遵守防疫政策并倡导科学健身，二是积极发动会员作为志愿者参与志愿服务，三是开展各类体育公益活动，四是发挥自身优势，广泛参与各类社会事务。

新冠疫情的发生，让人们充分认识到加强体育锻炼、增强自身免疫力的重要性，但疫情也增加了进行各类体育锻炼活动的困难性。体育类社会组织作为发展体育运动的重要力量，是落实国家防疫政策的重要载体。体育类社

会组织在开展各项体育运动时，将防疫政策作为首要考虑因素，高度重视做好防疫工作。如深圳市微马体育基金会第一时间向全国微马队员发出防疫倡议，呼吁暂停所有线下聚集性运动和活动，合理安排分散的健身跑步活动。一些体育类社会组织根据疫情形势的发展，取消了原定的体育赛事；也有一些体育类社会组织通过线上的方式引导会员在家锻炼。如深圳市坪山区太极拳协会在腾讯视频、抖音等发布客厅太极拳、八段锦、客厅广场舞等健身视频，指导并带动居民学习健身技能，鼓励会员积极参加各种线上运动。

因为疫情，体育类社会组织的户外活动、场馆活动受到较为严格的限制，很多体育类社会组织的会员或工作人员就地转换为社区防疫志愿者，自觉参与到防疫志愿服务中。如深圳市龙华区民治街道莲心瑜伽协会在接到社区通知暂停瑜伽课程培训后，立刻就地转换为志愿者，协助社区开展核酸检测等工作，在2021年开展了长达500多个小时的防疫志愿服务。也有一些体育类社会组织根据自身的优势开展相应的志愿服务，如深圳市大鹏新区社会体育指导员协会建立了山野清洁专属义工队，组织队伍在海洋海滩、户外山地线路、大型公共体育运动区域开展清洁志愿服务。

疫情期间，各体育类社会组织也积极开展体育公益活动，为参与一线防疫的工作人员送温暖。如深圳市城市体育发展基金会发起、多家体育企业参与的"情暖逆行者"体育关爱公益项目，为深圳援鄂77位医务人员、疫情期间全市支援市第三人民医院（新冠肺炎定点诊疗医院）的132位医务人员捐赠"体育大礼包"，并向市第三人民医院捐赠智能健身设备，共同构建"医护人员健康之家"。深圳市龙岗区登山运动协会开展抗疫一线志愿者亲子趣味运动会体育关爱项目，吸引龙岗区11个街道的600多名抗疫一线志愿者和家人参加。

深圳市的体育类社会组织还根据社会领域存在的一些突出问题发挥自身的优势予以解决。如深圳市水上运动协会针对全市游泳馆多而救生员不足的情况，积极开展全市救生员培训，2021年培训初级救生员2000多人、中级救生员100多人、救生培训师20多人、救生考评员10人。这些救生员遍布深圳市1500多个游泳场所，为全市游泳爱好者的游泳健身安全提供了有力的防溺水安全保障服务。

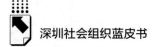

深圳体育类社会组织还积极参与政策倡导，为深圳体育政策的出台献计献力。如深圳市户外登山协会联合深圳晚报发起"深圳十峰"全民登山活动，激励了几十万市民参与打卡，也擦亮了"深圳十峰"品牌，并使打卡"深圳十峰"成为《深圳市全民健身实施计划（2022—2025年）》中提到的文体旅游融合发展品牌，从而使之得到进一步的推广。

三　深圳体育类社会组织发展的经验

深圳体育类社会组织不断根据自身优势积极作为，在体育事业发展和全民健身中发挥着越来越重要的作用。之所以能够取得如此好的成绩，既得益于良好的政策环境，也是因为其满足了人民群众对美好生活向往的需求，是各种因素共同作用的结果。

（一）良好的政策环境

深圳体育类社会组织发展离不开良好的政策环境，这主要表现在两个方面。一是有利于社会组织发展的制度环境。早在2012年，深圳市委、深圳市人民政府就出台了《关于进一步推进社会组织改革发展的意见》，以市委、市政府的高度推动社会组织的培育和规范发展。各区积极进行改革探索，陆续出台了一系列社会组织改革发展举措，在这些社会组织改革的举措中，一些区探索放宽了社会组织登记的条件。如罗湖区、龙岗区的改革，都直接提出，对包括体育类社会组织在内的多类社会组织实行直接登记。党的十八届三中全会提出要激发社会组织活力，深圳市及各区进一步落实相关政策，社会组织的发展环境不断优化，体育类社会组织的发展也受益于此。二是有利于体育类社会组织发挥作用的各类政策。深圳市在2014年制定了《深圳经济特区促进全民健身条例》，第六条明确规定"鼓励各级体育类社会团体依法开展全民健身活动、培养专业人才、传授专项技能、传播专门知识"。这是从法律层面对体育类社会组织在深圳体育事业发展中的作用予以定位。2016年，《深圳市全民健身实施计划（2016—2020年）》提到，将

"扶持体育类社会组织发展"作为十一项重点任务之一进行重点部署,从深化体育类社会组织改革、发挥体育总会的作用、政府购买服务等多个方面提出了具体要求。

(二)持续孵化培育社会组织

初创期的体育类社会组织的成长发展需要一定的场地、资金支持。在孵化和培育社会组织方面,深圳市民政局和各区都采取了积极的行动,各类孵化基地陆续建立,为体育类社会组织的发展提供了场地支持和技术支持。目前,市、区两级有 15 个培育发展基地投入运营,一些区仍然在继续建设社会组织孵化培育基地。如龙华区出台的《深圳市龙华区社会组织高质量发展管理办法》,提出"建设孵化服务平台。区、街道分别设立区社会组织孵化服务中心、社区社会组织服务站"。① 各区还通过更为多样的方式解决社会组织的场地使用问题。如龙岗区南湾街道以免租金或低租金的方式为社区社会组织租赁活动场地及其他基本服务提供优惠,体育类社会组织通过服务换场地的方式,获得了发展空间。

在资金支持方面,主要有两种方式。一是直接给予资金扶持,如罗湖区、盐田区、龙岗区、宝安区等都相继出台了社会组织激励扶持或培育发展方面的政策,对包括体育类社会组织在内的社会组织的发展予以支持。二是通过公益创投的形式,对遴选潜力大、符合培育扶持目标的社会组织进行扶持。如龙华区设立专门的扶持公益创投项目专项经费,南山区南山街道从2015 年起发起公益创投,并形成了"公益项目库",符合条件的体育类社会组织都能获得支持。

(三)政府不断加大向社会组织购买服务力度

政府向社会组织购买服务,既是从"全能型"政府向"服务型"政府

---

① 《深圳市龙华区人民政府办公室关于印发〈深圳市龙华区社会组织高质量发展管理办法〉的通知》,http://www.szlhq.gov.cn/xxgk/xxgkgz/zfgb/zfgb2022d1/content/post_ 10163968. html,最后访问日期:2023 年 4 月 19 日。

转变的体现，也是促进社会组织服务供给能力提升的重要方式。2013年国务院办公厅就政府向社会力量购买服务给出了指导意见，2013年底，财政部下发的《政府采购品目录分类目录》中，单列了一个品类"体育服务"，并将其细化为体育组织服务、体育场馆服务和其他体育服务。《深圳市全民健身实施计划（2016—2020年）》明确"通过政府购买服务和委托承办等方式将适合由体育类社会组织提供的公共服务和解决的事项交由其承担"。如前述的深圳市第十届运动会，若干体育类社会组织负责承办了一系列单项体育运动赛事。每年的全民健身日前后，深圳市及各区政府及相关部门都会开展形式多样的全民健身活动，其中的参与者、承办者中，各种体育类社会组织占了相当高的比例。

在深圳，体育类社会组织承接社区的各类体育健身活动具有独特优势，这就是深圳市从2015年开始实施的"民生微实事"项目。该项目按照每个社区每年200万元投入，可以开展工程类、货物类、服务类三种类型的项目。"民生微实事"项目聚焦社区居民关心的小事、急事、难事，采取政府购买服务的方式予以快速推进和解决。在服务类项目中，立项的有相当一部分是社区居民喜闻乐见的体育类项目，如瑜伽课程、羽毛球课程、八段锦课程、组织社区运动会等，这为体育类社会组织在社区"小试牛刀"并形成自己的影响力提供了极大的便利。

（四）全面开展等级评估，实现以评促建

推动社会组织参与等级评估是推动了深圳社会组织从"量"的增长到"质"的提高的重要举措，体育类社会组织的发展亦然。《深圳市全民健身实施计划（2016—2020年）》中明确要求出台"体育类社团评估等方面的管理办法，引导体育类社会组织良性竞争，促进其加强自身建设、规范发展、自力更生"。为了引导体育类社会组织积极参与等级评估，深圳市及各区积极推动社会组织等级评估结果的运用。有的区积极支持社会组织参与等级评估，并且直接给予扶持资金。如《罗湖区社会组织激励扶持办法》对获评3A级、4A级、5A级的社会组织，次年可给予2万元、4万元、5万元

扶持。有的区在公益创投中予以优先扶持，如《龙华区扶持公益创投项目专项经费管理办法》规定，在同等条件下，经民政部门评估获得 3A 级及以上等级的社会组织可优先获得资助。有的区则给予安居房补租配租，如南山区规定 3A 级及以上的社会组织在申请南山区人才安居房补租配租、在承接政府职能转移和购买服务时可获得不同程度加分。

根据深圳市民政局提供的数据，截至 2023 年 3 月 31 日，体育类社会组织等级评估结果仍然在有效期的共 23 家，其中 5A 级 1 家，4A 级 4 家，3A 级 16 家，1A 级 2 家。

四 发展存在的问题及未来发展展望

随着人们体育运动需求不断增加，体育类社会组织的发展是大势所趋。但对比国内外体育类社会组织发展的实践和经验可以发现，深圳体育类社会组织的发展还存在一定的差距，必须对标先进，不断创新发展。

（一）体育类社会组织的发展缺乏顶层设计，必须从更高层次统筹推进体育类社会组织的高质量发展

比较分析发现，深圳体育类社会组织的发展虽然优于全国平均水平，但与上海相比，还有较大差距。不仅如此，上海市在 2022 年初公布了《上海市体育类社会组织发展"十四五"规划》，系统谋划了"十四五"期间上海推动体育类社会组织发展的目标、任务，并重点部署了八项工程。与之形成鲜明对比的是，深圳对体育类社会组织发展的整体部署明显不足，对体育类社会组织改革发展的推动力度不够。面对这一突出问题，当前的改革举措有限，深圳应该积极向兄弟城市学习，面对全市居民体育热情高涨、体育类社会组织持续发展的现实，坚持以人民为中心、坚持改革创新，适应居民对体育健身、体育活动的需求，将体育类社会组织的发展作为体育强市的重要战略，对体育类社会组织改革发展做出系统的顶层设计，尽快形成政社分开、权责明确、依法自治、专业发展、服务为本、行为规范、竞争有序的体育类

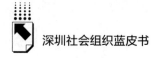

社会组织发展机制，促进体育类社会组织规范化建设、专业能力提升和更大作用的发挥。

（二）正视体育类社会组织结构发展不平衡，需有的放矢促进体育类社会组织繁荣发展

深圳体育类社会团体、体育类民办非企业单位和体育类基金会的发展极不均衡。2021年，在865家登记成立的体育类社会组织中，684家为社会团体，占79.08%；177家为民办非企业单位，占21.46%；基金会只有4家，占0.46%。从国外体育类社会组织的发展来看，以俱乐部为主体的体育类社会组织是促进体育事业发展的重要力量。[①] 而体育基金会是用公益方式促进竞技体育、群众体育发展的有效途径。因此，应该引导体育类民办非企业单位、体育类基金会的发展，通过适当的政策引导，为这两类社会组织的发展创造条件。深圳的经济基础好，经济社会发展的多项指标在全国各城市中都处于领先地位，应该借助这一优势，更好地发展体育基金会，通过引入更多的支持性政策，引导体育类社会组织培育竞技体育人才、广泛开展全民健身活动、弘扬体育文化、推动体育文化研究。

深圳各级体育类社会组织发展不平衡。深圳市级的体育类社会组织占比较高，而区级尤其是街道级、社区级的体育类社会组织占比不是很高。从推动服务下沉的角度来看，应该以更加积极的政策推动街道级、社区级体育类社会组织发展。中共中央办公厅、国务院办公厅联合印发的《关于改革社会组织管理制度促进社会组织健康有序发展的意见》中，将大量培育发展社区社会组织作为改革措施的第一条予以高度重视。民政部出台的《关于大力培育发展社区社会组织的意见》，明确了培育社区社会组织的具体措施、发展方向。深圳市应该更好地结合本地实际，推动体育类社会组织下沉，扎根基层服务。

---

① 李好：《国外体育非营利组织介绍》，载刘国永、裴立新主编《中国体育类社会组织发展报告》，社会科学文献出版社，2016，第343页。

深圳各区之间体育类社会组织发展不平衡。前文分析了深圳市及各区体育类社会组织的数量情况，从发布来看，各区之间的体育类社会组织数量差别较大，与各区的人口分布、经济发展状况不相适应，无法满足群众的体育服务需求。因此，深圳市应该更好地研究平衡各区体育类社会组织发展的政策，使体育类社会组织的发展与各区的区情相协调，与各区的经济社会发展状况、人口分布情况相适应，真正发挥其在提升竞技体育水平、鼓励和推进全民健身运动、促进体育产业发展、弘扬体育理念和文化中的作用。

（三）重视建立健全各部门协同机制，加强对体育类社会组织发展的统一指导

我国对体育类社会组织的管理制度实行登记管理机关负责登记管理、业务主管部门负责业务管理的双重管理模式。从深圳的情况来看，登记管理机关对体育类社会组织视同一般社会组织进行管理，凡是对社会组织采取的管理措施，对体育类社会组织同样适用，如对体育类社会组织开展年报填报工作、抽查、等级评估等。业务主管部门理应对体育类社会组织的业务活动进行指导、监督。但实践中，业务主管部门难以对体育类社会组织实施有效的指导和监督，在个别区，甚至因为业务主管部门的工作人员数量有限而出现无暇顾及体育类社会组织的情况。此外，体育类社会组织的管理还涉及税务、宣传、法律乃至涉外事务等多个维度，目前各相关部门各司其职、难以形成监管的合力。

深圳市应该从全周期管理、系统管理的角度出发，对体育类社会组织管理中涉及的部门及其职责进行全面梳理，建立协同机制和联动机制，并借助数字化平台，强化部门协同和联动，使与体育类社会组织相关的信息能够及时在各部门之间共享。同时，针对目前的管理现状，应加快推动体育总会改革，厘清体育总会的功能，通过体育总会这一枢纽型社会组织，加强对各级各类体育类社会组织的业务指导和规范管理。

（四）加强专业化建设，促进体育类社会组织的专业化发展

体育类社会组织的专业化主要体现在两个方面：一是作为社会组织，按

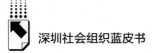

照社会组织规范建设的要求，实现自身的专业化发展；二是作为体育类组织，各项业务活动应该具有体育活动或体育项目应有的专业化水平。但深圳体育类社会组织在这两方面的能力都明显不足，表现在内部治理结构不完善、专职工作人员数量少、筹资能力弱、专业的体育人才欠缺等方面。

专业化发展是体育类社会组织未来发展的方向，深圳市应该着力研究如何提升体育类社会组织的专业化水平。一方面，要研究如何提升体育类社会组织的从业人员在社会组织管理方面的水平。对存量的体育类社会组织从业人员，登记管理机关应该统筹各相关部门，做好培训与赋能，提升现有工作人员开展社会组织管理工作的能力和水平。同时要注重对社会组织专业人才的引进，从全国吸纳优秀的体育类社会组织从业人员进入深圳参与体育类社会组织建设，提升体育类社会组织管理水平。另一方面，为增强体育类社会组织在体育方面的专业能力，业务主管部门应该统筹做好相关工作，从运动员、教练员、裁判员、社会体育指导员等多方面入手，全力提升专业技能水平。

（五）总结疫情期间体育类社会组织的生存与发展经验，综合提升应对各种风险挑战、参与社会治理的能力

新冠疫情期间，体育类社会组织的发展面临着前所未有的挑战，虽然一些体育类社会组织因此陷入了发展的困境，甚至长时间无法开展活动，遑论实现转型，但也有相当一部分体育类社会组织逆势而为，积极做出调整，落实政府的各项防疫政策，引导会员或社区居民在符合防疫要求的前提下开展各类体育健身活动，取得了较好的成效，并提升了自己的公信力。近年来党中央就防范化解重大风险做出了若干部署，深圳应该重视体育类社会组织在防范化解重大风险中的作用，及时总结体育类社会组织在此次疫情防控中的应对经验，在实践中不断增强体育类社会组织应急处突能力和参与社会治理的能力。

2021~2022年深圳生态环境类
社会组织发展报告

易媛媛*

摘　要： 近年来，深圳市生态环境类社会组织呈现稳步发展状态，数量基本稳定，质量显著提升，主要体现在公众环境教育、生物多样性保护、应对气候变化、海洋中心城市建设等领域的贡献，社区环保模式新、示范性强、国际化水平不断提高等特点。本报告重点选取深圳市红树林湿地保护基金会为案例，分析了其保持专业度、组织平台化、探索国际化的发展经验。最后，本报告提出了海洋生态保护、双碳产业化两大领域和人才培养、激发创新、提升国际化水平三大方面的政策建议。

关键词： 社会组织　生态环境　双碳　生物多样性保护

党的二十大报告提出，中国式现代化是人与自然和谐共生的现代化。2018~2022年，我国"生态环境保护发生了历史性、转折性、全局性变化，我们的祖国天更蓝、山更绿、水更清"。① 在深圳，有一批蓬勃发展的生态环境类社会组织，在促进河流海洋等生态环境保护、应对气候变化、增强公众生态环保意识、监督政府及企业环境责任等方面做出了卓越贡献，助

＊ 易媛媛，深圳国际公益学院分析师，政治学硕士，研究方向为社会组织、政社关系。
① 《高举中国特色社会主义伟大旗帜为全面建设社会主义现代化国家而团结奋斗——在中国共产党第二十次全国代表大会上的报告》，http://www.gov.cn/xinwen/2022-10/25/content_5721685.htm。

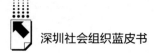

力深圳形成了政府部门主导、社会组织和个人共同参与的生态文明建设格局。本报告将对 2021~2022 年深圳市生态环境类社会组织的发展情况进行分析。

一 社会组织参与生态环境工作的功能和政策支持

（一）功能

生态环境类社会组织是指以生态环境保护为主旨、不以营利为目的、不具有行政权力，并为社会提供生态环境公益性服务的机构。作为政府和市场之间的第三类组织形态，社会组织在参与生态环境保护和治理工作上具有一定的优势。其主要功能具体表现在以下方面。

1. 协同政府提供社会服务

作为社会服务供给主体的政府，其最大优势在于社会服务的标准化和普惠化，实现纵向到底和横向到边的全覆盖；而政府在人力或财政资源有限的情况下，难以提供精准化和差异化的服务，社会组织与政府的协同创新应运而生。在生态环境领域，有的社会组织通过提供专业的环境监测技术和标准，为政府和公众全方位展现区域环境质量图景；有的社区社会组织，协助基层党组织推动社区环境建设，这些都是社会组织在协同政府提供社会服务。

2. 协同企业履行社会责任

在市场经济中，部分企业出于逐利需求而忽视其生产经营活动对环境造成的损害，例如污水排放影响市民饮水安全、过高的碳排放加剧气候变暖等。对此，社会组织可以通过一系列行动，协同企业履行社会责任。例如对企业进行 ESG（环境、社会、治理）评级，从需求端敦促企业积极履行社会责任；协助政府打造碳交易平台，通过制度安排使碳排放活动进行交易；等等。

3. 凝聚生态文明建设的社会共识

区别于传统自然资本、经济资本和人力资本，社会资本是一种人际网络和人际支持。社会组织为社会资本的培育提供平台，既有利于解决基层矛盾，也有利于激发公众参与、提升社会归属感，进而达成对某一议题的社会共识。大部分的生态环境组织主要从事生态环境教育工作，通过自然教育课程、活动的形式为公众参与生态环境保护提供平台，继而凝聚起生态文明建设的社会共识。

（二）政策支持

2018年，为全面贯彻落实习近平生态文明思想，国务院进行机构改革，将环保部与国土资源部等部门的职责整合组建生态环境部①，与之相对应的生态环境类社会组织较之传统意义上的环境保护组织，其内涵和范围更为广阔。② 2019年，党的十九大报告提出，要"着力解决突出环境问题"，"构建政府为主导、企业为主体、社会组织和公众共同参与的环境治理体系"，并提出社会组织主要履行民主协商、社区治理、环境治理、政治功能、发展党员的五大职能，环境治理是其中重要职能之一。2021年，国务院办公厅发布《关于鼓励和支持社会资本参与生态环境修复的意见》，提出鼓励公益组织、个人等与政府及其部门合作，参与生态环境保护与修复，共同建设生态文明。

在新时代新使命背景下，深圳紧抓"双区"建设的战略机遇，③坚持"生态立市"，持续高位推进生态文明示范市创建工作，先后出台了《中共深

---

① 2018年3月，国务院机构调整，通过整合环境保护部、国家发展和改革委员会、国土资源部、水利部、农业部、国家海洋局、国务院南水北调工程建设委员会办公室担负的多项职责，组建生态环境部。

② 如南山区景观营造学会、深圳市生态经济促进会等也被归为生态环境类社会组织。

③ 2019年2月发布的《粤港澳大湾区发展规划纲要》提出"支持深圳建设全球海洋中心城市"；随后8月发布的《中共中央 国务院关于支持深圳建设中国特色社会主义先行示范区的意见》明确了深圳"可持续发展先锋"的战略定位，赋予深圳"率先打造人与自然和谐共生的美丽中国典范"的重大历史使命。

圳市委 深圳市人民政府关于推进生态文明建设美丽深圳的决定》《深圳市国家生态文明建设示范市规划（2020—2025 年）》《深圳率先打造美丽中国典范规划纲要（2020—2035 年）》《深圳市率先打造美丽中国典范行动方案（2020—2035 年）》《深圳经济特区生态环境保护条例》等系列政策法规，系统谋划了未来 15 年在全国率先打造美丽中国典范的总体部署，提出到 21 世纪中叶，力争实现碳中和，城市生态环境治理范式全球领先，成为竞争力、创新力、影响力卓著的全球生态环境标杆城市。推动全球生态环境组织、行业协会、研究机构等来深落户，打造国际生态环境研究合作平台集聚区。

在社会组织建设方面，"十三五"期间，深圳市政府不断优化社会组织管理和政策服务体系，坚持"培育和监管并重"，为全市社会组织参与社会治理提供制度保障、明确实施路径；同时鼓励支持深圳社会组织"走出去"，开展国际交流；整体上优化了社会组织发展环境，促进深圳社会组织高质量发展，形成了良好的政社关系。[1] 社会组织逐渐从单纯的社会服务领域扩展到城市综合治理与建设，在居民自治、城市规划、反映社情民意、民主监督等领域积极配合政府，参与社会治理，政社协同不断深化。[2] 生态环境类社会组织既见证也参与了这一进程。

二　深圳市生态环境类社会组织基本情况

（一）社会组织管理部门的数据分析

本报告使用深圳市社会组织管理局的数据（包括登记数据和年报数据）进行分析。登记数据来源于社会组织管理局登记管理处的月度、季度、年度报告，最新数据更新至 2023 年第一季度。年报数据是每年年末社会组织自

---

① 深圳市社会组织管理局、宏略智博（深圳）经济咨询有限公司主编《深圳社会组织发展报告（2020~2021）》，社会科学文献出版社，2022。

② 陆士桢、刘庆帅：《社会组织与青年公益人才发展趋势研究——基于深圳、广州的实地调研》，《中国青年社会科学》2018 年第 1 期。

愿提交的组织年度发展情况报告，截至 2023 年 5 月，2022 年的年报数据尚在收集整理中，因此年报数据为 2021 年的数据。

1. 深圳市生态环境类社会组织数量分析

深圳市社会组织登记数据显示，截至 2023 年 3 月 31 日，深圳按生态环境类别登记的社会组织共有 75 家，其中社会团体 36 家，民办非企业单位31 家，基金会 8 家，占社会事业类社会组织总数的 1.52%。[①] 历时数据显示，2018 年以后，深圳的生态环境类社会组织迈入稳步发展阶段，体现为数量增长趋缓：社会团体稳定在 35 家左右，民办非企业单位稳定在 32 家左右，基金会则稳定在 8 家（见图 1）。

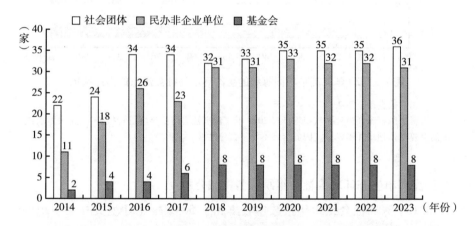

图 1 2014~2023 年深圳市生态环境类社会组织登记数量变化

说明：2023 年数据截至 3 月 31 日。

资料来源：2014~2022 年的数据来源于深圳市社会组织管理局历年的年度统计报告，2023 年的数据来源于《深圳社会组织季度统计报告（2023 年第一季度）》。

2. 深圳市生态环境类社会组织的发展质量分析

社会组织等级评估是衡量社会组织发展水平的重要指标之一。根据深圳市社会组织登记数据，截至 2023 年 3 月 31 日，深圳市有效评估等级社会组织 682 家，在教育、卫生、文化、体育、生态环境五类社会事业类社会组织

---

① 数据来源于深圳市社会组织管理局《深圳社会组织季度统计报告（2023 年第一季度）》。

中，生态环境类社会组织获评 5A 级的占比和 4A 级的占比高于其他类别，获评 2A 级的和 1A 级的均为 0（见图 2），反映出深圳生态环境类社会组织的高质量发展。①

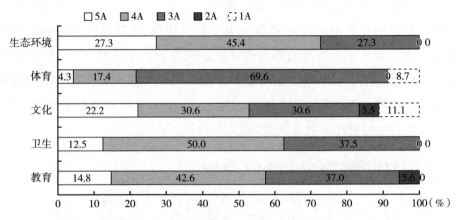

图 2　2023 年深圳市不同等级的生态环境类社会组织的占比情况

说明：数据截至 2023 年 3 月 31 日。

资料来源：深圳市社会组织管理局 2021 年《深圳社会组织年度统计报告》。部分社会组织的主要工作领域并不唯一，因此合计不等于百分之百。

3. 深圳市生态环境类社会组织服务领域分析

2021 年深圳社会组织年报数据收集到了 58 家生态环境类社会组织的信息，包括 25 家社会团体、25 家民办非企业单位、8 家基金会，根据其业务描述、项目开展情况以及互联网公开可查询资料，本报告将深圳市生态环境类社会组织的业务范围分为生态环境教育、气候能源、生物多样性保护、垃圾分类、绿色经济发展、景观营造和行业研究等领域。其中，绝大部分的生态环境类社会组织主要从事生态环境教育、气候能源、生物多样性保护和垃圾分类方面的工作（见图 3）。

4. 深圳市生态环境类社会组织的人力情况分析

2021 年根据深圳社会组织年报数据，深圳市生态环境类社会组织中，党

---

① 数据来源于深圳市社会组织管理局《深圳社会组织季度统计报告（2023 年第一季度）》。

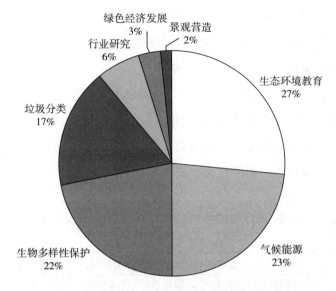

图3 2021年生态环境类社会组织服务领域情况

资料来源：深圳市社会组织管理局《深圳社会组织年度统计报告》（2021年），部分社会组织的主要工作领域并不唯一，因此不排除部分机构为应付年报数据统计而选择统一填写0的可能性。

员比例达到28.2%，本科及以上学历人数占比高达65.8%。其中，8家基金会中拥有博士学历人数6人，硕士学历人数41人；25家社会团体中，38人有专业技术资格（见表1）。整体而言，从业人员政治素质和教育水平相对较高。

表1 2021年深圳市生态环境类社会组织人员数量统计

单位：人

机构类型	全体工作人员	专职工作人员	党员	博士学历	硕士学历	本科学历	专业技术人员	志愿者数量
社会团体（25家）	253	135	68		143		0	13943
民办非企业单位（25家）	150	67	27		94		38	0
基金会（8家）	94	94	34	6	41	43	0	923

注：此处党员和不同学历人数统计基于全体工作人员而非专职工作人员。

此外，有资格招募志愿者的社会团体和基金会，共有 14866 名志愿者，其中 25 家社会团体有 13943 名志愿者，8 家基金会共有 923 名志愿者。

5. 深圳市生态环境类社会组织的财务状况分析

同样根据 2021 年深圳社会组织年报数据对 58 家生态环境类社会组织 2021 年现金流状况进行分析发现，并不是所有的机构都有收入来源，整体而言，社会团体主要依靠提供服务获得收入，民办非企业单位主要依靠捐赠和提供服务获得收入，而基金会主要依靠捐赠获得收入（见表 2）。

表 2　2021 年深圳市生态环境类社会组织收入统计

单位：万元，家

	捐赠	会费	提供服务	商品销售	政府补助	其他
社会团体	293(5)	110(9)	843(13)	20(3)	87(4)	353(17)
民办非企业单位	1342(5)	0	1097(12)	68(3)	6(5)	1182(22)
基金会	10500(5)	0	1515(4)	144(1)	48(1)	888(8)

注：括号内为有此项收入的社会组织数量，如"295（5）"表示有 5 家社会团体获得了捐赠收入，共计 293 万元。民办非企业单位和基金会没有会员，不允许收会费，因此会费收入为"0 元"。

在支出项中，不同类别的社会组织的员工工资支出差异非常大，结合表 1 中社会组织全职员工数量和表 3 中的支出统计，可以得出深圳市 5 家生态环境类基金会的平均员工工资支出高达 25 万元/人，15 家社会团体的平均员工工资支出为 3.34 万元/人，16 家民办非企业单位的平均员工工资支出约为 4 万元/人。[①] 与此同时，年报数据显示，5 家社会团队 2021 年的现金流净额为 0,[②] 8 家社会团体、14 家民办非企业单位 2021 年的现金流净额为负，最多的机构负额达到 91 万。[③] 由 2021 年的生态环境类社会组织现金流情况可见该年度的社会组织整体收入并不理想，背后原因可能是受到疫情

①　如表 1 所示，社会团体和民办非企业单位中只有约一半的工作人员为全职工作人员，而此处的员工工资支出不对全职和非全职人员做区分，因此导致社会组织平均员工支出较低。

②　不排除部分机构为应付年报数据统计而选择统一填为 0 的可能性。

③　分析社会组织的财务可持续状况需要结合资产负债情况和业务活动情况进行，为便利起见，本报告仅对 2021 年深圳市生态环境类社会组织的现金流情况进行了分析。

影响，导致生态环境类社会组织的活动和服务规模大大缩小，进而导致的收入减少。

表3　2021年深圳市生态环境类社会组织支出统计

单位：万元，家

	捐赠/资助	员工工资	购买商品/服务	其他
社会团体	200（2）	565（15）	200（13）	426（20）
民办非企业单位	12（3）	482（16）	877（13）	804（23）
基金会	3264（6）	2351（5）	4081（3）	3520（8）

注：括号内为有此项支出的社会组织数量，如"200（2）"表示有2家社会团体有捐赠/资助行为，资金共计200万元。

（二）全国范围内数据比较分析

生态环境是一个交叉领域，有一些社会组织从事生态环境工作但在深圳市社会组织管理局登记为其他领域的组织，如深圳市生态经济促进会登记为了经济类组织；此外，在深圳市社会组织管理局登记之外，还有一些驻地在深圳、登记注册在民政部的生态环境类社会组织，如万科公益基金会等。因此，为进一步了解深圳市生态环境类社会组织的发展情况，本报告另外参考了《2022中国环保公益组织现状调研报告》，该报告使用"环保公益组织"的概念，通过调研全国的枢纽型环保组织形成了一份总计16252家的环保公益组织基础名录，并通过调研收集到了2482家环保公益组织的相关信息。笔者对这2482家环保公益组织进行了地域横向对比（见图4）。调研数据显示，深圳的环保公益组织较之广州有数量上的明显优势，但和北京、上海相比则远远落后。在这82家环保组织中，有18家注册为公司，另外64家注册为非营利性社会组织（见图5）。由此可以看出，由于种种原因，在深圳生态环境保护与服务领域，有较多的公益类组织以公司的形式运行。这样一种新状况意味着哪些积极或不利的影响则值得进一步研究和探索。

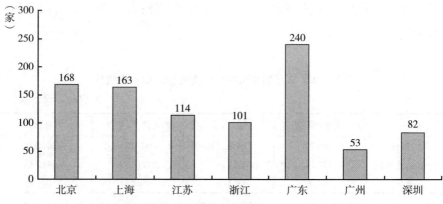

图4 东部地区部分省份/城市的环保公益组织数量

资料来源：笔者根据北京市企业家环保基金会、万科公益基金会、明善道主编的《2022中国环保公益组织现状调研报告》整理而得，2022年12月，https：//mp. weixin. qq. com/s/pioD7b-DTqtbU9xVbAjHxw。

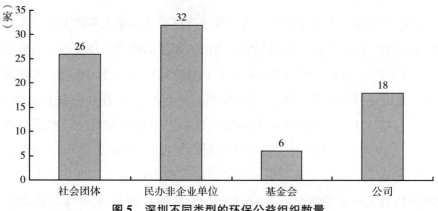

图5 深圳不同类型的环保公益组织数量

资料来源：笔者根据北京市企业家环保基金会、万科公益基金会、明善道主编的《2022中国环保公益组织现状调研报告》整理而得，2022年12月，https：//mp. weixin. qq. com/s/pioD7b-DTqtbU9xVbAjHxw。

三 深圳社会组织参与生态环境保护工作的主要领域及特色

通过横向对比其他省份和超大型城市的生态环境类社会组织，本报告总结概括了深圳生态环境类社会组织在公众环境教育、应对气候变化、保护生物多样性、海洋中心城市建设四个领域的积极贡献。同时，深圳市社会组织参与生态环境保护工作呈现社区环保模式新、示范性强和国际化水平不断提升两大特色。

（一）四大领域积极贡献

1. 公众环境教育

有研究表明，和全国其他地区相比，华南地区的环保公益组织将公众环境教育列为首选方向的比例更高，占比高达58%。[①] 华南地区由于得天独厚的自然条件，拥有更丰富的自然环境资源，因此更便于开展面向公众的环境教育。

在深圳市规划和自然资源局、深圳市生态环境局、深圳市城市管理和综合执法局等主管单位的主动规划引领下，深圳市生态环境类社会组织主要以以下三种形式参与到公众环境教育工作之中。

（1）运营自然教育设施

深圳市城市管理和综合执法局主管的自然教育中心建设和深圳市生态环境局主管的环境教育基地和自然学校建设都为社会组织提供了合作共治的机会。截至2023年3月31日，深圳市已有30多家自然教育中心、20多家自然学校和36个环境教育基地，这些公众教育设施中有许多交由社会组织负责日常运营，例如深圳湾公园自然教育中心由深圳市红树林湿地保护基金会（以下简称"红树林基金会"）运营。通过运营自然教育中心、自然学校和环境教育基地，深圳市生态环境类社会组织通过制度化的形式参与到公众环境教育之中，为深圳市民提供了丰富多样的自然教育产品和服务

（2）参与自然教育项目的购买服务

除了直接运营环境教育基地、自然教育中心等硬件设施，深圳生态环境

[①] 北京市企业家环保基金会、万科公益基金会、明善道主编《2022 中国环保公益组织现状调研报告》，https：//mp. weixin. qq. com/s/pioD7b-DTqtbU9xVbAjHxw，2022 年 12 月。

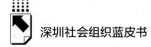

类社会组织还通过政府购买服务的方式参与公众环境教育工作，例如红树林基金会承办植树节活动、野生动植物保护协会承办世界野生动物保护日活动等。此外，有一些环境教育设施由事业单位运营，但它们通过购买服务的形式将项目委托给生态环境类社会组织。

（3）提供自然教育产品和服务

2017年，深圳市生态环境局牵头成立了深圳市绿色生态公益组织联盟，20余家深圳自然教育机构加入；2020年，深圳市规划和自然资源局牵头成立了深圳市山海连城自然教育联盟，目前已包含了130余家成员单位，30%以上都是生态环境类社会组织。

这些生态环境领域的联盟为生态环境类社会组织提供了诸多展示自己的平台和机会，诸如"山海连城 自然深圳"生活节、大师课、嘉年华等大型活动的开展，发挥了自然教育的集群效应，既提升了生态环境类社会组织产品与服务的曝光度，也促进了生态环境类社会组织之间的合作交流，共同营造了深圳公众环境教育的良好生态，还为生态环境类社会组织发展提供了沃土。

2. 应对气候变化

2020年9月22日，国家主席习近平在联合国大会上提出中国"力争2030年前实现碳达峰、2060年前实现碳中和"的"双碳"气候承诺，"双碳"目标被正式纳入国家议程。

作为社会治理重要主体的社会组织，在通过提供技术解决方案、制定行业标准、开展行业研究、进行政策和公众倡导、募集社会资金、推动国际合作等方式推动"双碳"目标实现上发挥着重要作用。

深圳市盐田生态环保基金会打造盐田区生态文明碳币服务平台，将市民的节能减碳行为进行量化，按减碳量用政府补贴、商业激励等方式进行低碳激励，成为盐田区推动打造全国碳普惠平台典范的重要缩影，以创新手段助力深圳市碳普惠体系建设。[①]

---

① 《"盐田碳币"平台——打造全国碳普惠平台典范》，深圳新闻网，https：//www. sznews. com/zhuanti/content/2021-12/17/content_ 24878429. htm，最后访问日期：2021年12月17日。

深圳市绿色低碳科技促进会致力于从行业协会端制定相关标准、推动双碳战略的产学研融合、促进能源转型和低碳技术的落地，① 从产业端推动绿色产业升级。

深圳市绿色金融协会在深圳市地方金融监督管理局的指导下，致力于绿色金融领域的标准研发、平台建设、理念倡导和服务体系创新，助力深圳构建绿色金融体系，② 从资金端参与"双碳"目标实现和可持续发展。

深圳市绿果果低碳环保志愿服务协会拥有全职工作人员 30 人、志愿者1370 人，③ 立足社区开展低碳社区花园建设、社区低碳宣讲活动、社区垃圾分类活动等，引领深圳市民的环保意识和环保行动。

万科公益基金会在民政部注册，在其总部盐田区大梅沙社区打造"零碳样本"：通过能源升级改造、动植物有机循环生物科技建设等技术手段，以科技与人文相结合的方式打造"生物圈三号——大梅沙万科中心碳中和实验园区"，成为践行"双碳"的国际案例。④ 在万科公益基金会的资助下成立的深圳市大道应对气候变化促进中心，致力于支持中国企业家成为应对气候变化的行动引领者，召集主办国际气候峰会、开设企业双碳通识课、培养中国青年积极、专业地参与国际气候议题讨论，取得了显著的品牌效应。

2022 年 10 月，深圳市生态环境局、深圳市发展和改革委员会联合印发《深圳市应对气候变化"十四五"规划》，指出要全面深化各类低碳试点示范，探索具有深圳特色的"近零碳"建设路径，形成一系列集成绿色低碳技术和智慧化管理的新模式、新场景，并鼓励充分发挥各类社会主体的功能和作用，为深圳社会组织参与生态环境保护提供了新的机遇和挑战。

3. 生物多样性保护

2021 年 10 月 11 日，《生物多样性公约》缔约方大会第十五次会议在中

---

① 参见深圳市绿色低碳科技促进会，http：//www.jxcompressor.com/jishuyuchanpin.asp。
② 何杰：《可持续金融的内涵和深圳的实践》，《北大金融评论》2020 年第 5 期，https：//hfri.phbs.pku.edu.cn/2020/Fifth_ 1029/1173.html，最后访问日期：2023 年 4 月 19 日。
③ 数据来源于深圳市社会组织管理局 2021 年《深圳社会组织年度统计报告》。
④ 《万科公益基金会：创新推动，共建美好生活"零碳样本"》，https：//news.sina.com.cn/sx/2022-09-28/detail-imqqsmrp0768463.shtml，最后访问日期：2023 年 4 月 19 日。

国昆明举行，国家主席习近平出席会议，发出"共同构建地球生命共同体"的倡议，并通过捐助资金、建立国家公园、建立绿色低碳循环经济体系等举措切实推动生物多样性保护。深圳市社会组织也长期持续行动在深圳乃至全国的生物多样性保护一线。

红树林基金会践行社会化参与的自然保育模式，打造生态系统保护（深圳湾乃至全国红树林）和物种保护（勺嘴鹬）领域的标杆性项目，创新社会化参与模式，①并通过举办在《湿地公约》第十四届缔约方大会上举办首场边会积极推动国际合作，是公募基金会保护生物多样性行动的典范。

深圳市一个地球自然基金会和世界自然基金会（WWF）达成战略合作，在长江江豚、大熊猫、大象、雪豹、东北虎、候鸟等物种保护上积极行动，运用科技手段搭建物种数字监测网络，并通过公民科学家等行动提升公众保护生物多样性的意识和能力。②

深圳市华基金生态环保基金会传承华侨城集团"生态环保大于天"的理念，作为世界自然保护联盟（IUCN）的会员，通过自然教育项目、零废弃项目、华·生态讲堂、华·绿色论坛等品牌项目推动生物多样性保护工作。③

深圳市桃花源生态保护基金会聚焦自然保护地的保护，创新保护模式，通过国家托管—商业机构捐赠—社会组织运营的模式实现了对四川老河沟保护地、八月林保护地、浙江衢州江山雪岭等六块公益保护地的守护。④

深圳市守望自然野生生物多样性保护发展研究中心致力于拯救濒危物种、保护野生动物的自然栖息地，并和非洲野生动物保护的政府部门和民间组织保持密切联系与合作，对外展现中国在生物多样性保护领域的先进理念

① 《红树林基金会 2021 年年度报告》，http：//www. mcf. org. cn/download. php？CateId＝2，最后访问日期：2023 年 4 月 19 日。
② 《深圳市一个地球自然基金会 2021 年年度报告》，https：//www. wwf-opf. org. cn/information/annual-report，最后访问日期：2023 年 4 月 19 日。
③ 深圳市华基金生态环保基金会，https：//www. oct-huafoundation. org. cn/aboutus，最后访问日期：2023 年 4 月 19 日。
④ 《桃花源基金会 2020 年年度报告》，http：//www. pfi. org. cn/2021/，最后访问日期：2023 年 4 月 19 日。

和方法。

此外，还有观鸟协会、猫网爱护动物志愿者协会、野生动植物保护协会等生态环境类社会组织活跃在生物多样性保护的一线，和深圳市民共同为深圳的生态环境贡献力量。

4. 海洋中心城市建设

2017 年发布的《全国海洋经济发展"十三五"规划》和 2019 年的《粤港澳大湾区发展规划纲要》都提到支持深圳建设"全球海洋中心城市"，深圳从城市战略、海洋经济、海洋科技、海洋生态与文化、海洋综合管理、全球海洋治理等领域发力，夯实海洋事业的四梁八柱。[①]

深圳全球海洋中心城市建设促进会于 2021 年 3 月成立，围绕海洋事业组建了九大专业领域会员小组群，通过举办海洋环保系列公益活动、承办深圳"海洋周"活动、探索通过设立海洋公益基金、开办海洋讲堂等积极推动海洋生态保护。

深圳市蓝色海洋环境保护协会是国内首家以海洋环保为主题的非营利性社会团体，自 2005 年成立以来在海洋清洁、海洋生物多样性、海洋环保科普教育等方面开发了多个品牌项目，成为国内较具影响力的海洋环保公益组织之一。

深圳市大鹏新区珊瑚保育志愿联合会又称"潜爱大鹏"，开创了海底作业、社区互动的海洋公益保护模式，撬动了大量社会资源和社会力量在大鹏新区持续开展珊瑚保育工作和普及海洋生态知识与珊瑚保育理念活动。

海洋生态保护是深圳建设全球海洋中心城市的重要基础。有研究指出，中国在海洋生态系统和生物多样性保护上存在一些不足，[②] 未来，深圳市社会组织可以在全球海洋中心城市建设的战略目标驱动下更多地投入到海洋生态保护工作中来。

[①] 《深圳大力推进全球海洋中心城市建设》，《深圳特区报》2020 年 9 月 22 日，http://www.sz.gov.cn/cn/xxgk/zfxxgj/zwdt/content/post_ 8126236. html。

[②] 魏辅文、平晓鸽、胡义波、聂永刚、曾岩、黄广平：《中国生物多样性保护取得的主要成绩、面临的挑战与对策建议》，《中国科学院院刊》2021 年第 4 期。

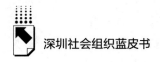
（二）两大特色

1. 社区环保模式新、示范性强

社区是基层社会治理的"最后一公里"，也是检验和动员生态环境保护力量的重要场域。深圳市社会组织不断探索创新，形成了"蒲公英计划"、"近零碳社区"和"社区共建花园"等一批模式新、示范性强的社区环保项目。

2018 年深圳在全国首创了垃圾分类公众教育"蒲公英计划"。龙华区零废弃促进会、罗湖区小水滴环境保护中心等社会组织积极参与，形成了社区、社工、社群"三社互动"的模式。截至 2022 年，深圳已经搭建起了一整套垃圾分类公众教育体系，实现了垃圾分类公众教育体系化、规模化、常态化、智慧化，并与四川等省份的 9 个地市结成对子，让垃圾分类的"深圳经验"在全国各地推广落地。①

2021 年 11 月深圳印发《深圳市近零碳排放区试点建设实施方案》，在此背景下，大梅沙社区等 3 个社区入选首批近零碳排放社区试点项目，万科公益基金会等社会组织参与具体实施运营，在自然资源、垃圾分类、资源有机循环、碳普惠及零碳社区研究等方面优势明显，取得了良好的社会效应。②

截至 2022 年 5 月，深圳各区共建成共建花园 240 个，"美丽家园，你我共建"共建花园模式逐渐成为深圳社区环境治理的新模式。③ 大自然保护协会（TNC）、深圳市绿色基金会、蛇口社区基金会等社会组织参与其中，为社区花园提供海绵城市、生境花园等自然解决方案，推动社区、设计师以及

---

① 《深圳"蒲公英计划"：垃圾分类的传播机和助推器》，《中国建设报》2022 年 3 月 15 日，http://cgj.sz.gov.cn/zjcg/zh/content/post_ 9619688. html。
② 李晓旭：《"近零碳社区"怎样达成？深圳大梅沙社区走出进阶之路，《羊城晚报》2022 年 9 月 24 日，https：//k. sina. com. cn/article_ 2131593523_ 7f0d8933020018m6q. html。
③ 《深圳共建花园 开创城市环境治理新模式》，深圳新闻网，https：//www. sznews. com/news/content/2022-05/27/content_ 25154885. htm，最后访问日期：2023 年 4 月 19 日。

更多公众参与到城市生态保护中。①

2.国际化水平不断提升

2021年发布的《深圳市国民经济和社会发展第十四个五年规划和二〇三五年远景目标纲要》中提出，深圳要建设可持续发展国际先进城市，为落实联合国2030年可持续发展议程提供中国经验。② 深圳生态环境类社会组织在推动国际交流、制定国际标准、培养国际人才、举办国际会议、推动成立国际组织等方面发挥了重要作用。

深圳市绿色金融协会成立一年多来，通过开展绿色金融研究、主办大湾区绿色和可持续金融峰会等形式积极推动深港绿色金融合作、粤港澳绿色金融合作，并进一步对接国际绿色金融标准。

红树林基金会与俄罗斯、缅甸等国就勺嘴鹬栖息地保护开展项目合作与研究，承办《生物多样性公约》COP 15平行论坛、《湿地公约》COP 14日内瓦边会，并推动成立国际组织全球红树林研究中心总部落户深圳。红树林基金会逐渐成为具有国际影响力的红树林保护机构。

深圳市大道气候变化促进中心在全球范围内开展应对气候变化的行动，在联合国气候变化大会主办中国企业馆系列边会、举办"零碳使命国际气候峰会"、培养国际气候人才，在国际舞台上发出中国应对气候变化的最强音。

未来深圳将进一步推动一批国际组织总部落地深圳、参与或主导制定一批国际标准，深圳市社会组织在应对气候变化和生物多样性保护等全球议题上将发挥越来越大的作用。

---

① 《TNC深圳项目 企鹅花园诞生记：从生境花园到亲自然城市》，大自然保护协会，2021-04-23，https://www.163.com/dy/article/G89M2I5O0514F74Q.html，最后访问日期：2023年4月19日。

② 具体目标包括：完善绿色金融政策体系，打造全球可持续金融中心；加快国际低碳城建设，办好国际低碳城论坛，推动联合国开发计划署全球政策中心等国际可持续发展机构落地；深化"无废城市"建设，打造节水典范城市；推进大气环境质量达到国际先进水平；打造形式多样的绿化生态景观，建设世界著名花城。参见《深圳市国民经济和社会发展第十四个五年规划和二〇三五年远景目标纲要》，深圳市人民政府网站，http://www.sz.gov.cn/cn/xxgk/zfxxgj/ghjh/content/post_8854038.html，最后访问日期：2023年4月19日。

四 深圳市生态环境类社会组织参与生态环境保护的个案分析

不同于其他社会议题，生态环境保护是一个领域众多、层次丰富、利益方多的议题，不同类型的社会组织参与生态环境保护的方向和方式也大不相同，工作模式和重点也各具特色。本报告以红树林基金会为例，通过剖析其发展壮大的经验，以窥深圳市社会组织对生态环境保护工作的贡献。

红树林基金会成立于2012年，是中国首家由民间发起的环保公募基金会，致力于保护湿地及其生物多样性。成立十多年来，在深圳市各级政府和相关部门的支持下，红树林基金会立足深圳、面向全国、迈向世界，走出了一条专业化、平台化、国际化的道路。2021年被深圳市社会组织管理局授予社会组织交流服务展示点（生态环保领域唯一示范点），2022年被深圳市生态环境局评为深圳市最美生态环保组织，2022年在市级社会组织等级评估中获评5A级社会组织。分析其发展历程，可以总结出以下三个方面的经验。

（一）保持专业度

红树林基金会的愿景是"人与湿地，生生不息"，其使命包括湿地管理、湿地教育、推动更多空缺地成为保护地。湿地保护背后需要系统的生态与自然保护方法论，红树林基金会拥有专业的管理团队和项目团队，知行合一，为湿地保护提供专业的解决方案。红树林基金会理事长雷光春为《湿地公约》科技委员会主席、北京林业大学生态与自然保护学院教授，秘书长闫保华为美国亚利桑那大学环境学习博士。另一位理事长孙莉莉从企业家转型公益人之后，进行了大量自然保护区有关的专业学习，并对自身和机构成员提出了明确的专业化要求。[1]

---

[1] 《企业家"变身"全职公益人：阿拉善SEE理事孙莉莉登上央视〈社区英雄〉》，阿拉善SEE生态协会，2019-12-5，http://conservation.see.org.cn/news/dynamic/2019/1231/1578.html，最后访问日期：2023年4月19日。

除了专业的管理团队，红树林基金会也打造了一支三大战略品牌项目+湿地教育共 29 人的专业项目团队，包括 1 名博士研究生、16 名硕士研究生、12 名本科生，学历水平远高于生态环境类社会组织平均水平。[①]

基于专业的管理团队和专业的项目团队，红树林基金会创新"基于自然的解决方案"、践行社会化参与的自然保育模式，打造了"守护深圳湾"、"拯救勺嘴鹬"和"重建海上森林"三大战略品牌项目和湿地教育项目等省市级、国家级乃至世界级的示范性项目（具体见表4），产出了一批湿地保护的学术研究成果和保护行动方案（见表5），并参与《中华人民共和国湿地保护法》（草案）的立法进程。

表 4　红树林基金会示范性项目案例

项目名称	示范荣誉	授予/评选机构
拯救勺嘴鹬项目	"生物多样性 100+案例"全球典型案例	联合国《生物多样性公约》缔约方大会第十五次会议
深圳湾红树林湿地修复项目	"基于自然的解决方案典型十大案例"	自然资源部与世界自然保护联盟（IUCN）
重建海上森林湛江项目	首个国际认证交易"蓝碳项目"	自然资源部
"寻找红树之旅"课程	2021 年广东省优秀自然教育课程	广东省林业局
"打绿怪，让自然回归"活动	深圳自然教育优秀活动样板活动	深圳市规划和自然资源局
深圳湾公园自然教育中心观鸟活动	最受欢迎的自然教育活动	深圳市城市管理和综合执法局

资料来源：笔者根据《红树林基金会 2021 年度年报》整理，《红树林基金会 2021 年度年报》见 http://www.mcf.org.cn/download.php? CateId=2，最后访问日期：2023 年 4 月 19 日。

表 5　红树林基金会研究成果和行动方案

研究成果	保护行动方案
《中国红树林湿地保护与恢复战略研究》	《深圳河入海口湿地生态修复项目方案》
《城市公园生态产品总值（GEP）核算报告》（全国首个）	《福田红树林自然保护区 3~4 号基围鱼塘管理计划建议》
《中国湿地教育中心建设指引》和《中国湿地教育中心实践手册》	《条子泥 720 亩高潮位栖息地管理实施细则》和行业标准

---

① 深圳市社会组织管理局 2021 年深圳社会组织年度统计报告。

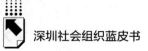

续表

研究成果	保护行动方案
《走进海上森林：自然教育教学活动手册》	《勺嘴鹬保护联盟工作机制》
勺嘴鹬迁徙水鸟食物资源补给研究论文：Mollusc Aquaculture Homogenizes Intertidal Soft-Sediment Communities along the 18400 km Long Coastline of China	《中国湿地教育中心行动计划》 《广州大学城湾咀头湿地公园教育 3 年规划（初稿）》

资料来源：笔者根据《红树林基金会 2021 年度年报》整理，《红树林基金会 2021 年度年报》见 http：//www. mcf. org. cn/download. php？ CateId＝2，最后访问日期：2023 年 4 月 19 日。

（二）组织平台化

"2021 年，基金会在联合国可持续发展目标框架下，走出了平台化转型的关键一步。"[①] 在总结 2021 年红树林基金会工作时，理事长雷光春教授为机构的平台化转型而高兴。企业的平台化转型是为了解决科层制下的组织僵化、创新不足、内耗严重等问题。[②] 对于社会组织而言，平台化转型是组织扩张的体现（有能力链接更多资源、支持孵化其他机构），也是组织可持续发展的战略选择，通过使命驱动、开放创新、灵活高效来保证组织的生命力。

红树林基金会目前仍然处于平台化转型的过程中，但已经取得了重要的进展和成果。[③] 在内部组织架构上，红树林基金会于 2021 年产生了第四届理事会（任期为 2022~2026 年），延续往届传统，新一届理事会包括 4 名社会公推理事和监事；与此同时，还加入了 2 位青少年观察理事，既体现了基金会社会化保护的理念，也彰显了组织的开放性。另外，基金会重新整合组织力量，借鉴阿里巴巴数字化转型的治理思路，搭建起了前台-中台-后台这一平台型组织的基本框架。前台即三大战略品牌项目（25 人），直接面向湿地保护一线行动相关方；中台包括空间拓展（1 人）、湿地教育（4 人）和自我造血（5 人）三个部门，面向保护行动的利益相关方，并提供运营支

---

① 《红树林基金会 2021 年年度报告》，http：//www. mcf. org. cn/download. php？ CateId＝2。
② 樊晓军、李从质：《科层制组织向平台化组织转型比较研究》，《商业经济》2018 年第 9 期。
③ 红树林基金会副秘书长蒋勇访谈，2022 年 10 月 13 日。

持；后台为综合财务部门（5人），实现流程审核、内部管理和后勤支持。不同于传统的职能型组织可能陷入组织僵化和内耗，这一平台化转型有利于红树林基金会以项目为驱动、以业务为中心。

在深圳湾红树林生态公园，与广东内伶仃福田国家级自然保护区管理局、福田区教育局、福田区科学技术协会等合作打造湿地教育中心，为深圳市中小学生提供感受自然、认识湿地、学习了解深圳生物多样性的教育平台。

在外部开拓上，红树林基金会走出深圳、走向全国：在辽宁，与阿拉善SEE辽河项目中心共同承办"辽河湿地保护论坛"，推动我国第一个实现全流域系统保护的国家公园——辽河国家公园的创建；在广西防城港，与阿拉善SEE八桂项目中心、美境自然等机构合作开展防城港山心沙岛这一水鸟栖息地的保护工作；在广东湛江，资助培训本地社区和机构参与雷州湾湿地治理和保护、开发全国首个"蓝碳项目"；在江苏盐城，和东台沿海经济区管委会合作推动条子泥这一东亚-澳大利西亚迁飞区关键栖息地保护和治理……还有广西北海、海南新盈、上海崇明等多地的在地保护和行业协同。

平台型社会组织的关键在于能够形成良好的内部激励和外部资源链接，对于以"社会化参与保护模式"为特色的红树林基金会而言，平台化转型是必然选择也是战略所需，考验着组织的韧性和管理者的智慧。

（三）探索国际化

"我们从两年前开始做战略转型规划，但目前来看发展速度太快，计划跟不上变化。"红树林基金会副秘书长在接受访谈时提到了基金会近几年的高速发展，认为其最大的进展在于国际化探索。

在2022年10月于武汉和日内瓦同步举办的《湿地公约》第十四届缔约方大会（COP 14）上，国家主席习近平出席并致辞，承诺中国将推动国际交流合作，保护4条途经中国的候鸟迁飞通道，在深圳建立"国际红树林中心"，支持举办全球滨海论坛会议。红树林基金会是推动这一政府间组织总部落地深圳的重要力量。与此同时，红树林基金会也深度参与《湿地公约》第十四届缔约方大会，包括在日内瓦主办"面向2030/2050年的全

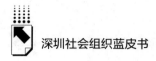
球红树林"边会（首场边会）、在武汉主办"CEPA 湿地教育与保护论坛"，协办"全球迁飞区水鸟栖息地保护论坛""中国国家湿地公园的保护与发展"等多个重要边会，通过展位展示及交流、沙龙分享等方式，全面展示了湿地保护的深圳力量、中国力量。这标志着红树林基金会在参与国际合作交流、提升国际品牌声誉以及推动全球湿地保护工作中的重要进步。

在此之前，红树林基金会主要依托东亚-澳大利西亚迁飞区重要栖息地保护这一跨国行动项目与俄罗斯、澳大利亚等国开展合作交流。在此之后，红树林基金会则将发挥东道主城市优势，依托国际红树林中心这一国际组织，在全球湿地保护领域发挥更重要的作用。

五 深圳社会组织参与生态环境保护工作的不足和建议

党的十九大报告提出的"构建政府为主导、企业为主体、社会组织和公众共同参与的环境治理体系"明确了社会组织在参与生态环境保护工作中的定位，即发挥参与而非主导作用，链接政府、企业和公众各方资源，选择切实的议题进行生态环境保护工作。

深圳市生态文明建设工作大致按照完善环境治理、形成示范样本和打造国际平台三步走的思路，深圳的地理环境决定了空气、土壤等环境问题较少，经过多年努力，目前也已经基本实现了河流、海洋的环境治理工作，并在河流保护、湿地保护等领域形成了具有示范意义的深圳模式，部分社会组织开始走向世界，在国际舞台展示、推广深圳智慧和中国经验。

面向未来，深圳社会组织参与生态环境工作的机遇和挑战并存，笔者尝试就海洋保护与双碳产业化两大重点领域和专业人才不足、创新能力不强、国际化水平不高三个重要方面提出相应的政策建议。

（一）聚焦两大领域

1.海洋生态保护

当前，我国海洋生态环境保护的长期性、艰巨性和复杂性仍然显著，海洋生态保护工作相对滞后，全球海洋环境治理面临重大挑战。[①] 深圳市提出建立全球海洋中心城市，有望在海洋保护领域发挥全球示范性作用。深圳于2018年颁布出台了《深圳市海洋环境保护规划（2018—2035年）》，聚焦海洋污染防治、海洋生态修复和海洋保护机制建立。深圳的社会组织当前主要在净滩、红树林生态系统保护、近海珊瑚保育等领域发挥作用，但在海洋生物保护、海洋生态教育普及、海洋文化传播等方面较为缺乏。

对此，社会组织应该抓住机遇、迎接挑战，动员社会各界参与到海洋保护的工作之中，例如联合有关部门开发海洋生态保护相关课程、动员企业和公众关注海洋生物保护、在媒体推广海洋文化、就海洋生态系统保护相关知识进行传播等，助力深圳打造一个全民懂海洋、爱海洋、保护海洋的"全球海洋中心城市"。

2. 双碳产业化

全球极端气候灾害的频发时刻提醒着我们"全球正处在气候治理未来的十字路口，留给我们的时间不多了"。[②] 碳中和、碳达峰的承诺需要资金和技术、以产业化的方式兑现，深圳可以发挥金融和科技的优势，助力产业端的结构调整、探索零碳生活新样态。截至目前，深圳社会组织在助力绿色新兴产业、创新碳中和生活方式等方面处于起步阶段，虽已经有了一定的成果，但还存在巨大的潜力待挖掘。

因此，政府及相关职能部门可以加大对社会组织参与双碳建设的支持力度，例如加大对绿色产业相关行业协会的支持力度，通过行业协会对标国际领先标准、构建绿色制造体系、提升行业话语权；成立专项资金支持双碳项目和人才，鼓励社会组织调动各方资源开展零碳或近零项目的社会创新，形成一批具有全国乃至全球示范意义的碳中和样板项目。

---

① 关道明、梁斌、张志锋：《我国海洋生态环境保护：历史、现状与未来》，《环境保护》2019年第17期。

② 刘栋：《COP27气候大会开幕：危机中的分歧、博弈与合作希望》，澎湃新闻，2022-11-07，https://www.thepaper.cn/newsDetail_forward_20626850，最后访问日期：2023年4月19日。

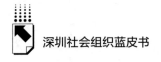

（二）着力三个方面

1. 人才培养：社会组织主动求变，通过自我学习和高校联动培养专业人才

专业人才既包括管理型人才，也包括业务型人才。管理型人才的缺乏，导致社会组织难以形成优质的项目品牌和组织品牌，部分生态环境类社会组织存在把活动当项目、把产出当成果的现象；同时部分生态环境类社会组织缺乏专职管理人员，或者专职人员缺乏项目管理专业知识，导致项目效率低下，形成资源浪费。在涉及污染治理、生态修复、生境营造等环境科学和生态学专业领域，专业人才的缺乏也带来社会组织整体缺位、社会创新不足、难以形成示范效应和集聚效应。

人才的缺乏是整个行业生态的问题，突破口在于社会组织自身而非外部扶持。深圳生态环境类社会组织应该主动求变、增强能动性，参与相关培训，逐步形成专业的内部治理结构，在机构管理、项目运作和财务运营等方面提升专业度、增强品牌实力。参考北京、上海等地的经验，深圳生态环境类社会组织也可以和本地高校联动，充分发挥高校学院和社团力量，培养本土理论和实务人才。

2. 激发创新：社会组织链接各方力量，增强创新能力，打造示范效应

社会治理的复杂性呼唤自下而上的社会创新，深圳生态文明示范市建设需要模式创新，社会组织的生存与发展需要项目创新。整体而言，现有的生态环境类社会组织在传播新的思想和理念、提供新的服务产品和服务方式、形成新的方法和机制等方面还存在诸多不足。一些生态环境类社会组织不以项目成果和实际效果为导向，而只是用政府资金和社会资金完成任务式地开展一些传统宣讲项目，形式主义严重，生态效应和社会效应均不尽如人意。

站在改革创新的最前沿，深圳的生态环境类社会组织应该抓住"双区"建设机遇、把握生态文明建设重难点，不断进行"自我革命"，在完善内部治理结构的基础上积极探索社会创新项目；主动链接政府、企业、媒体、高校、社区、公众等多方力量，在海洋环境保护、双碳产业化发展等重点领域以及河流保护、垃圾分类等传统优势议题上不断开拓创新。

3. 提升国际化水平：政府部门加大对社会组织从事国际化业务的支持

建设国际化城市是深圳持续推进改革开放的战略选择。在生态环境领域，深圳制定了相应的国际化目标（到 21 世纪中叶，城市生态环境治理范式全球领先，成为竞争力、创新力、影响力卓著的全球生态环境标杆城市）、确定了重点方向（推动全球生态环境组织、行业协会、研究机构等来深落户，打造国际生态环境研究合作平台集聚区）。2021 年，深圳成立了全球海洋中心城市建设促进会，2022 年，深圳获批建设"国际红树林中心"，在国际化道路上不断取得进步。但整体而言，目前深圳生态环境治理范式的全球认可度不高、全球生态环境示范城市的品牌效应不强、在深全球生态环境类社会组织极少、国际生态环境平台尚未起步。

对此，政府及有关职能部门和社会组织需要共同发力：在完善城市生态环境治理的同时，总结生态环境保护的成功经验、推广深圳独特的生态治理模式、引进国际化专业人才、打造深圳国际化城市"名片"，助力推动深圳成为美丽中国典范城市、国际知名生态友好城市。

B.9
2022年深圳社会组织党建工作报告

田 丽*

摘　要： 社会组织党建工作是党的建设工作的重要组成部分。针对社会组
织党建工作比较薄弱的环节，深圳积极探索了一系列推动社会组
织党建工作的新举措，先行先试，为新时代进一步做好社会组织
党建工作、夯实社会组织战斗堡垒提供可推广、可借鉴的经验。
深圳社会组织党建工作主要有以下特色：创新"三同"联建模式，
建立"三同步五嵌入"的工作机制，探索"行业自律"新路径，
推进"联学联建"新方式，构建"结对共建"新形式。但是，深
圳社会组织党建工作也存在一些难点和挑战：基层党组织的覆盖
有待"质"的提升，党员参加组织生活的内生动力需进一步激活，
党建与业务的融合需进一步加强，党建工作者的专业素质需进一
步提高，"先行先试"的标杆作用需进一步彰显。针对深圳社会组
织党建工作中的痛点和薄弱环节，必须变"嵌入式"为"嵌合
式"，增强党建工作者的服务意识，向社会组织党建赋权增能，选
优配强党务工作者力量。

关键词： 社会组织　党建工作　行业自律　结对共建

基础不牢，地动山摇。只有把基层党组织建设强、把基层政权巩固好，
中国特色社会主义的根基才能稳固。习近平总书记指出："基层党组织是贯

---

* 田丽，中共中央党校马克思主义基本原理专业博士，中共深圳市盐田区委党校副教授，研究
方向为马克思主义中国化。

彻落实党中央决策部署的'最后一公里'，不能出现'断头路'，要坚持大抓基层的鲜明导向，持续整顿软弱涣散基层党组织，有效实现党的组织和党的工作全覆盖，抓紧补齐基层党组织领导基层治理的各种短板，把各领域基层党组织建设成为实现党的领导的坚强战斗堡垒。"① 随着深圳"双区"建设进入新时代，深圳市高度重视社会组织的党建工作，从创建新制度、探索新路径、构建新形式、推进新方式等方面先行先试，推动党组织向最基层延伸，扎实做好抓基层、打基础、固基本的工作，不断健全社会组织的党组织工作体系，提高社会组织党建工作的质量，力争把基层党组织建设成为坚强战斗堡垒，把党中央的重大任务转化为社会组织的具体工作任务，抓牢、抓实、抓出成效，形成示范和辐射作用。

一　深圳社会组织党建工作基本情况

自 2015 年成立以来，深圳市社会组织党委管理的党员人数持续增加，党组织的数量持续扩大，党建工作逐渐标准化。党组织在社会组织中的政治核心作用得到发挥，保障了深圳市社会组织的健康有序发展。

（一）党员人数总体呈上升趋势

2015 年中共中央办公厅印发了《关于加强社会组织党的建设工作的意见（试行）》（中办发〔2015〕51 号），次年中共广东省委办公厅印发《〈关于加强我省社会组织党的建设工作的实施意见〉的通知》（粤办发〔2016〕8 号），2018 年深圳以党内法规形式制定出台了《深圳市社会组织党的建设工作规定（试行）》。在这些政策的规范引导下，深圳高度重视社会组织党组织和党员队伍建设工作，重视在工作第一线和青年中发展党员，并强调加强和改进流动党员管理。深圳社会组织党委管理党员数量有了明显的增长，党员队伍结构更加优化，质量也有了显著提升。深圳市社会组织党

---

① 《习近平谈治国理政》第四卷，外文出版社，2022，第 502 页。

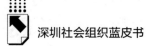

建工作实现了跨越式发展。

据深圳市社会组织管理局相关资料，2015 年深圳市社会组织党委管理党员只有 4100 多名，2022 年党员已经发展到 10376 名，八年间，党员人数增加了 1.5 倍左右，总体呈上升趋势。深圳市 2021 年社会组织年报数据显示，在社会团体、民办非企业单位和基金会中，社会团体的党员人数最多，基金会党员人数最少，组织关系不在社会组织的党员人数占较高比例，流动党员人数相对来说较少，中高层工作人员中党员数量占一定比例，2020～2022 年新增党员人数越来越多。

（二）党组织实现全覆盖

深圳市社会组织党委下属党组织，已经从 2015 年的 284 个，发展到 2022 年的 1374 个（其中直属党委 53 个，二级党委 10 个，党总支部 20 个，党支部 1291 个）。在党组织覆盖方面，全市社会组织分类别组建联合党委，先后组建了妇女、青年、社科类、科技类、文体类等社会组织联合党委；分地域组建以省级异地商会为龙头的联合党委；分领域成立行业联合党委，指导工程监理、工程造价、装饰等相关行业协会成立 15 个行业党委，实现了社会组织领域党组织的全覆盖。

（三）党建工作逐渐标准化

近年来，深圳市着力加强社会组织基层党支部标准化、规范化建设，扎实开展"三会一课"、组织生活会、主题党日等活动，教育引导社会组织党员增强"四个意识"，坚定"四个自信"，做到"两个维护"。2022 年，各基层党组织共开展"堡垒·先锋"行动等各类"主题党日"活动 6500 多次。优化党组织班子配备，充分发挥"头雁"作用，在基层党委换届和党支部集中换届时，严格审核党组织负责人人选。开展基层党建工作示范点创建活动，13 个党组织分别被省两新组织党工委、省社会组织党委、市两新组织党工委确定为党示范点。

二　深圳社会组织党建的主要特色

作为全国的"窗口"和"试验田"，深圳恰逢粤港澳大湾区、先行示范区及综合配套改革试验区"三区"建设叠加的重大历史机遇，深圳社会组织不断加强党建创新，在提升社会组织国际化水平、推动社会组织高质量发展、发挥社会组织积极作用等方面先行示范，探索出一系列独具深圳特色的社会组织党建经验。

（一）创新"三同"联建模式，扩大党组织覆盖面

为了在社会组织中建立党组织、实现党组织的全覆盖（以下简称"两个覆盖"），深圳创新了"同一类别、同一地域、同一行业"联建模式，即"三同"联建模式。

一是按同一类别模式组建联合党组织。按照不同标准，打破职业、地域、行业的限制，可以把同一类别社会组织的党员联合起来，组建联合党委，扩大党组织的覆盖面。深圳市社会工作者协会、深圳市青年社会组织联合会、深圳市妇女社会组织促进会、深圳市义工联合会等都是按照同一类别组建的协会，这些协会对同一类别的党员具有引领作用，为此，深圳以此为依托，在相应的协会中组建社会组织联合党委并负责统领同类别协会的党建工作。深圳市妇女社会组织促进会是 2013 年 3 月 4 日在深圳市民政局注册成立的枢纽型社会团体，可以快捷、有效地把全市的妇女社会组织团结在一起。为了实现党组织的全覆盖，2016 年 10 月，深圳市妇女社会组织促进会成立了联合党委，截至 2023 年 3 月，深圳市妇女社会组织联合党委共有 17 个党支部，117 名党员。同时，成立了深圳市妇女社会组织促进会党支部，现有正式党员 14 人。①

---

① 《深圳市妇女社会组织联合党委简介》，http：//www. sawso. org. cn/article/detail？id＝4054&module_ id＝26% E3% 80% 82% E8% B5% 84% E6% 96% 99% E6% 9D% A5，最后访问日期：2023 年 5 月 24 日。

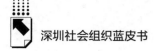

二是按同一地域模式组建异地商会党组织。作为移民城市，深圳市的异地商会非常活跃，依托商会，可以联系全国各地的企业家。为此，深圳市社会组织党委要求以省、自治区、直辖市异地商会和部分地市级异地商会为龙头，组建了一批异地商会党委，先后组建了福建商会、湖南商会、山东商会、河南商会、川渝商会、黑龙江商会等 6 个省级异地商会党委，负责统筹统管商会成员的党建工作。深圳市福建商会利用换届契机成立了福建商会党委筹备组，并召开了福建各市区县 42 个商会的秘书长联席会议，提出凡是商会党员回家乡办理党组织关系迁移手续的，车旅费可以在商会报销，福建商会的这一措施，激励了许多党组织关系常年挂靠在老家的党员，纷纷把党组织关系转移到了深圳。类似这样的举措有力地推动了党的基层组织在深圳社会组织中"两个覆盖"的实现。

三是按同一行业模式成立行业党委。深圳市的行业协会是最早进行改革的社会组织，发展比较成熟、完善，具有一定的示范效应和品牌影响力。依托行业协会开展党建工作，可以把党建活动延伸到每一家会员单位，从而增强同一行业党员的凝聚力和提升其影响力。为此，深圳市将行业协会党建作为深圳全市社会组织党建工作的重中之重，先后指导工程监理、工程造价、互联网金融、高分子、装饰、燃气、物业管理、资产评估等相关行业协会成立了 15 个行业党委，消除党建"盲点"和"空白点"。中共深圳市社会组织委员会、深圳市社会组织管理局发布了《关于派驻市级行业协会第一书记的通知》，从市直机关在职和退休党员干部中选派 18 名局处级领导干部担任"第一书记"，每名"第一书记"负责指导一类行业协会联合组建党委，派驻时间为 1 年。"第一书记"到位后，切实发挥了"引促带"作用，切实推动了行业协会党的建设工作。

（二）建立"三同步五嵌入"工作机制，夯实党组织建设工作

深圳市将党建工作融入社会组织登记管理全过程，一体化发展，在社会组织成立登记、年报、换届选举、等级评估、评优评先中同步开展党建工作。"三同步"是在社会组织成立登记时做到：一是同步采集党员信息；二

是同步组建社会组织党组织；三是同步指导社会组织把党建工作写入社会组织章程，已经成立的社会组织则要利用年报、换届改选、法人变更、等级评估等工作环节把党建工作写入章程。"五嵌入"是要求把党建工作嵌入社会组织的日常管理：一是在填写年报时，增加党建工作事项，及时了解社会组织党建工作信息和党建工作动态；二是把党建工作作为申报5A级社会组织中的一项硬性指标，且实行一票否决制；三是把党建工作考评纳入社会组织负责人改选的人选审查、审核工作事项；四是把党建工作作为优先推荐承接政府转移职能的标准之一；五是把党建工作作为评优评先的考核指标。在社会组织登记管理工作中，发现社会组织未做到党组织"应建尽建""应联尽联""应纳尽纳"的，实行"三同步五嵌入"的管理机制，及时反馈给有关业务主管单位党组织、行业党委、属地党组织等，有力地推动社会组织"两个覆盖"。社会组织党建工作持续蓬勃发展，截至2023年3月31日，深圳市社会组织党委共管理党组织1421个（其中党委62个、党总支24个、党支部1335个），管理党员10931名。①

（三）探索"行业自律"新路径，确保社会组织廉洁合规

从2017年开始，深圳市纪委将"依托行业协会商会加强行业自律探索非公有制领域预防腐败工作"确定为重点改革创新项目，并列为"书记项目"。2018年，深圳市纪委、市两新组织党工委、市民政局联合印发《关于加强党的领导推进行业自律拓展预防腐败工作领域的实施意见》，要求行业协会商会在党组织主导下，将行业自律工作列入党政部门绩效考评创加分项目，要求行业主管部门加强对行业协会商会行业自律工作的领导和指导，要求深圳市纪委相关纪检监察组督促行业主管部门将行业自律工作纳入工作范畴。深圳市社会组织探索行业自律取得了一定成效，总结起来，有以下几点经验。

第一，加强行业协会党建工作，为行业自律工作开展提供组织保障。党

---

① 来源于深圳市社会组织党委提供的资料。

政军民学，党是领导一切的。为切实有效推进行业自律试点工作，行业协会党组织必不可少，为此，深圳市将307家尚未组建党组织的市级行业协会分成18大类，并由深圳市委组织部统一选派18名局处级领导干部担任"第一书记"，重点负责推进行业协会党组织建设。社会组织协同多家业务相关单位建立了党委：协同深圳市税务局组建了全国首个涉税专业服务行业协会联合党委；协同深圳市住建局组建物业管理、燃气、装饰等行业协会党委；协同深圳市金融办组建互联网金融行业协会党委等，均是国内首创，各行业党委还将党的组织和党的工作延伸覆盖到了会员企业。

第二，推动行业自律入章程，为行业自律工作开展提供制度保证。根据《关于加强党的领导推进行业自律拓展预防腐败工作领域的实施意见》要求，深圳市社会组织党委下发《关于在行业协会商会章程中增加行业自律有关内容的通知》，要求各行业协会将"建立健全行业自律管理体制，设立行业自律机构，推进行业诚信自律建设"写入协会章程。截至2023年3月，全市约有95%的行业协会已经将行业自律写入章程，进一步明确了行业协会推进行业自律的制度要求，明确了党组织在行业协会的政治核心作用和战斗堡垒作用，明确了行业自律组织在协会中的组织架构、地位、作用、主要职能，使行业自律有章可循、有规可依。

第三，扩大试点工作范围，为行业自律工作从点到面推广奠定实践基础。为巩固扩大行业自律试点成效，深圳市"两新"组织纪工委、市社会组织党委联合组成了行业自律试点工作领导小组，试点工作领导小组在2017年选取深圳市注册税务师协会、深圳市燃气行业协会等5家行业协会开展试点基础上，于2018年新增深圳市律师协会、深圳市资产评估协会、深圳市医疗器械行业协会、深圳市学前教育协会等25家行业协会为试点单位，重点聚焦卫生健康、医疗器械、文体旅游、质量检验、教育培训、物业管理等市民关注度高的民生领域。行业自律试点工作得到了各行业主管部门的大力支持，如深圳市市场和质量监督管理委员会以党组文件形式印发《关于加强党的领导推进行业自律拓展预防腐败工作领域的实施意见》，一把手担任领导小组组长；深圳市住建局专门召集主管的行业协会，要求未列入第二批试点单位的行业协会也按照《关于加强党的领导推进行业自律拓展预防腐败工作领域的实施意见》开展行业自律工作，其他行业主管部门也结合实际确保行业自律工作取得实效。

深圳市监理工程师协会、深圳市医疗器械行业协会等结合本行业的实际制定了行业自律试点工作实施方案，成立"行业廉洁从业（自律）委员会"负责推进行业自律工作，设立行业自律组织，建立健全行业自律规约，建立行业信用体系，开展行业检查与惩戒工作，探索行业联合激励惩戒机制，以保障本行业社会组织廉洁合规建设。2022年深圳市党风廉政建设领导小组办公室印发《关于加强社会组织廉洁合规建设防范化解重大风险的工作方案》。《中国纪检监察报》刊发文章《深圳探索社会领域防止腐败新路径》，报道推广了深圳依托行业协会推进行业自律的经验做法。

（四）推进"联学联建"新方式，激活基层党建活力

针对社会组织党建基础薄弱、活动资源缺乏等问题，2017年以来，深圳市社会组织党委积极创新社会组织与各单位"联学联建"新方式，与各单位建立定期进行党建工作联席会议机制。第一，组织联建。针对社会组织与各单位党建存在的一些问题，共同商讨确定党建工作的目标、任务、责任、考核等事项，从而促进社会组织党建的标准化、规范化。第二，阵地联建。发挥平台技术优势，开设"联学联建"党建云平台，制作党建微课堂，通过云平台向全市社会组织基层党组织推送，方便基层党务工作者和党员同志随时随地学习。2015年，深圳市委制定出台了《关于推进社区党建标准化建设的意见》，其中具体规定了组织建设、党员管理、治理结构、服务群众、工作职责、运行保障等六个标准化建设，党群服务中心是党建标准化建设的重要活动中心和平台，要求每个社区至少设1个社区党群服务中心；2017年，在总结社区党建标准化建设经验的基础上，深圳市出台《关于推进城市基层党建"标准+"模式的意见》，配套出台《关于加强党群服务中心建设管理的意见》，指出要以标准化引领、系统性建设、集成式发展的创新思路，积极构建开放、集约、共享的"1+10+N"党群服务中心联盟体

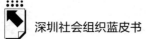

系，为党建资源有效整合搭建平台，推动城市基层党建向纵深发展。第三，活动联办。根据社会组织与各个单位的不同特点和需要，联合开展各类主题教育实践活动，与银行联合举办以"金融"为主题的党建活动。以"外交为民守初心"为主题，中国驻阿联酋大使馆、中国驻迪拜总领事馆、深圳市人民政府外事办公室、深圳市中小企业服务局联合主办，深圳市国际交流合作基金会协办了"联学联建"暨深圳产业会客厅活动。第四，发展联谋。以党建促发展，党建是为了更好地谋发展，在联学联建的谋划设计中，把党建活动与各单位的业务发展有机地融合在一起，整合资源，相互融合，相互促进，共同发展。探索党建+统战，发挥社会组织党建工作桥梁新作用。深圳要把统战工作纳入社会组织党建总体布局，把社会组织人士统战工作纳入党建考核内容。明确基层社会组织党委政治责任，及时将党中央、省委、市委各项决策部署传达到每位社会组织党员，及时掌握社会组织从业人员的思想倾向，注重收集基层意见和建议，及时向市社会组织党委及有关部门反映，全面掌握各组织及成员的思想动态，为顶层设计与和谐的基层治理服务。

实践证明，通过"联学联建"新方式，可以整合各单位的资源，克服劣势、发挥优势最终实现党建活动效益的最大化。

（五）构建"结对共建"新形式，打造"先行先试"示范标杆

2022年7月7日，中联部办公厅联合党支部与深圳市政府采购协会党支部共同召开视频座谈会，宣布中联部办公厅联合党支部与深圳市政府采购协会党支部"结对共建"，在党建与业务方面深度合作，努力打造央地党建合作标杆。深圳市政府采购协会与中联部办公厅联合党支部开展"结对共建"活动，是深圳市社会组织在加强党建工作上的改革创新和率先垂范。通过这种创新举措，破除层级和地域屏障，充分利用现代通信手段，建立常态化协调联络机制，充分发挥党建引领作用，着力就社会组织走出去、政府采购出国门、推动大湾区对外交流、为一带一路牵线搭桥等方面敢闯敢试、深度合作，达到不忘初心使命、坚定理想信念、拓展外联渠道的目的。围绕"结对共建"的目标，以"领导班子好、党员队伍好、工作机制好、发展业绩

好、群众反映好"的标准，带头学习提高、带头争创佳绩、带头服务群众、带头遵纪守法、带头弘扬正气。结合部机关和协会的实际，有针对性地开展工作，把"结对共建"活动扎扎实实开展好。通过双方结对共建，凝聚发展共识，积聚发展力量，互帮联建、共同提高、实现双赢。共建双方带头树立共产党员的良好形象，不断增强基层党组织的号召力和凝聚力，以优良作风推动部机关和协会发展，使结对共建活动真正取得实实在在的效果。

此外，积极创建政治建设示范点，以深圳市社会组织管理局机关党建工作创新带动社会组织党建工作先行示范。2020年7月，深圳市社会组织管理局党总支积极开展政治建设示范点创建工作，争做民政领域政治建设的标杆，推动党建工作与业务工作双促双融，进而带动社会组织党建工作联建联治联创，先行示范。

三 深圳社会组织党建工作存在的难点及面临的挑战

近年来，深圳社会组织党建进行了一系列探索创新，实现了基层党组织在社会组织中的全覆盖，社会组织党建工作顺利开展，在一定程度上发挥了党组织坚强战斗堡垒的作用。但是，新时代，深圳社会组织党建面临着许多新情况、新问题和新挑战。

（一）党组织的覆盖有待"质"的提升，党员先锋模范作用发挥有待加强

截至2023年3月底，深圳市社会组织党委共管理党组织1421个，基本实现了党组织的有效覆盖。深圳的"三同"联建模式，已经使党组织基本实现了全覆盖。但是，由于党员流动性强、分布广、职业差异大等因素，党员在工作中的先锋模范作用发挥有待加强。

（二）党员参加组织生活的动力不足

调研发现，社会组织中党员参加组织生活的积极性、主动性不强，内生

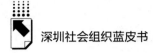

动力不足，外部刺激机制不健全。尤其是，组织生活与工作安排在时间上有冲突、组织生活与工作完成有冲突时，许多党员虽会努力协调，但有时也是分身乏术，参加动力不足，即使是安排在周末，党员也有陪伴家人等的需求。

（三）党建与业务的融合需进一步加强

加强党建工作是为了更好地开展业务工作。深圳的"五融合"工作机制，使党建融入社会组织登记管理全过程，实现了一体化发展。但是，党建与业务形式上的融合只是融合发展的第一步，融合的内涵需要进一步加强。一方面，党建工作必须发挥政治核心作用，不断提升基层党组织的组织力；另一方面，业务工作必须依靠党建工作，发挥党员的先锋模范作用，调动广大干部职工的积极性，保证业务工作的顺利完成。

（四）党务工作者的专业素质需进一步提高

最近几年，深圳招聘了一批专职党务工作者，由组织部分配到各个单位专门从事党务工作，他们具有很强的专业素质。但是，在社会组织中，大部分的党务工作者并没有深厚的党建业务背景，专业素质不一，对党建业务是边学边干，由于社会组织涉及行业颇多，党员的职业、学历、爱好、年龄都各不相同，组织生活从内容到形式都有较高的要求，如何科学合理地设计组织生活，使其不落入俗套，避免走过场、走流程、走形式，不以完成政治任务为目的，不断地进行创新，增加新意，增强吸引力，都需要党务工作者有较强的专业素质。

（五）"先行先试"的标杆作用需进一步彰显

2019 年 8 月 18 日，《中共中央 国务院关于支持深圳建设中国特色社会主义先行示范区的意见》正式发布，支持深圳高举新时代改革开放旗帜，建设中国特色社会主义先行示范区。新时代，新起点，深圳再次被赋予特殊的使命，在全国要先行先试，探索出一系列可供推广、可供借鉴的深圳范例。深圳社会组织党建作为一项重要的内容，无疑也承担着这一使命。

中联部办公厅联合党支部与深圳市政府采购协会党支部开展"结对共建"活动。深圳市政府采购协会是一个运营规范、在行业中有广泛影响的协会，在2022年度深圳市社会组织交流服务展示点项目遴选中，入选枢纽型服务展示点，未来也将是全市社会组织枢纽型服务展示的一个示范和样板。通过"结对共建"活动，协会党组织可以提高政治站位，开阔视野，不断改革创新，先行先试，率先垂范，从而更好地引领协会健康发展，也给深圳市社会组织党的建设工作带来新的生机与活力，为全市乃至全国社会组织党建工作提供宝贵经验。

社会组织党建领域的"先行先试"已经拉开帷幕，也将在全国起到标杆作用。但是社会组织党建"先行先试"还需要进一步探索创新，标杆作用的影响力、辐射力还需要进一步彰显。

四 深圳社会组织党建工作的对策建议及未来发展展望

"基层党组织是贯彻落实党中央决策部署的'最后一公里'"，[①] 但深圳社会组织党建也存在短板，针对存在的新问题新情况，需要汇聚创新合力，克服固有难题，突破瓶颈，迎接新的挑战，力争在"第二个赶考"路上先行先试，在第二个百年奋斗目标的征程上勇创佳绩。

（一）增强党务工作者的服务意识，调动社会组织及党员的主动性

社会组织是人们为了有效地达到特定目标而建立起来的共同活动集体，它有明确的、具体的目标和职能，以满足不同群体的各种需求。要想调动社会组织党建的主动性、积极性和创造性，必须从社会组织特定的目标和职能出发，为此，党建工作也必须服务于这一目标和职能的需求。在完成"三会一课"和党员的日常管理之外，还必须凸显党建工作的服务性。一是组织服务性的党建活动。比如解读最新的政策法规，特别是与党员切身利益密

---

① 《习近平谈治国理政》第四卷，外文出版社，2022，第504页。

切联系的政策法规，如劳动法、技能培训等。二是搭建线下线上的服务平台。遇到困难找党建服务平台，规划法律咨询、政策咨询、便捷通道等栏目。既要有社会组织与政府相关部门进行沟通的党建服务平台，又要有党员与社会组织沟通的党建服务平台。在党员、社会组织、政府之间搭建一个党建服务平台，凸显党建的引领性和服务性，既要有底色，又要有用、有效。三是提供多样的服务项目。党建工作不能只停留在政治层面，还要延伸到经济层面、文化层面、社会层面，延伸到工作层面、生活层面，延伸到家庭层面、社会关系层面，等等。只有提供全方位的服务项目，社会组织党建才能成为社会组织及党员心之向往之家园。

（二）落实社会组织党建赋权增能制度，强化政治引领功能

"上面千条线，下面一根针"，有责没有权不行，必须为社会组织党建赋权增能，只有这样才能真正发挥其政治引领功能。社会组织党建不仅形式上要轰轰烈烈，而且功能上也要真真切切。"五融合"工作机制已经把党建工作作为等级评估和评优评先的重要指标，但是如何评估社会组织党建工作，评估的标准如何量化、细化、标准化，都需要进一步落实到位。只有落实到位，党建的政治功能才能真正发挥作用。同时，赋权增能不能仅仅停留在评优评先方面，还需要进一步扩容，扩容到政策的扶持方面、扩容到资金的扶持方面。"行业自律"开启了社会组织内部反腐败的新路径，全市约95%的行业协会已将行业自律写入章程，但更为重要的是要使这一创新举措发挥威慑力，为此需要制定出一套"行业自律"的实施细则，相比较他律，自律更具有挑战性。社会组织如何才能敢于把刀刃向内，自我革命？这需要强有力的规章制度加以保障，长期坚持，形成自律的生态。

（三）选优配强党务工作者力量，增强党建工作的实效

党务工作者力量直接决定着党建工作的质量，必须重视社会组织中党务工作的人员配备。一是选好"头雁"。头雁决定着一个团队的整体面貌和方向路线，需要在社会组织中高管理层人员中选拔、培养党组织"一把手"，

形成社会组织党组织书记与中高管理层人员"双向进入、交叉任职"的人事机制。二是配强党务工作者。党务工作者直接负责社会组织的党建工作，他们是具体的执行者和实施者，必须配强。可从党员中发展一些优秀的、具有一定专业素质的成员成为党务工作者，同时定期进行专业培训，提升其业务水平。三是选派专职党务工作者。社会组织的党建工作是基层党建工作的一个薄弱环节，为了补齐短板，政府可以向规模较大的社会组织选派专职党务工作者，有选择、有重点地配强党务工作者力量。

创 新 案 例
Innovation Cases

B.10
深圳市社会组织参与矛盾纠纷
调解的实践探索[*]

邢宇宙 郭雅琦^{**}

摘 要： 社会组织参与矛盾纠纷调解，发挥社会调节作用，有助于社会长期稳定。近年来深圳市推动社会组织参与矛盾纠纷调解，通过健全矛盾纠纷调解制度、设立矛盾纠纷调解室和开展调解员队伍建设，不断提升规范化和专业化水平。本报告基于异地商会、行业协会和社工机构的案例考察表明，社会组织可成功化解因内部治理欠缺引发的纠纷、同行业同领域和基层群众矛盾。但是目前社会组织矛盾纠纷调解处于探索阶段，有待完善调解体系、提升调解能力和加强多元共治。因此，未来需要扩大试点、进行系统赋能、创新调解机制和加强技术支撑，以推动社会组织参与矛盾纠纷调解。

---

* 本报告为北京市社会科学基金基地项目（18JDSRB008）的阶段性成果。
** 邢宇宙，社会学博士，北京工业大学文法学部副教授、北京社会管理研究基地研究人员，研究方向为社会组织与社会治理；郭雅琦，北京工业大学文法学部研究生，研究方向为社会组织。

关键词： 矛盾纠纷调解　行业协会商会　社会工作机构　源头治理　多元共治

统筹发展和安全是党中央基于新发展阶段的新特征和新要求，也是为防范化解各类风险挑战而确定的重大工作方针。① 新中国成立以来，尤其是改革开放 40 多年来，社会长期稳定是我国社会发展中的重要成就之一。党的十八大以来，党和国家不断通过中央文件和制定政策健全多元主体参与的矛盾纠纷调解制度（见表 1）。党的二十大报告强调"夯实国家安全和社会稳定基层基础"。将社会矛盾纠纷化解在基层，是创新社会治理方式的重要举措之一。坚持健全非诉讼纠纷解决机制，将诉讼作为纠纷解决的最后防线，加快构建衔接顺畅、协调有序的多元化纠纷解决体系也是新时代政法改革的重要内容之一。

表 1　矛盾纠纷调解的中央文件

名称	颁布/通过时间	颁布机构/通过会议	主要内容
《中共中央关于全面推进依法治国若干重大问题的决定》	2014 年 10 月 23 日	党的十八届四中全会	健全社会矛盾纠纷预防化解机制，完善调解、仲裁、行政裁决、行政复议、诉讼等有机衔接、相互协调的多元化纠纷解决机制
《关于完善矛盾纠纷多元化解机制的意见》	2015 年 12 月 6 日	中共中央办公厅、国务院办公厅	从制度层面对多元化纠纷解决机制改革做出顶层设计
《关于人民法院进一步深化多元化纠纷解决机制改革的意见》	2016 年 6 月 28 日	最高人民法院	第 9 条明确提出，积极推动具备条件的商会、行业协会、调解协会、民办非企业单位、商事仲裁机构等组织，通过设立商事调解组织、行业调解组织等，为商事调解服务或者为行业提供调解服务
《关于加强诉源治理推动矛盾纠纷源头化解的意见》	2021 年 2 月 19 日	中央全面深化改革委员会第十八次会议	强调要推动更多法治力量向引导和疏导端用力，加强矛盾纠纷源头预防、前端化解、关口把控，完善预防性法律制度，从源头上减少诉讼增量

资料来源：作者根据相关文件整理。

---

① 薛侃：《坚持统筹发展和安全两件大事》，《红旗文稿》2021 年第 21 期。

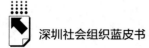
我国社会主要矛盾的变化，为源头防控、多元化解纠纷的社会治理理念奠定了现实基础。党的十九大报告明确指出："中国特色社会主义进入新时代，我国社会主要矛盾已经转化为人民日益增长的美好生活需要和不平衡不充分的发展之间的矛盾。"① 党的二十大报告也再次强调"健全共建共治共享的社会治理制度，提升社会治理效能""建设人人有责、人人尽责、人人享有的社会治理共同体"，② 其中重点强调防范化解社会矛盾风险，精准发现问题、链接整合资源，凝聚多方合力，调动社会组织、社会工作者、志愿者等社会力量，引导其不断将服务重心向基层下移，多渠道解决群众矛盾纠纷、"急难愁盼"问题，最大限度地将矛盾化解在基层，持续完善社会治理体系，提升社会治理能力。这为社会组织参与矛盾纠纷解决提供了政策和现实依据。

一 深圳社会组织矛盾纠纷调解的实践现状

深圳作为人口规模大和流动性高的超大城市，人员和资源高度聚集，在经济社会高速发展过程中社会结构发生较大的转型和分化，同时面临着人口竞争压力较大、公共服务均等化水平不太高、城乡社会融合不充分等引发的复杂社会矛盾。2022年深圳市政府工作报告中提到，公共服务供给还存在短板，义务教育优质均衡水平有待进一步提升，高水平医院还不够多，新市民、青年人住房压力大。整个社会不仅面临着民生福祉方面的大量需求，也存在诉求表达、利益协调和权益保障渠道不畅等方面的问题。③ 因此，"矛盾纠纷源头预防、前端化解、关口把控，从源头上减少诉讼增量"是地方政府部门的工作重点之一，也为社会力量参与源头治理和发挥调解作用提供了的空间。

---

① 《决胜全面建成小康社会　夺取新时代中国特色社会主义伟大胜利——在中国共产党第十九次全国代表大会上的报告》，https：//www.gov.cn/zhuanti/2017－10/27/content_5234876.htm，最后访问日期：2023年6月15日。
② 《高举中国特色社会主义伟大旗帜为全面建设社会主义现代化国家而团结奋斗——在中国共产党第二十次全国代表大会上的报告》，https：//baijiahao.baidu.com/s？id＝1747757098192120827&wfr＝spider&for＝pc，最后访问日期：2023年6月15日。
③ 覃伟中：《政府工作报告——2022年4月11日在深圳市第七届人民代表大会第二次会议上》，http：//www.sz.gov.cn/zfgb/2022/gb1240/content/post_9770704.html，2022年5月6日。

2018 年以来，深圳市在全市范围开展了人民调解"三年行动"。截至 2021 年底，深圳市各类人民调解组织排查、预防纠纷 2.4 万余宗，化解纠纷 41 万余宗，共建立行业性人民调解组织 94 个，其中由行业协会等社会组织建立的共 38 个，覆盖了多个社会关注的行业及领域。[①] 社会组织在参与矛盾纠纷调解的实践中，不仅提供登记管理办法、信息公开办法、党的建设等政策法规咨询服务，也与司法部门、民政局等单位联动，对接法律相关方面的资源。社会组织矛盾纠纷调解协商室则充分发挥展示点的枢纽作用。例如，在深圳市前海一带一路法律服务联合会，"前海国际商事调解中心"是其重点打造的平台，也是其实现行业自律、探索社会组织矛盾纠纷化解的创新举措。因此，社会组织作为矛盾纠纷调解的重要主体之一，是人民群众与行业、企业与政府部门之间的连接纽带，对行业、市场和行政体制发挥着重要补充作用。归结起来，深圳市在社会组织参与矛盾纠纷源头预防和调处的过程中，主要从制度建设、空间赋能、调解队伍建设等方面加以推动。

（一）通过制度建设实现调解规范化

深圳市于 2022 年 3 月通过了《深圳经济特区矛盾纠纷多元化解条例》，其中第十四条明确指出："工会、共青团、妇女联合会、工商联、贸促会、行业协会等组织可以设立行业性、专业性调解组织，参与矛盾纠纷多元化解机制建设，共同做好预防和化解矛盾纠纷工作。"[②] 该条例的颁布和实施为社会组织参与矛盾纠纷调解提供了规范化保障和制度支持。

在推动《深圳经济特区矛盾纠纷多元化解条例》落地的实施过程中，深圳市社会组织管理局在深圳市社会组织交流服务展示点设立了"深圳社会组织矛盾纠纷调解室"，由展示点项目统筹、指导运营方发挥调解枢纽的服务功能，负责指导其中 10 个展示点开展调解协商工作，其主要内容包括

---

① 林清容、曾旺瑜：《人民调解三年化解纠纷 41 万余宗》，《深圳特区报》2021 年 11 月 3 日，第 A06 版。

② 深圳市人民代表大会常务委员会：《深圳经济特区矛盾纠纷多元化解条例》，2022 年 3 月 28 日。

调解协商室的设立、调解协商员的选用、调解协商流程、矛盾纠纷事件受理、开展社会组织法律知识系列讲座等，以此形成了《深圳市社会组织交流服务展示点设立矛盾纠纷调解协商室方案》。①《深圳市社会组织交流服务展示点设立矛盾纠纷调解协商室方案》分别从调解机构的建立、调解员的构成、调解协商流程、受理事件类型等方面进行了设计。深圳市编制《调解协商工作手册》，并发布《深圳社会组织矛盾纠纷调解室操作指引》，为社会组织参与矛盾纠纷化解提供了实操指导。

具体而言，《调解协商工作手册》从工作守则和纪律、当事人权利及义务、协商室纪律、案件受理各流程及调解过程中的规范用语等方面进行了设计；针对社会组织协商主体和协商全过程，对社会组织矛盾纠纷调解室的建立和运营过程进行规范，以达到权责明确、运转协调、制衡有效的目标。《深圳社会组织矛盾纠纷调解室操作指引》将调解室受理矛盾纠纷事件的类型依据内容、来源等具体指标进行精细划分，并按照组织矛盾纠纷受理主体的不同，采取不同流程协商处理。调解员成功协商后，双方签订协议，于后期对当事组织进行定期回访；若协商未果或协议无法履行，则由调解室向展示点项目运营方汇报，并由深圳市社会组织管理局相关处室决定，助力打造多元治理、共建共治共享新格局。总之，健全的制度建设和相关章程的完善，为社会组织参与矛盾调解提供了有力保障（具体政策详见表2）。

表 2　矛盾纠纷调解的政策依据

名称	颁布时间	颁布/通过部门	类别	具体内容
《深圳经济特区矛盾纠纷多元化解条例》	2022年3月28日	深圳市人民代表大会常务委员会	政策法规	第十四条：工会、共青团、妇女联合会、工商联、贸促会、行业协会等组织可以设立行业性、专业性调解组织，参与矛盾纠纷多元化解机制建设，共同做好预防和化解矛盾纠纷工作

① 深圳市社会组织管理局：《深圳市社会组织交流服务展示点设立矛盾纠纷调解协商室方案》，2022年4月。

续表

名称	颁布时间	颁布/通过部门	类别	具体内容
《深圳市社会组织交流服务展示点设立矛盾纠纷调解协商室方案》	2022年4月	深圳市社会组织管理局	指导性文件	从调解机构的建立、调解员的构成、调解协商流程、受理事件类型等方面为社会组织内部矛盾纠纷化解提供了机制新路径
《调解协商工作手册》	2022年4月	深圳市社会组织管理局	指导性文件	针对社会组织协商主体和协商全过程，对社会组织矛盾纠纷调解室的建立和运营过程进行规范
《深圳社会组织矛盾纠纷调解室操作指引》	2022年4月	深圳市社会组织管理局	指导性文件	包括调解室建立的制度、组建调解员队伍、调解室的空间布展、调解员名册印刷、向社会公示进行调解、运营方和组织的相关培训等
《深圳市人民调解工作专家库管理办法》	2022年4月25日	深圳市司法局	政策文件	进一步完善了调解员队伍的激励机制，重视调解队伍的专业化、职业化建设

资料来源：作者根据相关文件整理。

（二）通过空间建设加快组织赋能

在宏观政策支持下，需要落实开展矛盾纠纷调解的硬件基础设施。因此，调解服务的空间建设，为社会组织参与纠纷协商提供了设施保障。2022年7月，10个展示点在深圳市社会组织交流服务展示点授牌仪式上接受深圳市社会组织管理局授牌，成立深圳首批"社会组织矛盾纠纷调解室"[①]。在《调解协商工作手册》中明确了调解室的有关纪律要求，如规定参与协商的人员、调解过程中的要求等；《深圳社会组织矛盾纠纷调解室操作指引》还专门规定了调解室的空间布展，提出对调解室招牌、摄像头、电子投屏、调解人员、铭牌等基础设施，以及墙面设计的规范化要求，体现了调

---

① 《深圳首批10个"社会组织矛盾纠纷调解室"成立》，深圳新闻网，https://www.sznews.com/news/content/2022-08/13/content_25307357.htm，最后访问日期：2022年8月13日。

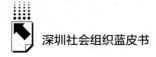

解空间标准化建设的重要性。

此外，为规范调解室管理体系，提升调解能力，在深圳市社会组织管理局的指导下，调解室项目运营方组织召开了调解系列赋能培训，使各展示点能够逐步完善调解制度建设、调解室空间布置、办公时间及预约调解公告等，为展示点项目的工作开展提供了有效指引。在此基础上，调解室未来可以进一步探索调解中心的设置与运行，公布调解热线等。总之，矛盾调解室的设立及其制度构建和能力建设，引导社会组织利用专业特长，发挥自身优势，增强社会责任感和使命感，也在行业内其他组织中起到示范和引领作用。2023 年 1 月，深圳市社会组织管理局在主办的"展示点秘书长联席座谈暨绩效评价说明会"上，进一步提出要重点打造展示点的矛盾纠纷调解品牌，构建从市级到区级到街区的"1+10+N"模式。[①] 因此，在外部政策支持和相关文件指引下，空间建设、组织赋能和体系建设，逐步为社会组织参与矛盾纠纷调解提供了内生动力。

（三）通过队伍建设增强调解能力

社会组织参与矛盾纠纷调解，需要有专业化的调解人员队伍。深圳市出台《深圳市人民调解工作专家库管理办法》[②]，在政策上进一步完善了调解员队伍的激励机制，重视调解员队伍的专业化和职业化建设。以调解室为例，调解协商员以"五员人士"为主要成员，即由党员、党代表、人大代表、政协委员、社会工作者、法律志愿者、特邀专家组成，并以志愿服务的方式介入社会组织矛盾排查走访和矛盾化解。调解协商员的聘任由各展示点项目承办方自主决定，聘任名单提交至展示点项目运营统筹指导方及深圳市社会组织管理局备案。

在人员构成和专业能力培养上，调解室强调多方联动和协同。第一，从人员构成来看，由党员或党代表作为调解协商员之一，能够强化党建引领，

① 深圳商会：《以评促建・共推高质量发展丨展示点秘书长联席座谈暨绩效评价说明会》，"全球深商"微信公众号，2023 年 1 月 10 日。

② 深圳市司法局：《深圳市人民调解工作专家库管理办法》，2022 年 4 月 25 日。

182

增强社会组织自我管理能力，发挥党员在参与社会组织内部治理中的带头作用；社会工作者、法律志愿者和特邀专家均可各自运用专业知识和方法，协助当事组织协调矛盾，形成多主体间权责分明、共治共享的治理模式。第二，从人员的专业能力培养上看，展示点项目统筹指导运营方组织开展了法律知识系列培训，有效提升了调解队伍化解矛盾纠纷的专业能力。如全国首个商事调解专门协会——深圳市商事调解协会，建立调解员资格评审和认证机制，使社会广泛了解专职调解员，[①] 并编制了国内首个由专门协会推出的商事调解员系统化培训课程，针对商事调解基础理论、谈判和沟通技巧、调解程序以及职业道德教育等内容开展培训，提升调解员业务能力。[②] 总之，调解员专业能力建设和多元主体的参与，有效整合了社会资源，为社会组织参与矛盾纠纷调解和构建多元共治格局奠定了基础。

二 深圳社会组织矛盾纠纷化解的典型案例

对不同类型的矛盾纠纷，需要运用与之对应的纠纷解决方式，因此有必要对社会组织矛盾纠纷加以分类探讨。概而言之，大体可以分为商会内部治理不规范引发的矛盾纠纷调解、行业协会参与的诉源治理多元纠纷解决、专业社会工作者化解基层群众矛盾三种类型，以下结合具体案例的分析，探讨如何实现将矛盾化解在基层的目标。

（一）部分商会内部治理不规范引发的矛盾纠纷调解

在我国市场经济的发展过程中，商会发挥着重要的中介组织作用。但商会管理者依法运作商会的法律知识相对匮乏、对会员间矛盾纠纷进行调解的方法缺失，使得部分商会因为内部治理不规范，从而容易引发相应的矛盾纠

---

① 深圳市商事调解协会：《深圳市商事调解协会商事调解员资格评审规则（试行）》，2021年12月。

② 郑明达：《探索商事调解新机制 护航企业行稳致远》，《羊城晚报》2022年11月15日，第ZA09版。

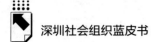

纷。该类型的矛盾若演变为上访案件，往往涉及党政多个部门主体，处理过程也较为复杂。

一是商会成员投诉举报引发的矛盾纠纷。2020 年深圳市民政局、深圳市信访办等部门相继接到针对某商会法定代表人的实名举报信，并指出商会在换届过程中存在人员资格方面的问题。深圳市民政局据此成立调查处理工作组，约谈商会各方人员，在了解相关情况后推动商会各方在关键问题上达成共识，并联合其业务主管单位，共同推动商会成功换届，完善了商会的内部治理体系。

二是商会内部治理问题和成员间矛盾处理不当引发的纠纷。如 2017 年深圳市民政局根据群众投诉，对某商会进行了现场检查，发现商会存在住所未履行变更登记手续、未按照章程开展活动、未严格执行国家规定的财务管理制度等问题。在整改期间，内部会员之间产生冲突，按照相关章程此冲突应由商会自行解决，但商会内部多次调解后仍无法通过协商解决争端。最后，在深圳市民政局介入下，加强相关方的沟通，实施综合监管，并根据相关法律法规提出对策建议，推动了问题的化解。

概而言之，商会的投诉举报案例主要表现为内部治理不规范、会员之间的矛盾冲突引发信访，在处理方式上涉及登记管理部门、业务主管部门、上级党组织等多方主体，需要跨部门开展调解工作，并通过协商沟通和对接相关法律资源等方式加以处理。

（二）行业协会参与的诉源治理多元纠纷解决

2021 年通过的《关于加强诉源治理推动矛盾纠纷源头化解的意见》，为诉源治理提供了政策支持。但是目前法院参与社会治理存在对终端诉讼化解功能的过度依赖、矛盾纠纷多元化解协同功能机制性不足等问题，[①] 因此，诉源治理成为矛盾纠纷调处机制中的重要组成部分。

以服装行业为例，2020 年我国服装行业知识产权纠纷案件以商标案件

[①] 杜前、赵龙：《诉源治理视域下人民法院参与社会治理现代化的功能要素和路径构建》，《中国应用法学》2021 年第 5 期。

为主，共计 2075 件，其中行政诉讼 1305 件，民事诉讼 1770 件，刑事诉讼 343 件，线上侵权案件高达七成，因行业特殊性及仲裁和诉讼资源不足，案件审理周期较长，矛盾难以化解，有损企业和消费者权益。① 在此背景下，2021 年 6 月，深圳市诉源治理非诉解纷试点单位、诉源治理非诉解纷工作中心（以下简称"诉非中心"）成立，探索建立包括调解、仲裁、诉讼在内的主体多元、渠道丰富、公平高效的纠纷解决机制，搭建起联动平台，为解决企业纠纷提供保障。

在具体做法上，深圳市服装行业协会"诉非中心"设立在线司法确认室和线上对接中心，通过在线方式与法院诉调中心进行业务对接，也利用区块链、大数据、云计算、人工智能等技术，建立一套高效低成本的确权、授权和维权机制，并联合深圳公证处通过公证调解达成调解协议，多元化解决行业纠纷的同时节约诉讼资源。此外，深圳服装行业协会组建特邀调解团参与调解工作，包括行业专家和法律专家，以有效处理争议焦点。

深圳市服装行业协会"诉非中心"的案例表明，行业协会参与矛盾纠纷调解可与政府、企业等主体多方联动，运用前沿信息技术等实现流程对接和多元主体协调解决，实现了资源整合，解决了企业在诉前或诉中、执行前调解中的纠纷，协助法院开展辅助工作的同时，最大限度地将矛盾化解在企业或行业内部，维护相关方利益。

（三）专业社会工作者化解基层群众矛盾

深圳市第四届人大常委会第二十八次会议提出，提升专职调解员比例，扶持社会工作机构等专业性社会中介组织开展纠纷调解工作，② 这为社会工作专业介入纠纷调解提供了政策依据。在此背景下深圳各区借鉴"枫桥经

---

① 北京知识产权司法保护研究会、中国知识产权法学研究会、中国服装协会、深圳市知识产权联合会、深圳市服装行业协会及服装企业影儿时尚集团联合出品《中国服装行业知识产权保护白皮书（2020）》，2020 年 4 月。

② 深圳市第四届人大常委会第二十八次会议：《听取和审议市人民政府关于加强人民调解工作情况的报告》，2009 年 5 月。

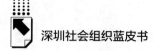

验"，根据地区特点创新推出了符合地域发展的服务模式，并成立了一系列品牌调解室，例如龙岗区宝龙街道的"忠哥调解室"、光明区交警大队的"老洪调解室"等，为矛盾纠纷调解提供了制度保障。

目前，社会工作机构在该领域的服务内容主要涉及纠纷调解、纠纷排查、心理疏导、法律咨询及宣传、危机介入、资源链接和政策倡导等方面。[①] 社会工作机构利用社会工作助人自助的服务理念和专业技巧有效化解矛盾，并基于相关群体情况进行科学分析后形成干预措施，为个人发展和家庭关系改善提供了重要的社会支持。

一是在个体层面，2012年10月深圳市40余名环卫女工集体信访反映自身诉求，信访部门通过个案方法分析群体诉求后，开展"阳光加油站"互助支持型社会工作小组，为环卫女工建立社会支持网络，并引导服务对象参与一系列如"瑜伽体验"、上网技能培训、亲子沟通"同路人"等有针对性的活动。[②] 这都是在回应该群体实际困扰的同时激发其自身潜力，实现助人自助的目标，从根本上帮助服务对象建立自身支持系统，以此达到调解矛盾纠纷的目的。二是在家庭层面，社会工作者的介入为家庭关系的改善提供了良好助力，例如面对婚姻矛盾，社会工作者在了解家庭纠纷点及双方意愿后，采取"背靠背""面对面"等调解方法积极沟通协调，为服务对象搭建了"情感诉说"平台，以此疏解情绪和排除冲突点。

最后，专业社会工作机构在参与纠纷调解过程中，与公检法、政府和社区等多元主体合作，共同打造了品牌服务，为基层治理工作提供了支持，探索了基层矛盾纠纷调解模式。如深圳市社联社工服务中心驻龙岗区人民调解团队在13个派出所打造的"铁嘴道场"一所一服务，依托警务室组建"调解社工+企业+楼栋长+义工"纠纷排查团队，针对需求差异，运用专业工作方法开展个性化服务，形成了预防与调解并行的"三维一体"模式。2019年龙岗街道搭建的"一家人"多元化联合调解平台，主要以社区为依托，

---

① 深圳市社会工作者协会：《【深圳社工领域服务报告】纠纷调解领域服务报告》，"深圳市社会工作者协会"微信公众号，2021年3月19日。

② 李新梅：《为上访环卫女工建一座"阳光加油站"》，《中国社会工作》2015年第22期。

组建"调解专家+特约调解员+调解志愿者"三位一体的跨专业调解服务队伍，为有需求的居民提供社工帮扶、心理辅导、法律咨询、睦邻宣传、链接资源等"一站式"补充调解服务。① 在地方政府搭台、专业机构助力的基础上，充分利用社会资源，形成多方协同化解基层矛盾的创新举措。

总体而言，社会组织参与纠纷治理是平衡向下贯彻国家政策方针与向上表达民众利益诉求的过程，扮演着弱化上访民众情绪与国家权力刚性特质间抗衡的中介角色。② 专业社会工作机构参与矛盾纠纷调解的案例表明，其为个人、家庭、社区等不同层次矛盾纠纷解决提供专业支持，在矛盾处理过程中发挥资源整合的作用，有参与主体多元化、调解内容综合性一体化等特点，是促进高效整合社会资源、多元主体协同治理的重要力量。

三 深圳社会组织矛盾纠纷调解面临的挑战

深圳的实践表明，社会组织参与矛盾纠纷调解不仅使社会组织的内部管理更加规范，也能进一步促进行业协会商会这类社会组织在社会治理格局中发挥更大作用。行业协会商会作为中介组织，其完善和良性发展为协调行业内企业间关系、业内与业外企业间关系、企业与政府部门间关系提供了支持和保障。但是面对社会的多元复杂性和稳定需求，社会组织参与仍然面临诸多挑战。

首先，当前深圳社会组织参与矛盾纠纷调解在很多领域仍处于探索阶段，深圳社会组织矛盾纠纷调解室、深圳市服装行业协会"诉非中心"等试点均处于起步阶段，虽然不同模式的创新为社会组织参与调解提供了新思路，但是面对不断增加的矛盾调解需求，要真正落实将矛盾化解在基层，社会组织矛盾纠纷调解体系尚有待进一步完善，并需要针对发展和机制运行展

---

① 深圳市社会工作者协会：《【深圳社工领域服务报告】纠纷调解领域服务报告》，"深圳市社会工作者协会"微信公众号，2021年3月19日。

② 张帆、田毅鹏：《社会性治理技术：社会组织对社会矛盾的化解之道——以J市信访法律事务服务中心为例》，《河北学刊》2021年第4期。

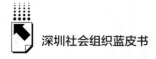

开经验的梳理和总结。

其次，专业能力建设有待加强。无论是社会组织内部的矛盾纠纷，还是行业组织之间及其与外部的纠纷，对运行规范了解不全面而导致内部出现矛盾，或组织处理矛盾能力弱导致矛盾激化等情况，都反映出专业调解能力建设不足的问题。目前，社会组织不仅总体上规模较小、管理运行的规范化水平不高，而且其调解员的时间和精力投入、专业调解知识储备、调解方式和手段等方面也都存在不足，需要提升组织的专业调解能力。

最后，多元主体间的共建共治有待加强。从案例来看，无论何种形式的调解，都需要畅通主体之间的信息流动和资源共享。目前，社会组织参与矛盾纠纷调解存在信息不畅、主体间沟通不足等问题，例如，深圳市某商会案例持续了一年多的时间，增加了行政成本；深圳市服装行业协会和社工机构参与的纠纷调解案例也反映出政府、企业、社区等主体之间协同联动的重要性，因此调解过程需要多方加强交流，权责明确，构建多元主体共同治理的格局。

四　深圳社会组织矛盾纠纷调解的发展展望

当前我国正经历着世界百年未有之大变局，面对国内外发展环境的深刻变化，新发展阶段面临着"统筹发展与安全、保持社会稳定有序"的复杂形势和总体要求，以及市场和社会主体复杂多变的具体需求，经济社会发展面临更大的挑战。为适应这种形势变化和要求，以及推进市域治理体系和治理能力现代化、政府职能转变的背景，社会组织应该充分利用中介组织的角色和专业优势，在基层矛盾纠纷化解中发挥更大作用。

近年来，从中央到地方，各级政府部门都在推动社会组织进入高质量发展阶段：一手抓培育扶持，一手抓严格监管，不断优化存量、把控增量、提升质量，推动社会组织从"多不多""快不快"向"稳不稳""好不好"转型。[1] 基

---

① 王冰洁：《成功走出一条具有中国特色的社会组织发展之路——我国社会组织发展十年回顾》，《中国社会报》2022年9月16日，第A04版。

于此,在创新社会治理方面,深圳社会组织在心理健康、矫治安帮、法律援助、纠纷调处等重点领域,依法有序参与基层治理,构建共建共治共享社会治理格局。[①] 目前深圳市社会组织矛盾纠纷调解机制建设已经具有了较好的基础,但是制度建设处于起步阶段,社会组织参与调解的工作流程和机制还需要进一步优化。

第一,不断扩大试点。在现有试点的基础上,持续进行社会组织矛盾纠纷调解的经验总结,梳理社会组织矛盾纠纷调解室的经典案例。因为社会组织矛盾纠纷调解室设立时间不长,面对社会组织矛盾纠纷类型的复杂性和多样性,各项功能设置是否符合需求、能否实现"预防为主"的预期目标,以及是否具备精准捕捉问题、预判社会矛盾风险等能力,还需要进一步对社会组织矛盾纠纷调解室的定位、功能设置和落地运行等进行跟踪研究和评估指导,才能做出判断。此外,探索建立首席调解员,推出品牌调解室等,建立相互交流的机制,逐步放大政策试点带来的正面效应。

第二,系统性赋能。通过常态化和持续性的培训、交流和展示,尤其是结合真实典型案例讲解易发多发矛盾纠纷的法律知识、调解技巧等,加强对行业协会商会等各类社会组织调解能力建设,提升调解员队伍的规范化和专业化水平。同时,推动各社会组织展示点快速掌握建设目标、内容和方式,提升运营和管理能力,发挥枢纽作用,逐步培育和支持专业调处类社会组织的发展,未来通过细分领域有针对性地开展矛盾纠纷调解工作。

第三,创新调解机制。通过进一步健全法律法规体系,完善社会组织矛盾纠纷调解的制度和规范,明确社会组织参与矛盾纠纷调解的权限和范围,在不断提升调解质量的同时,加强人民法院对调解协议的法律效力和执行力保障。同时加强政府职能部门、人民法院与行业协会商会之间的联动协同,健全案源供应和调解对接机制,推动多元主体参与矛盾纠纷化解。

第四,加强技术支撑。一方面,运用信息技术和网络平台优化矛盾调解

---

① 庄瑞玉:《深圳社会组织高质量发展之路越走越宽》,《深圳特区报》2022年10月16日,第A08版。

室的相关工作流程；另一方面通过尽快启动修订《中华人民共和国人民调解法》，增加行业协会商会调解社会矛盾纠纷的相关条款或表述，并健全商事矛盾纠纷调解案源推送和数据共享的法治配置保障体系，[①] 实现信息、人力资源、案例经验等数据的流动与共享，从而更好地推动社会组织参与矛盾纠纷调解工作和机制的运转。

　　总之，社会矛盾纠纷化解是当前维护社会和谐稳定的必然要求，也是健全社会治理体系中亟须完善的环节。深圳作为改革开放的前沿阵地，是社会组织管理创新的先行者，更要结合现有的社会组织培育和支持政策，进一步加大对该类组织发展、模式创新和作用发挥方面的支持力度，形成社会组织参与矛盾纠纷调解的"深圳样本"。

---

　　① 陈金明：《以商事矛盾纠纷调解为突破口 深化行业协会商会守正创新改革》，《中国经贸导刊》2022 年第 11 期。

B.11
深港商协会合作交流报告

沈丹雪　曾伟玲[*]

摘　要： 商协会作为政企之间的中介组织，沟通政府和企业，是市场的重
要组成。本报告根据收集到的文献资料及对个别商协会的访谈资
料进行分析总结，以典型案例的方式呈现深港商协会合作内容，
如合作组织展会，探索人才认证机制、推动行业标准互认、成立
联盟促进常态化交流、打造跨境产学研合作平台、建言献策搭建
沟通桥梁等，并从中分析深港商协会存在的问题，最后对两地商
协会的未来合作提出建议及展望。

关键词： 行业协会　商会　深港交流合作

　　顺应区域经济一体化发展的趋势，2003年中央政府与香港特区政府、
澳门特区政府分别签署了《内地与香港关于建立更紧密经贸关系的安排》
和《内地与澳门关于建立更紧密经贸关系的安排》（以下简称"CEPA"），
以便利贸易投资，提升双方经济技术交流合作。2017年粤港澳三地签署了
《深化粤港澳合作推进大湾区建设框架协议》，拉开了大湾区建设的序幕。
2019年中共中央、国务院公布《粤港澳大湾区发展规划纲要》，为提升粤港
澳大湾区区域协同发展指明了方向并做出了具体的战略规划，要求港澳与内

---

* 沈丹雪，国际发展专业研究生，腾讯公益内容生态中心行业运营经理，研究方向为参与式发
展、互联网公益、公益议题倡导；曾伟玲，深圳国际公益学院高级总监，社会福利博士，欧
盟-中国高等教育合作项目访问学者，研究方向为社会政策、社会组织、社会服务评估、社
区发展及企业社会责任等。

地优势互补，探索协同发展机制，深港澳一体化合作将会更加密切，合作领域将更加全面，合作水平也会迈向更高层级。

在大湾区内，深港的双城交流尤为密切。深圳与香港之间山水相依，交流频繁，深港相通的口岸就有 16 个，[①] 深港之间的商贸合作也由来已久。20 世纪 70 年代末，刚经历改革开放，港商是最早进入内地的"外商"，毗邻香港的深圳是港商的首选，他们带来了资金、技术和管理经验，建立起了"前店后厂"的模式。随着内地工业产能和技术创新的发展，深港合作取得突破性的进展，发展起了"双城经济"，开始实现协同发展、优势互补。深港进出口贸易额从 1997 年的 701.7 亿元大幅攀升至 2021 年的 7225.3 亿元，已达 1997 年的约 10.3 倍，其间年均增长 10.2%。[②] 深港之间参与国际产业分工更为明确，已经形成了互惠互利、合作共赢的关系，合作更是遍及各行各业，密不可分。

商协会作为政企之间的中介组织，是政府和企业沟通的桥梁，是市场的重要组成。深港两地的商协会交流合作也比较频繁，但以零星和自发性的行为为主，缺乏相应的统计数据。本报告根据收集到的文献资料及对个别商协会的访谈资料进行分析总结，呈现深港商协会合作的现状、存在的问题和未来的展望。

一 深港商协会合作现状

行业协会是由同行业或者跨行业的企业、其他经济组织以及个体工商户自愿组成，依照章程自律管理，依法设立的非营利性社会团体法人，[③] 常以协会、商会、促进会、同业公会、联合会等形式出现。行业协会介于政府、企业之间，通过为会员提供服务，反映会员诉求，规范会员行为，维护会

---

① 深港公路口岸有 7 个，铁路口岸 2 个，水运口岸有 6 个，航空口岸 1 个。
② 《深港协同并进共筑大湾区核心引擎》，http://www.customs.gov.cn/customs/xwfb34/302425/4431384/index.html，最后访问日期：2023 年 4 月 19 日。
③ 引自《深圳经济特区行业协会条例》。

员、行业的合法权益和社会公共利益，沟通、协调会员与政府、社会之间的关系，促进行业和企业公平竞争和有序发展。①

行业协会对于完善市场经济体制，实现经济又好又快发展具有积极意义。西方市场经济的经验表明，企业在微观层次实现生产和管理，商协会在中观层次实现沟通和协调，政府在宏观层面进行调控，三位一体，有利于形成科学发展的宏观调控体系，更好地发挥市场在资源配置中的决定性作用。

早在 1986 年深圳就自上而下依托几家大型国有企业成立了 8 家工业行业协会，并赋予它们承担协调管理行业的职能。20 世纪 90 年代，随着市场化进程的加快，深圳行业协会进入了快速发展期，由各市场主体自发成立的商协会日趋增多，行业协会发展逐渐过渡为"人员自聘、工作自主、经费自筹"的模式。② 2014~2022 年，商协会快速发展，从 2014 年的 465 家快速增长至 2022 年的 1179 家，平均年增长率高达 20%（见表 1）。

表 1　2014~2022 年深圳商协会登记数量

单位：家

年份	商协会	行业协会总数	市级行业协会	区级行业协会	异地商会
2014	465	321	199	122	144
2015	673	484	346	138	189
2016	936	695	551	144	241
2017	1076	783	617	166	293
2018	1015	661	484	177	354
2019	1095	696	499	197	399
2020	1128	709	508	201	419
2021	1157	720	510	210	437
2022	1179	731	510	221	448

资料来源：深圳市历年社会组织年报。

---

① 引自《深圳经济特区行业协会条例》。
② 曾伟玲：《深圳行业协会发展报告》，载《深圳社会组织发展报告（2019）》，社会科学文献出版社，2020。

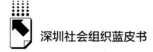

香港的商协会发展具有更为悠久的历史，香港总商会成立于1861年，迄今已有160多年的历史了。香港对行业协会商会的登记管理较为松散。商协会可以是社团性质，即根据香港《社团条例》，在香港警务处申请审批注册，也可以在香港有限公司名下设立。香港设立协会更多的是以后者的方式进行注册。香港的商协会注册成立手续简单，对名称没有严格的要求和标准，可以以行业协会、基金会、研究院、促进会、学会、学院、研究所等后缀为名。商协会下面也可以继续成立协会，如香港工业总会下设32个工业分组，有传统工业也有新兴工业，如香港化工及生物科技协会、香港电气制品协会、香港家具协会等。香港总商会、香港中华总商会、香港中华厂商联合会等知名商协会，成立时间早，企业会员覆盖面广，具有较大的影响力。但更多的是名号很大而实力和影响力都欠佳的机构。迥异的登记管理方式给内地机构在选择合作伙伴时造成较大困扰，难以区分辨别香港商协会的背景及实力，从而防范合作风险。

2017年国家颁布实施了《中华人民共和国境外非政府组织境内活动管理法》，为规范、引导境外非政府组织在中国境内的活动、保障其合法权益、促进境内外的交流与合作提供了法律依据。截至2022年12月31日，在内地依法登记的境外非政府组织已达678家，其中总部在香港的113家，在广东省境内登记代表机构的境外非政府组织有54家，① 仅有4家在深圳依法登记设立代表机构/代表处。②

二 深港商协会合作典型案例

深港合作紧密，两地的商协会在服务企业、行业和产业的过程中也实现了资源互通、优势互补，在展会组织、人才培养、资格互认、标准制定等方面展开了合作。

---

① 公安部境外非政府组织管理办公室：《2022年境外非政府组织登记备案情况》，"境外非政府组织在中国"微信公众号，访问时间：2023年2月6日。
② 境外非政府组织办事服务平台，https：//ngo.mps.gov.cn/ngo/portal/toInfogs.do，访问时间：2023年5月22日。

194

（一）组织展会开拓市场，促进经贸交流

深圳市电子行业协会成立于 1986 年 4 月 23 日，前身是深圳市电子工业发展协调委员会，是深圳经济特区设立的第一家行业协会，也是深圳电子信息行业最具规模的协会之一，拥有企业会员近 1300 家。

1988 年，在时任深圳市市长李灏及香港贸发局代表的见证下，深圳市电子行业协会和香港电子协会联合发起设立深港电子业促进委员会。20 世纪 80 年代，香港是亚洲发展较快的经济体，在世界舞台已经崭露头角。而内地刚经历从计划经济向市场经济的转型，电子行业仍以"三来一补"为主，亟须拓展市场。在深港电子业促进委员会的推动下，1990 年 10 月，深圳市电子行业协会组织深圳电子企业赴港参加香港贸发局春季电子产品展及香港贸发局秋季电子产品展。这些企业是香港贸发局电子展内地首批代理，深圳市电子行业协会也是国内首批组织企业到境外参加展览会的组展单位。深港商协会的合作交流为深圳电子企业提供了向世界展示的机会，打开了深圳乃至全国电子行业"走出去"的大门。

30 多年来，深圳市电子行业协会组织一万多家电子企业参加展会，促进了经贸交流，为深圳电子企业拓展市场提供了优质服务，促进了产业的发展。深圳的电子信息产业不断做大做强，从之前的来料加工加速往高新技术产业转型。随着华为、中兴、创维、科健等高新科技企业迅速崛起，深圳的电子工业产值成为深圳第一个工业产值超千亿元的行业。

（二）探索认证机制，助力行业人才流通

深圳市金融科技协会（以下简称"深金科协"）成立于 2005 年，原名为深圳市金融信息服务协会，是以金融机构为主，联合有关金融科技企业组成的地方性、专业性、非营利性，服务金融创新的技术中立社会组织，也是深圳市 5A 级社会组织，还是全国最具特色、最活跃的金融 CIO 社群。

人才是发展的关键，也是市场要素之一，推动人才的流动有助于充分发挥市场的配置作用。深港两地有碍于制度不同，行业人才往往有各自的认定

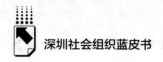

标准，人才难以流通。香港是中国首屈一指的国际金融中心，也是亚洲的金融中心，金融服务业发达。2020年香港金融服务市场的经济贡献达到760亿美元，相当于本地生产总值的23%。这一切都离不开优秀金融人才的努力。

为了进一步促进大湾区金融人才流动，2019年3月，深圳市地方金融监督管理局联合香港财经事务及库务局、香港金融管理局、澳门金融管理局，依托行业协会、高等院校和科研院所，在三地推行"深港澳金融科技师"专才计划，建立集"考试、培训、认定"于一体的金融科技人才培养机制，由深金科协、香港中国金融协会和澳门金融学会作为专才计划的认证单位。

"深港澳金融科技师"是全球首个金融科技专项人才计划，旨在培养和集聚海内外优秀金融科技人才，实现金融科技人才在深港澳三地的自由流动，促进行业合作，为建设更具国际竞争力的金融科技中心和现代服务产业体系提供坚强的金融科技人才保障和智力支撑。这也是深港商协会推动人才资格互认的重要尝试。作为金融科技领域的专业考试，专才计划积极打破传统考试模式，探索考试新路径，实现了三个"首次"，即首次实现了深港澳三地考生同时线上考试，首次创立了对持证人信息上链的创新举措，首次实现了深港澳三地电子签章的互认互通。

此外，在深港商协会的资格互认方面，深圳市外商协会、深圳家具协会、深圳钟表协会、深圳电子商会、深圳监理师协会等均与香港同行开展对口合作，推行会员资格的相互承认，促进了两地同行间的交流。

（三）推动粤港澳行业标准的制定和互认

标准是通用的规则语言。以标准引领促进质量提升，标准化在便利经贸往来、支撑产业发展、促进科技进步、规范社会治理中的重要作用日益凸显。步入新发展阶段，高标准将助力高技术创新，有效提升中国经济的发展潜力和竞争力。

在中国金融学会绿色金融专业委员会指导下，由广东金融学会绿色金融专业委员会、香港绿色金融协会、深圳经济特区金融学会绿色金融专业委员会和澳门银行公会共同发起成立粤港澳大湾区绿色金融联盟（以下简称"联盟"），联盟在2021年吸纳广州市绿色金融协会和深圳市绿色金融协会作为会员机构，深圳市绿色金融协会（以下简称"深圳绿金协"）作为联盟永久秘书处。

联盟成立绿色金融标准互认工作组（以下简称"标准互认工作组"），由深圳绿金协作为牵头机构，针对部分绿色金融标准缺失的问题，通过发挥粤港澳大湾区绿色金融联盟的作用，加快制定绿色金融系列标准，推动大湾区环境信息披露标准共建和互认；同时，探索建立大湾区统一碳标识，制定产品碳足迹评价标准，开展碳足迹数据认证试点，并探索碳足迹在绿色金融的应用机制，逐渐形成大湾区绿色标准共识，促进内地标准与港澳、国际标准接轨，推动粤港澳大湾区共同认可绿色建筑标准落地。

在跨境商协会合作方面，深圳市装饰行业协会也与澳门工程师学会展开了合作。一方面，澳门工程师学会参编了深圳市地方标准《中小学建筑装配式装修技术规程》；另一方面，探讨深圳市装饰行业协会团体标准《深圳市建筑装饰碳排放计算标准》如何在澳门推动并转化为实际应用。深圳市装饰行业协会和澳门工程师学会还在培育深澳示范项目、建立完善建筑装饰工程标准体系、促进深澳两地行业标准互认互联互通等事项上达成了初步共识。

（四）成立联盟促进两地行业常态化交流

深港商协会通过同行业同领域成立产业联盟的方式，探索打破地域边界和产业壁垒，建立两地行业常态化交流机制，促进深港两地行业的紧密合作。

香港金属制造业协会、香港铸造业总会、深圳市机械行业协会等12家制造业行业协会发起成立粤港澳先进制造业产业联盟。联盟成员通过交流互访，形成常态化的沟通机制，探索发挥深圳市机械行业协会在内地资源链接方面的优势，推进以联盟为集合体在产业转移承接地建设产业集聚园区，凝

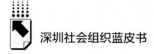
聚力量，争取惠企政策。

深圳市质量检验协会成立于 1989 年，是由全市各类质量检验检测机构和技术专家组成的行业社会团体组织，是深圳市市场监督管理局指定的深圳市检测质量投诉中心、消费者权益服务站。在深圳市市场监督管理局支持下，深圳市质量检验协会探索与香港检测认证协会及粤港澳大湾区质量组织等成立湾区检测认证联盟，组建跨界融合的公共服务平台，旨在促进香港与内地企业间的合作，推进成员加强质量、标准、计量、检验检测、认证认可、专利等体系和能力建设。两地商协会可以在国家"双循环"发展格局中发挥各自的优势，探索解决智慧建筑、老年产品科技认证，空气环境检测、电梯强检、消防安全、食品检测等方面的问题和难点，为检测行业和上下游产业链提供发展机遇。

（五）共同打造跨境产学研合作平台

产业、学校和科研机构相互配合，发挥各自优势进行合作，逐渐打通技术创新中上、中、下游的对接通道，这对于行业的科技创新和人才培养具有深远的意义。深圳着力打造大湾区国际科技创新中心，从应用技术创新向基础技术、核心技术、前沿技术转变，从跟随模仿式创新向源头创新、引领式创新跃升。

深圳和香港各有优势。香港高校密集，有学术研究的资源，同时香港是亚洲金融中心，因而在创新链和融资方面具有比较优势；深圳通过多年的发展，在产业链方面奠定了良好的基础，深港通过优势互补，能创造出更大的价值。深圳不断布局，引进香港中文大学在龙岗办学，与北京大学、香港科技大学在南山打造深港产学研基地，在福田的河套合作区建设深港科创综合服务中心产业空间，建设光明科学城，等等。深圳持续引入基础科研力量，透过体系化的创业服务，引进和培养高新技术人才、打造科技成果孵化与产业化基地、吸引风险基金参与、探索科技体制的创新。深港两地的商协会也积极推动产业参与，如香港产学研合作促进会、深圳市医疗器械行业协会、深圳市人工智能行业协会等，促进深港两地的资源参与跨境产学研合作平台建设，探索技术升级助力行业转型的方向。

深圳市中小企业家联谊会、深圳市中小企业产业创新协会、天安数码城（集团）有限公司主办第二届粤港澳大湾区中小企业产业创新峰会，汇聚创新中小企业及产业资源，搭建粤港澳大湾区中小企业交流与合作平台。香港中小企业家发展促进会、香港产学研合作促进会、深圳市外商投资企业协会、深圳市无人机行业协会、深圳市安防行业协会、深圳市智慧零售协会等多家商协会参与。峰会围绕"产学研用，深港联动，共建产业创新生态"等多个议题展开了讨论，探讨大湾区合作下的产业创新生态。

（六）建言献策搭建深港沟通桥梁

商协会具有沟通政企，反馈行业诉求，宣贯政策，助力企业规避风险、把握政策红利的功能。粤港澳大湾区将在一个国家、两种制度、三个关税区、三种货币的条件下建设，会面临制度、法律和规则的不同，因而推进深港合作必然会遇到一些政策性障碍。深港商协会积极建言献策，反馈政策和机制上存在的障碍，促进深港双城建设。

深圳市前海香港商会（以下简称"前海香港商会"）系由港资企业为主、中资和外资企业共同发起、在深登记的社会团体，集结了300多家大型港资企业，并作为内地港人团体具有香港特首选举的一票投票权，与香港商界有密切联系。

2022年，深圳市民政局主办、前海管理局协办、前海香港商会承办的线下第一次深港商协会交流座谈会召开。参加座谈会的有粤港澳大湾区企业家联盟、大中华金融从业人员协会、粤港澳大湾区教育发展协会及前海香港商会等香港商协会代表，他们在香港人才引入落地配套措施、港人在深生活创业服务支持、香港老字号生存发展、香港公务员内地培训计划、香港商协会在深活动备案等方面表达了需求并提出了建议。

深圳市服务贸易协会、深圳市跨境智联科技促进会参与深圳市前海管理局"深港两地进出口贸易监管规则衔接"专题调研会，就深港两地清关系统、清关流程、清关规则等问题，生物医药研发，跨境贸易大数据平台，以

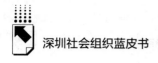
及两地企业可享受的前海综保区各项优惠政策、便利措施等方面参与讨论，并提出相关意见和建议。

珠三角工业协会是香港工业总会辖下的一个协会，于 2004 年 3 月成立，协会秉承创会宗旨，维持珠三角港资企业利益，发展并维持港商与内地政府机构之间的沟通和联系，促进香港与珠三角之间工商业交流，为会员提供支持与服务。

三　深港商协会合作存在的问题

（一）个别领域活跃，缺乏全面互动

前述案例探讨中列举了部分深港商协会深度合作的内容和方向，但这对于深港两地经贸合作体量来看仍远远不足。据 2021 年深圳市社会组织年报的不完全统计，深圳市有 8 家市级商协会在当年开展了与香港方面的交流，如由深圳市计算机用户协会承办，香港互联网专业协会、香港资讯科技联会参与的"深港澳科技论坛–智能制造赋能产业发展"系列线上论坛；深圳市信息行业协会、深圳市企业科技创新促进会、深圳市工程师联合会、深圳市生物医药促进会、深圳市计算机用户协会等共同承办，香港青年创新创业协会参与的"深港澳科技创新创业论坛"；等等。因此从总体上看，深港商协会在个别领域交流频繁，做出了积极的探索，但大部分的商协会交流仍集中在参加会议、课程培训、论坛等，缺乏全面互动。尤其是近三年受疫情影响，香港与内地通关期限已被数次延后，资本、技术、人才、信息等流通受阻。各种会议和商协会活动都受阻，交流频次下降，交流领域收缩，许多原有的合作活动只能转为线上互动，信息交流有限，难以促成深度合作。

（二）缺乏常态化的政企沟通机制

商协会是政企沟通的桥梁。无论是深圳还是香港都与当地的商协会有自己的沟通渠道和机制，如深圳产业政策制定会咨询相关的行业协会，香港工

业总会在立法会有投票席位。但站在深港合作的角度，两地存在制度差异和政策协同的问题，需要两地政府部门协同解决，然而现在尚缺乏常态化的沟通机制去解决两地合作中遇到的障碍和问题。

四 深港商协会合作展望

（一）创新联动机制，搭建交流合作平台

香港的商协会在登记管理上较为松散，可以借助政策优势，在前海片区探索香港商协会在深活动的备案绿色通道。对香港商协会建立白名单制度，对在白名单内的香港商协会在境内开展合作设置简易审批手续。

发挥政府的引领作用和号召力，由政府部门牵头建设交流合作平台，定期发布深港商协会的活动信息，拓宽深港商协会交流合作的广度。如支持深港科技社团合作，举办更多的国际高端学术会议，增加互动频率，引入智力支持，推动深港商协会在人才认证、标准制定、产学研合作方面建立更深层次的合作。

（二）结合两地发展重点，推进产业优势互补

《粤港澳大湾区发展规划纲要》对深圳和香港有各自的产业定位，两地交流合作交流紧密。香港在金融、法律等高端服务业上具有国际化优势，在科技创新、知识转化方面同样具有创新优势。深圳着眼于高端创新型产业发展，出台《关于发展壮大战略性新兴产业集群和培育发展未来产业的意见》，提出了20个战略性新兴产业发展重点细分领域和8个未来产业重点发展方向，并发展和培育一集群一协会。深港商协会合作可以在对应的行业协会进行常态化交流，吸引香港优势产业和高端服务业更好地融入大湾区，帮助内地企业优化产业结构，更好地走向国际。

（三）支持两地商协会发挥桥梁纽带作用

两地商协会中不乏具有影响力和较强服务能力的协会，它们可以发挥枢

纽作用。可以探索政府部门与商协会定期协商的方式，从促进深港合作角度，建立两地商协会与政府职能部门间的沟通机制，解决两地商协会合作上存在的障碍和困难。尤其是推动两地商协会在科技创新、创业服务、人才培养和标准互认等领域的合作，突破地域和制度限制，让市场更好地发挥资源优化配置作用。

B . 12

当好新时代深圳社会组织的"链接器"

——深圳市社会组织总会枢纽作用的实践与探索

古丽莎　杨华茂*

摘　要： 枢纽型社会组织是社会组织生态建设的重要一环，承担着业务指导、服务提供、孵化培育、管理等功能。本报告从枢纽型社会组织视角出发，以深圳市社会组织总会为例，对枢纽型社会组织中的党建引领、人才培育、基层政策研究、乡村振兴等实践路径进行了经验总结，并探索未来应如何更好地发挥"总枢纽"作用。

关键词： 枢纽型社会组织　社会组织人才培育　乡村振兴

2021 年，民政部印发《"十四五"社会组织发展规划》，为进一步规范社会组织登记管理、推动我国社会组织高质量发展做出系统安排。"十三五"期间，各类社会组织广泛参与脱贫攻坚，在 2020 年积极参与疫情防控和复工复产，中央财政设立支持社会组织参与社会服务项目资金，社会组织广泛参与社会服务取得显著成效，为"十四五"规划的实施奠定了扎实的工作基础。社会组织发展初期，我国由民政部和相关职能部门共同对社会组织采取"双重管理"，然而，在实践中由"双重管理体制"所形塑的制度环境，不仅没有起到促进社会组织发展的作用，甚至成为社会组织发展的限制性因素。为了对现有问题进行有效回应，枢纽型社会组织作为"桥梁组织"应运而生。2008 年 9 月，北京市

---

* 古丽莎，深圳市社会组织总会副秘书长，深圳市社会组织评估专家，研究方向为社会组织运营和发展；杨华茂，深圳市社会组织总会副秘书长，深圳市社会组织智库专家，深圳市民政局外聘专家，研究方向为基层治理、社会服务、社会组织发展。

社会工作委员会出台的《关于加快推进社会组织改革与发展的意见》，首次提出"枢纽型社会组织"的概念。从狭义上说，枢纽型社会组织是指依据国家法律法规，在社会组织管理部门登记注册的社会团体、民办非企业单位和基金会三类社会组织，是在同类别、同性质、同领域的社会组织中承担业务指导、服务提供、孵化培育、管理等功能，经过一定的程序，由各地社会管理机构认定的社会组织或社会组织联合会。①

深圳市社会组织总会（以下简称"总会"）成立于1994年，前身是"深圳市社会团体总会"，2008年9月变更为现名，截至2023年5月，有544家会员，其中社会团体会员386家，社会服务机构会员75家，基金会会员83家。②党的十八大以来，深圳社会组织数量快速增长，质量稳步提升，活力日益迸发，为经济社会发展注入了新的生机和活力，成为深圳这座城市重要的"软实力"。作为全市最具影响力的枢纽型社会组织之一，总会勇担新时代历史使命，以深圳"双区"建设为核心，以改革创新为动力、以优质服务为目标、以整合资源为手段，致力于凝聚全市社会组织力量，打造具有创新活力、社会公信力和可持续能力的国际化、枢纽型品牌社团。

一 发挥枢纽型党组织政治核心作用，以党建引领全市社会组织健康发展

2016年3月30日，经深圳市社会组织党委批准，中共深圳市社会组织总会联合委员会（以下简称"总会联合党委"）正式成立。总会联合党委成立以来，认真贯彻落实深圳市社会组织党委党建工作"燎原计划"，积极推进支部建在"连"上，实现了社会组织党建"双覆盖"③的跨越式发展。

---

① 赵璐：《枢纽型社会组织的研究与发展——文献综述视角》，载《劳动保障研究会议论文集（十四）》，2021。
② 本报告中未注明来源的数据均来源于深圳市社会组织总会相关统计资料。
③ "双覆盖"指组织覆盖和工作覆盖。2012年3月，中央办公厅印发《关于加强和改进非公有制企业党的建设工作的意见（试行）》（中办发〔2012〕11号）提出"扩大组织覆盖、扩大工作覆盖"。

2016~2022 年，总会联合党委直属党组织从 15 个增加到 117 个，直接管理的党员从 88 名增加到 830 名，成为深圳市社会组织党委系统第一大基层党委，为党建引领全市社会组织健康发展提供了坚实政治保证。2017 年，总会联合党委被中组部确定为全国社会组织党建工作直接联系点。

（一）坚持问题导向，对症下药破解难题

总会联合党委梳理了党建过程中的 8 个倾向性问题，有的放矢开展工作。总会找准定位，主动承担党建兜底责任，即承担异地商会类、难以归类社团组织、公益慈善基金会、社会服务机构的党建兜底工作。此外，总会还依托总会党支部建立党建孵化机制，① 解决党员空白的社会组织的党建双覆盖问题。

（二）发挥"名人效应"，示范引领带动党建

积极借助名人效应，动员社会知名人士担任社会组织党支部书记，提升社会组织党建的影响力，扩大社会组织党建示范效应。如动员著名社会活动家、招商银行原行长马蔚华同志担任社会影响力大的深圳国际公益学院和壹基金联合党支部书记；邀请深圳前市委常委、警备区司令崔晓汉同志担任联合党委委员和深圳市国防教育促进会党支部书记。

（三）推动党建会建深度融合

第一，为了推动党建会建深度融合，总会大力推进交叉任职。从会员单位实际出发，以直属党支部集中换届为契机，要求直属党支部书记候选人原则上应在会长、执行会长、副会长、秘书长、执行秘书长、监事长或监事等管理层党员中产生，实现党建与会建高度融合。通过交叉任职、设定支部书记任职门槛，使党委班子和直属党支部书记人选得到明显优化，强化了党组织的政治核心地位，切实加强了党对社会组织的全面领导。近年来，总会先

---

① 党建孵化机制是指党员、党组织双孵化的机制。

后指导深圳市女性创业促进会、深圳市社会公益基金会、深圳市桃花源生态保护基金会、深圳市花样盛年慈善基金会、深圳市博思家庭教育指导中心、深圳市宝鸡商会等6家社会组织成功建立党支部。

第二，积极发展党员。截至2022年末，挂靠市总会党支部申请入党的累计99人，其中入党申请人26人，确定为入党积极分子的33人，确定为发展对象的1人，成为预备党员的有5人，已按期转正的党员34人，分别来自全市28家市级社会组织。近年来直属党支部涌现出一大批入党积极分子，80后、90后青年占比较高（见表1）。

表1　发展党员情况

单位：名，%

年份	发展党员数	80后、90后党员数	80后、90后党员占比
2017	10	8	80.0
2018	32	21	65.6
2019	20	14	70.0
2020	28	20	71.4
2021	13	8	61.5
2022	17	10	58.8
总计/整体	120	81	67.5

第三，推行社会组织党建工作"3+2"模式。在深圳市社会组织党委的统一领导下，总会联合党委以市级社会组织等级评估为抓手、以机制保障的制度性安排为手段，积极探索试行社会组织负责人换届选举事先审核制度，逐步在会员单位和直属党支部推行社会组织党建工作"3+2"模式：党组织书记参加（列席）管理层会议、参与重大决策、参与换届等人选审查；党组织与社会组织领导班子交叉任职、共同学习、共议重大事项，联合纪委工作与监事会工作形成合力等。在深圳市社会组织等级评估标准的制定中，明确党建工作对参评4A级及以上等级社会组织的一票否决作用。

第四，联学联建聚合力促发展。为进一步夯实党建工作基础，充分发挥总会资源多元化优势，总会党支部与深圳市社管局党总支、企业型党支部、社会组织型党支部、银行类党支部等开展多种形式、多元主题活动。在联学联建中有效实现"优势互补、资源共享、共同提高",形成"以联建促党建、以联学促发展"的工作格局,进一步推动社会组织党建工作再上新台阶。

二 实施社会组织人才培育工程,为全市社会 组织高质量发展提供人才支撑

人才是社会组织发展的前提。2016 年 11 月,总会成为民政部授予的首批"全国社会组织教育培训基地"。为充分发挥社会组织在社会治理和社会服务中的积极作用,总会结合深圳社会组织发展的实际情况和多年来在社会组织培训工作方面的经验,精心设置课程内容,面向全市社会组织开展各级各类教育培训活动,努力使社会组织成为政治过硬、治理完善、服务专业、诚信自律,让党放心、让人民满意、让行业认可的高质量社会组织。

(一)建立健全各类师资队伍

2016 年,总会遴选 36 名首批各类授课导师、教师。随后几年不断扩大师资队伍,邀请全国知名企业家、知名专家学者、社会组织领军人物加入智库,至 2022 年底成员已达到 70 名。同时,总会积极与各类学术研究机构合作,旨在全国范围内选聘 100 名客座教授、100 名智库专家,以"双百"智力支持引领社会组织教育、培训、研究,从而形成深圳市社会组织的人才高地、学术高地。

(二)多元开发各类培训课程

总会通过多种形式开展分层分类的培训品牌计划,全面提升社会组织从业人员职业化、专业化能力。如针对新成立社会组织的负责人开展"初生计划"履职培训,普及应知应会的政策法规,明晰权责,加强社会组织合规自律建设。针对初入社会组织的从业人员开展"育苗计划",解决从业人员流动性大、专业人才空缺的问题,快速培育一批具有实务能力的社会组织

从业人员。针对社会组织的秘书长、骨干人员开展"领袖计划"培训班，通过专题课程、主题论坛、秘书长沙龙、访学交流考察等模式，培育一批专业化、职业化的秘书长。截至 2022 年末，已累计开展各项培训项目 34 个，累计筹集培训经费约 851.8 万元，开展超 50 余场社会组织主题沙龙活动，开办 38 期短期集中培训班，其中包括 21 场社会组织负责人培训班，总培训场次累计 345 场，培训人数超 2 万人，线下培训超过 51700 人次。

（三）打造"枢纽+共建"数字化平台

总会与深圳国际公益学院、深圳市物联网协会等 14 家具有相应教育培训资源的社会组织合作，设立"全国社会组织教育培训基地深圳教学点"。打造全国社会组织教育培训基地数字化平台，将整合的培训教育资源库以数字化形式展现并供社会组织选择，实现一键下单，可按照人均预算、活动天数、主题等智能匹配适合的场地及内容，亦可在线个性化选择场地、食宿、交通、活动、课程、师资等，全程专人对接具体安排，提供全方位的一站式管家服务。以"打造没有围墙的社会组织培训教育高地，成为全国社会组织的'黄埔军校'"为目标，通过挖掘深圳具有区域性、时代性、独特性的创新示范资源，实行开门开放办学，形成多点联动教学，扩大"基地"在深圳的影响力和实现功能的延伸效应。

（四）系列活动助力社会组织打造品牌

为推动社会组织适应经济社会发展的需要并逐步实现转型升级，实现从传统的粗放管理到现代精细服务的转变、从行业垂直单一服务到整合资源垮界合作的转变、从立足深圳面向内地到主动开展国际交流和参与"一带一路"倡议的转变。依托全国社会组织教育培训基地设立的"名师名家讲学堂"由此应运而生，总会邀请了马蔚华等知名专家学者、社会组织领军人物、著名企业家分享智慧和经验，积极引导社会组织从高速度向高质量方向发展，更好地服务国家、服务社会、服务群众、服务行业。2022 年，总会搭建全新社会组织教育分享平台"益说深圳"，打造引领社会组织健康发展教育品牌，以创新的服务模式助推社会组织高质量发展。采用线上线下相结合形式开展全新教育服务工作，建立社会组织运营百问数据库、运维公益小视频公众号，记录深圳社会组织大事记和代表人物公益影像，引领社会组织发展。同时，总会为全市社会组织量身定制了"走进 5A 组织、走进国字号、走进粤港澳、走进名企"等系列活动，以优秀社会组织为导师，精准提炼鲜活经验，建立互动对话机制，深受广大社会组织欢迎。

三 组建社会组织智库，为全市社会组织高质量发展提供智力支持

深圳"民间智库"资源丰富、涉及领域广泛，可以作为市委、市政府及相关部门开展课题研究和政策咨询的辅助力量和重要的智力补充。2017年 6 月，总会被深圳市委政研室（改革办）设立为调研基地，开辟了社会组织向政府建言献策直接通道。总会坚持"提供服务、反映诉求、跨界合作、互联互通"的原则，发挥桥梁纽带作用，组建社会组织智库，以多种形式推动与政府部门的联系沟通，为社会组织的改革发展建言献策。

（一）持续开展行业共性问题研究

2022 年，总会成为深圳市决策咨询委员会深圳智库联盟成员单位。总会与深圳市马洪经济研究发展基金会共同发起建立了社会组织智库平台，旨在打造集深圳市各类社会组织中具有跨界智库特点和能发挥智库作用的机构、智者于一体的"新型社会智库平台"。近几年，总会智库平台先后承担政府职能部门相关重大课题调研并形成了一系列调研报告。如根据深圳市民政局委托课题形成的《深圳社会创新中心调研论证报告》《关于设立"深圳市社会组织发展基金会"的报告》，根据深圳市外办委托课题形成的《深圳市社会组织国际交流合作现状调查》，根据深圳市委统战部委托课题形成的《深圳市社会组织统战工作调研报告》，根据深圳市委改革办委托课题形成的《深圳市社会组织参与社会治理体制机制研究和政策建议》。疫情期间，

总会牵头撰写《抗疫贡献与可持续发展——全市社会组织抗击疫情表现与需求调研报告》，报送市社会组织管理局、市委政策研究室、市决策咨询委员会等相关部门，同时全力配合政府各部门调研工作，组织协调100多位各类别社会组织代表参与民政部、广东省政协、深圳市政协、深圳市委政策研究室调研，面对面向上反映情况。撰写《深圳市社会组织中青年政治倾向调研报告》，积极引导社会组织中的青年形成正确的政治倾向，对强化青年思想政治教育提出建议与对策。

（二）加强政社沟通，构建共建共治共享社会治理格局

总会多次协助深圳市政协、深圳市外办、深圳市社法民宗委、统战部、民政部等上级部门，邀请相关社会组织负责人参与座谈，反映行业诉求。此外，发挥好党政部门的参谋助手作用，按照上级部门要求做好学习宣贯、资源协调、调查研究等，如协助深圳市委统战部做好广东省社会组织代表人士深圳片区代表的推荐工作；协助共青团深圳市委做好青年社会组织骨干推荐；配合深圳市民政局做好"社会组织管理政策咨询调查问卷""社会组织薪酬体系调查问卷"等的填写工作等。

四　发挥社会组织功能，推动全市社会组织积极参与乡村振兴

2019年以来，总会在深圳市民政局、深圳市社会组织管理局的指导下，紧紧围绕中央部署，先后与深圳市对口支援新疆工作前方指挥部、广东省第二扶贫协作工作组签订合作协议，多方位链接深圳商协会及企业助力新疆、广西建设。充分发挥行业和慈善组织力量精准助力乡村振兴，初步探索出社会组织参与乡村振兴的深圳模式。

（一）粤桂帮扶协作卓有成效

总会以粤桂协作机制为平台，动员会员单位以及相关企业、机构和爱心

人士，通过结对帮扶、投资兴业、消费帮扶等方式，当好"人才培训员""信息排头兵""消费帮扶员"，打造"'深爱'社会组织助力乡村振兴服务平台"，积极参与广西脱贫攻坚和乡村振兴工作。2020年底，总会援桂脱贫攻坚工作获得广东省第二扶贫协作工作组表彰。2021年6月，总会被中共广东省委农村工作领导小组评为"广东省脱贫攻坚先进集体"。2021年10月，广西壮族自治区工商联、广东省工商联、广西壮族自治区乡村振兴局、粤桂协作工作队授予总会"粤桂扶贫协作先进单位"称号。据统计，2021年以来，总会累计组织200余家社会组织及企业积极深入广西实地考察，实地落地项目14个，到位投资2亿元，组织近百家社会组织积极参与广西消费帮扶活动，采购农产品金额近3亿元。

（二）对口援疆工作成效斐然

2019年10月28日，总会通过公开招投标的方式获得"喀什（深圳）援疆招商服务站"（以下简称"服务站"）运营项目，服务站在深圳市对口支援新疆工作前方指挥部的指导下，充分发挥桥梁枢纽作用，广泛发动深圳商协会及企业力量，精准对接当地优质资源，为喀什乡村振兴贡献深圳力量。服务站在深圳市对口援疆工作前方指挥部的指导下，协助返深招商人员招商100人次，梳理企业信息500余家。承办7场招商座谈会活动，1000余人参与招商座谈。组织5场大型赴喀考察交流活动，组织400余家企业及商协会到访乌鲁木齐、新疆喀什、塔县、麦盖提县并开展经贸交流、生态保护、文旅推广、沙漠植树、公益支持等主题活动。聚焦人才的输出和培养，助推援疆事业高质量发展，由总会牵头，联合壹基金、深圳市社联社工服务中心、深圳市志远社会工作服务社与喀什大学共建社会工作专业实践基地，并提供40个实习岗位。2022年10月，喀什疫情防控形势严峻，在接收到深圳市对口支援新疆前方指挥部发出的新疆喀什防疫抗疫急需物资信息后，总会第一时间启动应急联动机制，向各会员单位发出募集捐助需求，得到了众多组织积极响应，3天时间筹集价值150余万元的医用口罩、KN95口罩、防护服、消毒凝胶、温暖包、防寒服等防疫急需物资。喀什服务站项目启动两年多来，总会积极响应"智力援疆"、"产业援疆"、"民生援疆"和"社会援疆"等对口支援项目，探索形成新一轮援疆工作社会组织参与的新模式，社会组织参与援疆工作的跨界合作模式逐渐成熟，社会组织及企业参与援疆工作积极性不断提高。

五　发挥"总枢纽"作用，谱写新时代深圳社会组织发展新篇章

深圳社会组织从 1986 年 8 家工业行业协会成立拉开序幕，已有 30 多年发展历程。广大社会组织在参与社会治理、服务经济建设、助力科技创新等方面发挥了重要作用。在深圳被国家授予中国特色社会主义先行示范区建设重要城市定位的背景下，如何推动社会组织工作创新，打造具有"双区"特色的社会组织"深圳品牌"是时代赋予总会的使命。站在新的历史起点，总会将高举中国特色社会主义伟大旗帜，以习近平新时代中国特色社会主义思想为指导，全面贯彻党的二十大精神，坚持党的全面领导、坚持依法办会、坚持公益初心、坚持服务为本、坚持共建共享、坚持创新示范，多方位助力社会组织高质量发展。

（一）加强党的全面领导，确保高质量发展的正确方向

总会始终坚持把党的全面领导作为总会党建工作发展的政治方向，探索出党建与会建相互合作相互推动相互融合的有效制度。充分发挥总会"全国社会组织党建工作直接联系点"的资源优势，持续创新党建工作，全力配合上级党委做好深圳市社会组织党校培训基地工作，高质量地做好"双孵化"工作，加强党委下属党组织建设工作，激发各党组织活力，进一步促进党建与会建双融。同时持续开展党史学习、联学联建、红色研学等系列主题活动，推动党建引领会建，促进各组织之间的跨界交流，传递正能量。

（二）发挥桥梁纽带作用，打造全市"社会组织之家"

总会坚持服务为本，认真总结经验，听取会员心声，打造"1+5"会员

服务平台，为会员提供党建服务、能力建设、合规咨询、智库支持、宣传服务和公益支持服务，切实服务好会长、秘书长和社会组织的从业人员，不断提升会员的满意度。响应政策号召，推动会员服务向信息化、数字化转变，以会员服务数字化平台为抓手，实现会员服务数字化并向会员开放使用，将抽象的服务数据化，让会员客观地看到、体验并参与到服务当中，实现总会会员服务新升级。

（三）发挥社会组织智库作用，持续为行业发展建言献策

有为才有位，有位更有为，必须坚定不移地走可持续发展道路，总会持续加强社会组织智库建设，加大理论研究，持续为行业发展发声。凝聚"最接地气"和"最通政气"的智库成员。智库由不同行业领域的社会组织发起人、负责人、研究人员以及社会组织界别的党代表、人大代表、政协委员等多元化人士组成，充分发挥他们的实战经验、研究分析和参政议政能力。针对行业经济发展、社会组织高质量建设、数字化、人才标准、社会治理等的热点、共性问题，加大基础研究投入，提出更符合实际、更具有可行性和实操性的思路或方案，供各级党委和政府做决策时参考。

（四）推动行业助力经济发展，打造行业融合创新服务平台及产业集群服务平台

总会将继续肩负创新引领深圳社会组织发展的重任，打造深圳社会组织创新示范的服务平台。一是联合优秀的社会组织尤其是行业协会、公益慈善组织共建"深圳市社会组织融合创新服务平台"，为深圳政府部门、社会组织提供服务，带动深圳社会组织走出深圳，与全国各地的政府、社会组织合作。二是为促进"20+8"新兴产业集群体系化服务和经济发展，贯彻落实《深圳市人民政府关于发展壮大战略性新兴产业集群和培育发展未来产业的意见》《深圳市民政局关于培育发展相关领域社会组织助力战略性新兴产业集群和未来产业发展的工作方案》，总会与中科院深圳先进技术研究院发展处、综合开发研究院公共经济研究所三方发挥各自优势联合共建"产业集

群服务平台"，面向"20+8"产业集群方向，聚焦人工智能、医疗科技、新材料、时尚产业等重点行业，发挥"行业+企业+人才"集聚优势，搭建新兴产业集群服务平台。总会将把握当下发展新机遇，解决行业协会发展新需求，构建行业协会发展新格局，促进高端产业与其他湾区城市之间的融合创新发展，精准对接深圳新兴产业，培育未来产业，推动深圳优势产业资源与湾区城市的产业资源融合发展，建立符合深圳社会经济发展的产业融合新模式。

B.13
行业协会推动现代时尚产业发展

——深圳市服装行业协会案例

潘　明*

摘　要： 深圳"20+8"产业集群建设是实现建设中国特色社会主义先行示范区、发展壮大战略性新兴产业集群、积极培育发展未来产业的重大举措。现代时尚产业是"20+8"产业集群的重要组成。本报告从社会组织服务创新的视角出发，对深圳市服装行业协会服务关于深圳市服装行业发展的创新理念和实践进行了描述分析，对其进一步发挥行业协会作用推进现代时尚产业发展做出探索和思考。本报告还就现代时尚产业发展战略、科技创新、行业服务、平台搭建、人才培养等方面提出了具体建议。

关键词： 社会组织　行业协会　现代时尚产业

一　深圳现代时尚产业发展情况

深圳市服装、家具、钟表、黄金珠宝、皮革、眼镜等传统优势产业，经历多次转型升级，正在向技术高端化、创意多元化、产品时尚化、品牌国际化方向发展，初具时尚产业雏形。近年来，数字经济、数字化技

---

* 潘明，硕士研究生，深圳市服装行业协会会长，深圳市第七届人大代表，研究领域为时装产业发展与政策。

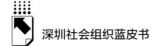

术已经成为全球经济增长的重要驱动力。深圳时尚产业积极拥抱数字时代，利用深圳得天独厚的科技优势，推动数字化智能化转型升级，生产端和消费端共同发力，提升行业整体生存能力和竞争力，提高时尚话语权，打造城市时尚新名片。

（一）发展情况

深圳时尚产业与改革同行，借助国内快速城镇化所带来的内销需求增长和毗邻香港的外贸双重优势，已成为国内原创品牌最集中、产业配套最完善、规模集群效应最显著的时尚产业基地之一，拥有了一定的经济总量和品牌优势。根据目前现代时尚产业集群的统计分类标准，2021 年，深圳市现代时尚产业增加值 377.15 亿元，同比增长 15.5%，增速在 20 个战略性新兴产业集群中排名第 5。①

深圳是中国时装业最发达的城市之一，服装行业经济总量名列中国大中城市前茅，牢牢占据全国女装引领地位，为深圳赢得"品牌之都"、"时尚之都"和"设计之都"的美名做出了卓越贡献。据深圳市服装行业协会统计，深圳市服装行业具有以下几个方面的特征。①产业规模大，2021 年服装产业总产值约 2600 多亿元。② 拥有 5 亿元以上产值的企业 30 多家；拥有 30 万名从业人员，2 万多名服装设计师。②品牌数量多，拥有 2500 多家服装企业，90% 以上是自有品牌，涌现出玛丝菲尔、影儿、歌力思、马天奴、珂莱蒂尔、季候风、吉祥斋、爱特爱、朗黛、沐兰、杰西等一大批全国知名品牌。其中，中国驰名商标 6 个、广东省名牌产品 17 个、广东省著名商标 9 个，有 200 多家企业亮相国际四大时装周。③市场占有率高：深圳女装畅销全国 100 多个大中城市，在全国大中城市一线高端市场占有率约为 60%。④上市企业数量领先：有 9 家品牌企业上市，其中国内上市 4 家，香港上市

① 《深圳市工业和信息化局 深圳市商务局 深圳市发展和改革委员会关于发布〈深圳市培育发展现代时尚产业集群行动计划（2022-2025 年）〉的通知》，http://gxj.sz.gov.cn/xxgk/xxgkml/qt/tzgg/content/post_9861064.html，最后访问日期：2023 年 6 月 25 日。
② 本报告中未注明来源的数据均来源于深圳市服装行业协会相关统计资料。

4家，新三板上市1家，是全国服装行业上市企业最多的城市。⑤产业链完善，网络覆盖广。部分大品牌在国外设立研发分公司，建立了以深圳为中心，产业链网络覆盖全国并延伸至欧美及东南亚地区的经营格局，形成了福田品牌总部商业集群、南山原创设计师集群、龙华大浪国家自主创新示范区集群等多个标杆性产业集聚区，为现代时尚产业集群建设打下了坚实的基础。

（二）发展机遇

随着粤港澳大湾区和先行示范区的全面建设，行业迎来了"双区建设"重大历史机遇，深圳市委、市政府高度重视服装产业发展，近年来出台了《深圳市时尚产业高质量发展行动计划（2020—2024）》、《深圳市时尚产业发展规划（2020—2025）》、《关于发展壮大战略性新兴产业集群和培育发展未来产业的意见》和《深圳市培育发展现代时尚产业集群行动计划（2022—2025年）》等一系列政策，大力推进优势产业转型升级，推动产业规模持续扩大、产业竞争力持续提升，对于强化企业发展后劲、推动产业创新发展、加快建设具有全球影响力的科技和产业创新高地具有重大意义。

与此同时，深圳服装企业不断加强技术底层基础设施建设，实现产业链内部各环节及不同产业链的跨界共生，在研发设计、供应链管理、生产制造、仓储物流、渠道管理、品牌运营、用户体验、商品企划等应用场景，不断涌现出新的发展业态。此外，深圳服装产业正加快数字化转型步伐。如"赢领智尚"打通全渠道智能销售、智能研发、智能制造三大平台，构建新型供应链，实现高品质的个人定制和柔性生产，开创高端女装个性化定制的先河。

（三）存在问题

由于深圳服装产业发展时间较短，品牌和时尚沉淀薄弱，与巴黎、米兰等国际时装之都相比，还存在较大差距。这些问题亟须在发展中着力加以解决。深圳市在传统服装产业体量上存在一定优势，但是大部分规模以上企业增长缓慢甚至遇到增长天花板，加之外部环境的变化和线上电商的冲击，整

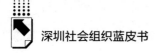

体业绩不容乐观，有的品牌甚至出现了明显下滑趋势。

另外，"创一代"企业家守业居多，有些对数字化转型升级认知较浅甚至无感，深圳市规模以上时尚产业企业设立研发机构的比例不到30%，拥有自主核心技术的传统优势企业不足10%；时尚产业与信息化融合深度不够，工业互联网应用速度亟待加快。相比北京、上海、广州、杭州等国内城市，深圳更多的是中高端品牌，年轻时尚品牌偏少，线上活跃度较低，缺少像天猫、京东、小红书、抖音一样的综合性平台、新媒体传播影响力比较小。缺少成体系的时尚原创能力和关键技术研发能力，如研发设计、智能制造、时尚媒体、时尚教育、高端复合型人才培育、资本运营、知识产权保护、可持续时尚等配套服务平台建设不够，影响发展的问题仍然存在。

二 深圳行业协会助推现代时尚产业发展案例

（一）深圳市服装行业协会概况

深圳市服装行业协会（以下简称深服协）于1988年8月，经深圳市民政局核准注册成立，是由深圳市从事服装、服饰、纺织等相关企业自愿组织的行业性、非营利性的社会团体。下设女装、男装、童装、设计师等专业委员会，深圳市服装研究开发中心，开展"深圳时装周""时尚深圳"等对外经贸交流活动等，目前拥有会员单位800余家，集中了深圳大多数优秀的服装行业企业。协会代表全行业的共同利益，积极做好政府有关部门与企业的桥梁，反映企业的共同愿望和要求，发挥企业和政府间的桥梁和纽带作用，促进国内外经济技术合作，有效地推动全行业的品牌价值提升，为深圳服装业健康快速发展以及产业的国际化交流做出应有的贡献。

深服协是深圳市最早成立的社会组织之一。成立30多年来，深服协伴随着改革开放不断向前发展，从最初的20多家发起单位，到目前拥有会员单位近千家。深服协充分发挥桥梁纽带和行业助推器作用，打造深圳服装业"联合舰队"，发展成为中国服装行业最具影响力的行业组织之一。成为深圳市政府在制定服装行业发展战略中的"行业发展规划者"和"行业政策建议者"。

深服协连续多次被民政部门和上级主管部门评为"全国先进民间组织""全省先进民间组织""先进单位""十佳社团"等,荣获"中国服装品牌推动大奖",并成为唯一获此荣誉的社会组织,还荣获"深圳市十大杰出贡献社会组织奖",首批并连续两次被评为"深圳市5A级社会组织"(2018~2022年、2022~2026年)。

(二)深服协组织运作情况

深服协之所以在行业拥有很高的声誉,首先是因为其严于自律。深服协严格遵守宪法、法律、法规和政策,不断完善健全协会的各项规章制度,按章程和规定开展活动;做到了有章可循、有制度规范、有明文自律;违反了制度,有问责、有处罚,从而为协会的公信力建设打下了坚实的基础。

深服协严格按照民政局通知在规定的时间内报送年度报告和相关材料,未出现漏报、逾期、材料不合格的情况,2019~2022年均通过年度检查,未有违法违规行为。

在贯彻落实党和政府方针政策的同时,深服协积极参与政策研究,提出政策建议。在政策法规、标准制定,国际贸易,行业监管等方面,积极和有关部门与机构沟通,反映行业现状、需求和企业呼声。倡导企业公平竞争、规范经营,维护行业公平竞争环境。深服协不断提高服务能力和水平,努力把倾听会员企业呼声、满足会员企业合理需求落到实处,让协会真正成为会员企业信得过、靠得住、离不开的"企业之家"。

深服协坚持"民办、民选、民营、民管、民受益"的市场化原则,不断健全完善协会的各项规章制度,形成了一套明确和成熟的决策、遴选、沟通的组织机构和工作机制,实现了各项工作有章可循、有据可依、有序开展。2019年,深服协第九届会员大会第一次会议选举产生了新一届理事会。深服协继往开来,不断加强自身建设,照章办事,不断提高社会公信力;通过品牌化运作、打造传播认知、服务升级等措施,致力于将协会打造成"世界时尚的中国名片"。

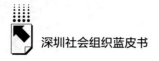

三 深服协在推动现代时尚产业上的
创新经验及成效

2020~2022 年，面对国际环境复杂严峻、国内疫情冲击影响，深服协新一届理事会认真贯彻深圳市委、市政府的战略部署，在上级主管部门和会员的大力支持下，创新发展，在推动产业科技进步、推动行业战略发展、人才建设、企业品牌建设、开拓国内外市场等方面开展卓有成效的工作，取得了良好的成效，努力推动深圳市服装行业转型升级再上新台阶，有效地发挥了协会的积极作用。

（一）组织创新

在党建方面，深服协积极加强政治建设和思想建设，在强化理论武装的基础上，加强协会组织队伍和制度建设，注重党风廉政建设，加强支部标准化和规范化建设，加大党建学习交流，压实党建工作责任，促进党建工作高质量发展。如 2020 年，深服协党支部第一时间响应党和政府的号召，发起捐赠活动，捐款 330 多万元支持武汉、深圳抗疫；配合深圳市工信局青年突击队相继开展稳健医疗集团消杀、服装企业转产防护服、抗疫物资生产企业招工、工业百强企业复工复产情况等摸查活动，充分发挥了党支部战斗堡垒作用和党员先锋模范作用。

为推动产业战略发展和人才培养，2020 年 10 月，深服协成立学术顾问委员会。学术顾问委员会由有着卓越学术成就和丰富实践经验的高校专家、教授组成，作为协会的思想库和智囊团，通过探讨深圳服装产业发展的创新模式，为时尚产业战略方向及重点任务的确定、时尚资源的布局、人才引进与培养模式的确立提供咨询和评价意见，为产业转型升级提供智力支持。

为聚焦产业最新发展动态，推动行业创新，2020 年，深服协成立了"创新中心"，由协会秘书长负责管理。创新中心立足于推动产业创新发展，积极整合行业创新资源，坚持瞄准前沿技术和模式创新，不断提升成果转化与服务能力，促进产业的协同融合发展，从人才培育、数字化转型、生态构建等方面，持续推动行业关键问题解决，加强跨界行业间交流，共同助力时尚产业的高质量发展。

此外，深服协还成立了"产业部"和"社会责任办公室"，以产业研究、新闻宣传和行业服务三条核心工作线，加强行业调研，通过对重点产业集群及相关企业进行实地调研，了解和跟踪行业、企业运行情况，进行行业经济运行分析；提供社会责任专业服务，协助会员和合作方实现社会责任目标，并通过行业发展报告、公众号等平台以及新闻媒体对外发布，不断提升产业的影响力。

（二）服务创新

为补齐行业发展短板，解决企业痛点问题，深服协积极搭建公共服务平台，2020 年以来，深服协先后建立了"知识产权保护工作站"、"诉源治理非诉解纷中心"、"深圳时尚设计师（品牌）孵化基地"、"深圳时尚产业媒体委员会"和"时尚产业可持续发展工作委员会"等新平台，开展创新服务。

服装产业是对创新要求极高的产业，也是知识产权诉讼频繁的领域。以设计创新为发展内核的时尚行业，因具有高附加值、流行期短、容易仿冒、维权成本高等特征，好的设计和创意成为被借鉴、抄袭的重灾区。为解决企业发展痛点问题，2020 年 4 月，深服协成立知识产权工作站，积极开展知识产权保护培训，提供专业、综合的知识产权保护服务，联合发布国内首个《中国服装行业知识产权保护白皮书（2020）》，以及深度参与国内首个知识产权保护大数据报告《深圳市服装产业知识产权创新数据研究报告》，为服装产业知识产权保护探索切实可行的策略并提出建议。

知识产权保护工作站还充分利用深圳全球领先数字技术，打造基于区块链的 IP 确权、云授权、防伪溯源互动平台，推出全球首个"图像 AI 和机器视觉的走秀款实时确权系统"，同时发布"湾区时尚产业知识产权备案平台"，通过 AI 自动识别，对走秀款进行实时的确权，构建数字化知识产权保护体系。目前，湾区时尚产业知识产权备案平台已有 1.6 万套服装确权备

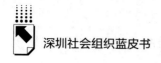

案信息。深服协持续完善平台功能，发布了湾区时尚知识产权保护平台 2.0 版本，打造时尚产业知识产权及 IP 保护新机制。

此外，针对企业维权难度大、渠道窄的问题，在深圳市中级人民法院、深圳市福田区人民法院的支持与指导下，深服协又成立了首个服装行业"诉源治理非诉解纷中心"，并设立在线司法确认室，开展服装知识产权纠纷调解及其他形式的纠纷化解。目前，经过诉源治理非诉解纷中心调解的案件有 22 件，并与 100 多家企业签署"诉源治理非诉解纷"公约，推动企业积极参与诉源治理工作，维护企业合法权益。

2021 年，深服协成立"深圳时尚产业媒体委员会"，集合了《时尚芭莎》、栩栩华生、华丽志、界面、WWD、《时尚北京》、深圳广电集团、深圳晚报、凤凰网、新浪、今日头条等权威媒体加盟，创新整合各方媒体资源优势，深度打造一个聚焦时尚产业的专业型综合媒体服务平台，大力创新构建多元化传播体系，打造全媒体传播新格局。

（三）数字化转型

为适应数字化发展需求，2021 年深圳市服装研究开发中心组建了"时尚产业数字化转型促进中心"。该中心以推动深圳时尚产业数字化转型为使命，发起建立时尚科技生态联盟，积极推进与华为、字节跳动、腾讯等头部科技企业的深度合作，搭建时尚产业云平台，引导中小企业品牌全面上云，开展网络协同制造，实现产品设计、制造、销售、管理等生产经营各环节的资源集聚与对接；加强设计与工程知识库、服装用人体数据库等行业基础数据库建设，运用大数据、人工智能等技术及时预测消费需求，辅助创意设计和产品开发，研发适销对路产品，增强生产与需求的适配关联，促进服装产业由产品导向型向消费导向型转变。

（四）人才发展

为推动产业人才发展，经福田区人民政府批准，深服协利用自身广泛的行业资源和优势，搭建面向时尚行业设计师和初创品牌的"深圳时尚设计师（品牌）孵化基地"。该孵化基地一期建设在深圳万科滨海云中心 23 楼，整体服务面积为 1000 平方米，一期入孵企业 30 余家。该孵化基地通过打造时尚创意设计、时尚研发、时尚展示、时尚配套、时尚产业投资一体化，独具产业特色的国际时尚产业交流服务平台和孵化空间，为时尚品牌提供全面的支持及专业的服务。打造集深圳新锐时装研发和创意设计、时尚展示发布中心、买手资源平台、线上线下销售实体（品牌实验室）于一体的湾区时尚设计师服务平台，扶持一批有潜力的国际新兴设计师落地深圳并发展壮大，打造完整的创新创业创意的时尚产业新生态，助推深圳时尚产业实现高质量发展。

同时，深服协积极开展人才培养"鸿雁计划"。成立"学术顾问委员会"，与伦敦艺术大学（中央圣马丁、伦敦时装学院）、帕森斯设计学院、北京服装学院、清华大学、东华大学、深圳大学等院校开展深入的合作，充分发挥这些院校在文化创意领域的师资及科研优势，开展学习培训、人才论坛、设计大赛、企业校招等活动，推进深圳市外籍"高精尖缺"时尚人才的认定与引进，为海内外时尚人才的交流与合作搭建平台，为新锐设计师提供总部发展空间和创新创业等一系列服务支持，打造产、学、研合作大平台，共同推进深圳时尚文化建设、技术技能人才培养。

（五）对外交流

近年来，在深圳市委、市政府的大力支持下，深服协积极带领企业开展国际经贸交流活动，在加强国际交流合作、开拓国际市场、提升深圳城市形象等方面取得了可喜成绩，包括连续 12 年组织企业参加四大国际时装周，举办"Fashion Shenzhen"系列经贸活动，推动 200 多个深圳品牌和设计师亮相国际顶尖时尚舞台。2021 年，深服协获邀成为深圳市人民对外友好协会会员，积极推动深圳国际友好往来、促进共同发展。

在推动企业"走出去"的同时，深服协也积极"引进来"。深圳时装周创办以来，总计有 2000 多个国内外品牌和设计师参与，其中包括法国、意大利、美国、英国、比利时、新加坡、泰国、印度、以色列等 30 多个国家

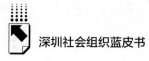

的品牌和设计师参与时装周；与全球顶尖的"IMG 国际管理集团"、
"Classeditori 传媒集团"和"意大利时尚协会"等建立了战略合作关系，逐
步积累嫁接了大量国际化和官方资源，包括设计研发、教育培训、展示传
播、投资协作等，深服协也积极与巴黎 ESMOD 时尚培训学院、UCA 英国创
意艺术大学等国际著名时尚院校开展合作，为年青时尚人才"走出去"搭
建桥梁，推动深圳时尚教育的对外交流与合作。

（六）时装周改革

截至 2023 年，经过八年的打造，深圳时装周的组织规模以及专业化、
国际化水平，均实现了快速提升，已成为我国时尚行业三大时装周之一，并
进入了国际时装周系列。

为推动深圳时装周创新发展，紧紧围绕贯彻落实深圳"双区"建设和
具有全球影响力的创新创业创意之都，打造更具深圳特色的时装周，深服协
推动采取的改革措施包括以下几个方面。一是与国际惯例接轨，实行"一
年两季"制，加速时尚资源在大湾区聚集。二是推进"科技+时尚"深度融
合，以科技创新引领时尚高质量发展。近年来，深圳时装周先行先试，充分
利用深圳在大数据、人工智能、5G 等信息技术方面的优势，从"云秀"到
科技"零碳秀"，从"AI 知识产权保护实时确权系统"到"湾区时尚产业
知识产权备案平台"，利用"元宇宙技术"实现数字化呈现，不断探索行业
的数字化转型，助力品牌加速线上布局，全面推进数字化转型，形成示范效
应。三是联合各区举办系列时尚活动，将时装走秀和促消费、人才引进紧密
结合，不断提升时装周的商业转化能力。通过一系列改革创新，深圳时装周
越来越受大众关注，媒体关注度逐年提升，深圳时装周以其接轨国际四大时
装周的专业化、市场化特点受到国内外业界一致好评。

（七）打造品牌项目

1. 绿色可持续发展工程
为以实际行动响应、落实习近平总书记提出的 2030 年碳达峰目标及

2060 年碳中和愿景，推进企业社会责任建设和时尚产业可持续发展，助力深圳打造可持续发展先锋，深服协发起"绿色可持续发展工程"。深服协联合政府、研究机构、行业企业、媒体、国际业界的力量，共同探索时尚的可持续发展道路，开展深圳时尚产业可持续发展研究，不断提升产业可持续发展的能力和水平，推动时尚产业绿色低碳转型，实现时尚产业的可持续发展，推动绿色时尚走向全新未来。"绿色可持续发展工程"将在全球格局下，发起可持续时尚全球倡议，号召时尚产业决策者以商业的方式践行地球生态保护，以可持续发展战略赋能产业未来发展，同时开展时尚产业发展行动计划，为世界时尚产业可持续发展提供"深圳样本"。

2022 年，深服协成立"时尚产业可持续发展工作委员会"，重点在服装产业可持续发展课题研究尤其是服装产品碳足迹披露和碳标签标准制定、节能管理、可再生资源综合利用、绿色可持续发展模式推广等方面开展工作，发布中国首套女装产品（玛丝菲尔）碳足迹评价报告，打造全球范围内首个承诺实现"碳中和"的时装周。根据《大型活动碳中和实施指南（试行）》相关标准，实施碳减排、进行碳核算、开展碳抵消，最终实现"碳中和"，积极引导全产业链一起实现绿色协同。

2. "现代设计" + "纺织非遗" 助力乡村振兴

一是现代设计激活纺织非遗。随着时代的变迁，那些同千年岁月一样悠长的传统技艺受到严峻挑战，一些技艺正加速消失。为了更好地挖掘纺织非遗的文化资源，有效地保护、传承、活化纺织非遗，深服协牵头启动"纺织非遗活化工程"，通过"非遗+时尚"的模式，以深圳"设计之都"深厚的现代时尚设计力量，激活传统纺织非遗的生命力，让人们可感、可知、可参与，让纺织非遗"活"起来，推动非遗更好地融入现代生活场景，以市场化的方式，通过服务经济社会发展，不断满足人民对传统文化、精神文化生活的需要，真正实现非遗的活化、传承和可持续发展。

二是市场手段助力乡村振兴。2020 年，深服协"纺织非遗活化工程"与唯品会驻凉山传统工艺工作站合作，推出"彝绣活化"项目，通过行业指导、设计帮扶、平台资源引入等多种手段，推动彝绣产品市场转化，实现对凉山彝绣文化的传承与保护。11月初,深服协组织数十位来自湾区的先锋时尚设计师深入四川大凉山采风,与凉山州彝绣企业及彝绣传承人合作,以现代设计语言结合彝绣非遗的特色,推出了多个系列的服装和服饰。2021年4月,"彝绣活化"项目成果以"圆·彝"为主题,借助深圳时装周国际化的平台面向全球发布,通过市场化推广,提升凉山彝绣产品的知名度和影响力,让凉山彝绣直接服务乡村振兴,促进当地手工艺人灵活就业,赋能并激发广大女性独立自主发展机遇。

三是增强文化自信,让世界读懂中国之美。文化是世界通用的语言,2021年10月,"圆·彝"项目受邀派出设计师代表中国参与"世界创意网络——汉诺威国际跨文化服装秀",与来自德国、埃及、印度、土耳其等数十个国家和地区的青年设计师同台竞技。将传统的服饰非遗传承融入当代服饰美学设计之中,演绎出属于东方的世界时尚,这样的中国设计必将让世界为之赞叹,让国人为之骄傲,从而增强了世界对中国文化的认可、国人对中华文化的自信。

四 社会组织创新,助力"20+8"新兴产业集群发展的思考及建议

在新时代,深服协将全面贯彻习近平新时代中国特色社会主义思想,积极贯彻新发展理念,融入新发展格局,坚定不移地开拓创新,坚定不移地推动高质量发展,充分发挥桥梁纽带作用,广泛链接企业服务资源,着力凝聚成长企业力量,加快实现行业企业关键核心技术的创新突破,完善产业链、畅通供应链、提升价值链,推进深圳服装产业发展再上新台阶。本报告提出以下建议。

(一)建设时尚产业数字化转型的公共服务体系

发起时尚科技生态联盟,与华为、腾讯等深圳头部科技企业深度合作,同时着力引进时尚科技类独角兽企业落户深圳,建立全球领先的时尚产业数

字化生态集群；搭建时尚产业云平台、行业基础数据库，引导中小企业品牌全面上云。推动时尚行业建立行业性的材料、成品、知识产权 IP 等行业公共要素交易平台。

（二）打造新型消费，促进消费持续恢复

年轻群体对消费创新具有引领作用，深圳在打造"Z 时代经济"方面有天然优势，建议大力开展"全球新品首发"、"时尚元宇宙"、"可持续时尚"和"新国潮新消费"等新型消费活动，不断满足年轻消费者个性化、多样化需求。同时，顺应数字时代新要求，大力推动首店经济、数字商业、直播经济、网红经济、社区营销、智慧零售等新技术、新模式，以新审美、新技术、新链接方式让消费变得更活跃、更便捷，加速时尚消费品产业的高质量发展。

（三）推动现有产业集群实现数字化

针对如南油、大浪时尚小镇等地产业加工工厂和批发等功能聚集地，由行业协会、头部时尚企业联合大型新基建公司（华为云、腾讯云等）和行业内有代表性的工厂或者批发商等组成产业集群数字化项目组，进行信息化、数据化和智能化改造，以实现产业集群的数字化。

（四）加大知识产权保护力度

积极创新知识产权保护模式，充分利用深圳全球领先新一代信息技术，搭建电子化、智能化的知识产权管理平台，打造时尚产业知识产权及 IP 保护新机制，积极探索时尚行业知识产权保护新路径、新方法，为中国时尚知识产权保护探索"深圳方案"。

（五）大力实施人才战略，推动人才创新发展

建设时尚产业交流服务平台和孵化空间，打造集深圳新锐时装研发和创意设计、时尚展示发布中心、买手资源平台、线上线下销售实体于一体的

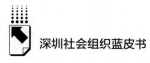

"湾区时尚设计师服务平台",扶持一批有潜力的国际新兴设计师落地深圳并发展壮大,打造完整的创新创业创意的时尚产业新生态。

(六)搭建国际一流时尚发布平台

对标国际顶尖时装周,打造国际一流时尚发布平台。一是推动深圳时装周加强与宣传、商务、文体等部门联动,营造时尚消费环境和文化氛围,助力国际消费中心城市建设。二是加速商业落地促进产业提质增效。联动深圳品牌、设计师平台的订货会,进一步提升产业集聚水平,促进消费。三是积极构建全方位、多梯度的媒体宣传矩阵,开展时装周专业化、国际化宣传,加大传播力度,提升城市知名度。

(七)推动时尚产业绿色可持续发展

大力开展"碳中和""碳达峰"规划研究,研究深圳市时尚产业气候行动目标路线图,制定深圳时尚产业"十四五"应对气候变化/可持续时尚规划;推动服装制造节能减排,智造发展,打造高效环保的创新供应链;策划绿色可持续发展系列活动。打造绿色可持续/低碳时尚的国际形象;推动时尚产业绿色低碳转型。

(八)大力开展行业社会责任建设

以大爱精神履行企业公民责任,开展慈善公益、非遗传承、环境保护、乡村振兴、教育助学等项目,促进深圳服装行业的社会责任事业发展,为深圳乃至全国的时尚可持续事业贡献更多的力量。

B.14
社会组织创新促进未来产业发展

——深圳市合成生物学协会案例

李玉娟　黄怡　吴蔚*

摘　要： 合成生物学是当今广受关注的生命科学新兴交叉前沿领域，带动
　　　　生物技术发展到新的阶段，也是未来生物经济发展的核心驱动
　　　　力。我国高度重视合成生物科技与产业发展。深圳前瞻布局，已
　　　　发展成为全球合成生物学领域的一支重要力量，构筑了全球创新
　　　　网络体系。本报告试图从社会组织创新促进未来产业发展的视角
　　　　出发，以深圳市合成生物学协会为例，介绍协会的发展概况和运
　　　　作情况，分享协会推动合成生物未来产业发展的创新经验，分析
　　　　当前仍面临的挑战，并就如何更好地发挥社会团体力量以推动全
　　　　球合成生物产业高地建设提出建议。

关键词： 合成生物学　未来产业　全球网络体系　社会组织

　　合成生物学（Synthetic Biology）是当今广受关注的生命科学新兴交叉前
沿领域，带动生物技术发展到新的阶段，也是未来生物经济发展的核心驱动
力。预计到21世纪中叶，合成生物学的赋能应用将有可能使生物经济真正
成为支柱经济，并为人类健康和粮食安全及可持续发展提供解决方案。我国

---
* 李玉娟，法学博士，深圳市合成生物学协会秘书长，研究领域为合成生物学产业政策、伦理
　法律规范；黄怡，管理学硕士，深圳市合成生物学协会秘书处专员，研究领域为合成生物学
　科技与产业政策、知识产权；吴蔚，设计学类学士，深圳市合成生物学协会秘书处专员，研
　究领域为合成生物学数据可视化与视觉传达设计。

高度重视合成生物科技与产业发展。深圳前瞻布局合成生物学，新发布的"20+8"产业政策将合成生物列为未来产业之一，作为未来产业发展的新增长点，重点培育。深圳已成为全球合成生物学领域的一支重要力量，以深圳合成生物学创新研究院为据地，在合成生物学领域构筑全球创新网络体系，发起或组建国际、亚洲、中国及深圳等各级社会组织。深圳市合成生物学协会（以下简称"协会"）作为关键枢纽型社会组织在全球网络体系中发挥重要桥梁作用。如何充分发挥协会全球网络节点优势，促进合成生物这一未来产业加速发展壮大成为战略新兴产业，打造全球合成生物产业高地仍需进一步探索。

一　合成生物及其产业发展现状

合成生物学以生物科学为基础，以基因操纵、化学合成、计算模拟等为手段，结合工程学设计理念，对生物体进行有目标的设计、改造乃至重新合成。合成生物学采用自下而上的策略，重编改造天然的或设计合成新的生物体系，以揭示生命规律和构筑新一代生物工程体系，被喻为认识生命的钥匙和改变未来的颠覆性技术。合成生物学带动生物技术发展到新的阶段，也是未来生物经济发展的核心驱动力。一系列使能技术的突破加快了合成生物学的工程化应用，以构建分子机器和细胞工厂为代表的新兴生物工程领域，在推开"建物致知"的大门的同时，也拉开了"建物致用"的帷幕。

合成生物在医药、化工、能源、环境、农业（包括食品/饲料）等方面具有广泛应用前景，为应对突发公共卫生事件、疾病诊疗、气候变化、粮食危机等全球紧迫、可持续发展问题提供了可行性方案，日渐成为促进生物经济乃至社会经济发展的重要推动力。当今，合成生物学相关产品已开始陆续走进大众生活。比如，备受关注的"人造肉汉堡"、"细胞培养肉"、植物基肉制品、可降解材料等产品本身或者其中重要成分都是通过工程细胞生产获得。绿色生物制造有望为人类"低碳生活"的方方面面提供可替代方案。据 2020 年麦肯锡研究报告预测，未来 10~20 年，合成生物技术将带来每年

2万亿~4万亿美元的直接经济产出。

随着合成生物学技术的不断成熟以及相应的政策刺激，预计到2030~2040年，全球会有60%的经济物质投入是由生物（合成生物学占2/3以上）产生，并且影响的产值空间将达到1.8万亿~3.6万亿美元；预计2040~2050年，全球会有70%的经济物质投入是由生物产生，并且影响的产值空间将达到3.0万亿~5.1万亿美元（见图1），行业发展前景广阔。SynBioBeta报告显示，2021年合成生物公司累计获得融资近180亿美元，成为合成生物初创公司投资趋势最好的一年。2021年融资额几乎是自2009年该领域出现以来前几年的全部金额总和。其中，食品、医药和化学品等应用类别的融资占比约为75%。2021年合成生物学领域投资的历史性增长是一个难以超越的壮举。2022年初虽有疲软，但整体上的投资趋势仍在稳步上升。

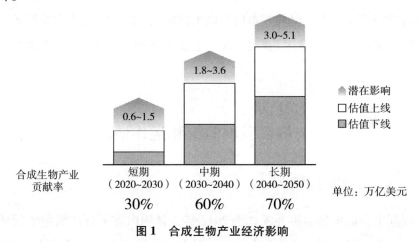

图1 合成生物产业经济影响

资料来源：The Bio Revolution, MGI Report 2020。

深圳市前瞻布局合成生物领域，已初步形成"基础研究+技术攻关+成果产业化+科技金融+人才支撑"全过程创新生态体系，依托深圳合成生物学创新研究院和合成生物重大科技基础设施平台，建设工程生物学产业创新中心，首创国内"楼上楼下创新创业综合体"模式被国家发展和改革委员会作为科技成果"沿途下蛋"高效转化的"深圳经验"，向全国各地推广。

2022 年 6 月，深圳市政府出台《关于发展壮大战略性新兴产业集群和培育发展未来产业的意见》，明确将合成生物列入深圳八大未来产业之一进行重点培育；《深圳市培育发展未来产业行动计划（2022～2025 年）》的出台进一步加大了对合成生物创新与产业发展的支持力度；光明区政府发布的《光明区关于支持合成生物创新链产业链融合发展的若干措施》，是全国首个合成生物领域专项扶持政策。此外，深圳市发展和改革委、科技创新委也相继出台了支持合成生物产业发展的相关政策。

合成生物具有广阔的赋能应用前景和巨大的商业价值，被各主要国家视为科技发展战略的重中之重。各国社会组织在促进合成科技与产业发展过程中发挥重要作用，如 2016 年成立的美国工程生物学研究联合会（Engineering Biology Research Consortium，EBRC），目前已围绕信息、生物经济、材料、微生物组学等领域发布系列合成生物学相关路线图，推动合成生物科技与产业发展。深圳在布局合成生物学发展之初，也大力支持成立社会组织，如深圳市合成生物学协会，这成为国内首个合成生物学领域的协会。

二 协会发展概况和运作情况

（一）协会发展概况

深圳市合成生物学协会成立于 2017 年，是国内首个合成生物学领域行业协会，现已吸纳近百家企业会员，涵盖合成生物学领域龙头企业。目前，协会已在党建引领、智库建设、项目承接、品牌活动、科技传播、标准资质、创新联盟等方面形成核心影响力，并于 2022 年入选深圳市社会组织交流服务展示点（生物医疗领域），作为关键枢纽在全球网络体系中发挥重要桥梁作用。根据深圳市"20+8"和"一集群一联盟"等相关部署，2022 年10 月，协会作为发起单位组建合成生物产业创新联盟，旨在联合政府、学术界、产业界、投资界等各界人士与公众，促进国际学术与产业交流，推动合成生物产业集群加速建设，2023 年 4 月，联盟正式揭牌，联盟中的 11 家投资机构合作成立资本子联盟，将持续引领生物制造新革命，打造生物经济新引擎，助力深圳建设国际合成生物战略发展高地。

为培育合成生物学青年力量，2021 年 4 月，协会与中国地区国际基因工程机器大赛（International Genetically Engineered Machine，iGEM）参赛队伍交流会（Conference of China iGEMer Community，CCiC）执委会共同成立工程生物学青年爱好者协会，作为协会的二级机构，旨在推动合成生物学、工程生物学的科学普及，促进学科建设和教育发展。

（二）协会业务及运作情况

围绕合成生物科技与产业发展，协会围绕以下方面开展具体工作，运行顺畅并已取得良好成效。

（1）为协会成员提供信息服务。根据授权进行合成生物学行业统计，掌握国内外合成生物学领域发展方向和趋势，为深圳市合成生物学领域发展进行科技政策计划的解读与指导，自律与规范产业的有序发展。

（2）研究探讨合成生物产业发展改革的理论、方针、政策及技术发展等问题，为政府提供产业相关合理化建议，促进政府制定相关产业发展政策，建立相关产业发展体系和机制。

（3）积极开展各种形式的合成生物学研讨会，提高学术会议水平和质量；组织会员单位开展内部培训，帮助会员单位提高业务素质，增强会员的创新能力，提高科研学术水平。

（4）为合成生物学领域研究与产业化合作搭建平台，促进企业与科研机构合作，实现资源共享和优势互补。为实现合成生物重大项目转化、科研实验、团队建设、人才输送、项目融资等业务提供需求对接。

（5）积极开展国际学术交流，引进相关高新技术及产品。协助会员企业开拓国际视野；开展国内外科学研究交流。

（6）加强协会成员之间的科技交流、信息沟通，鼓励合作创新，促进合成生物学领域科研与产业的紧密结合，促进产、学、研合作。

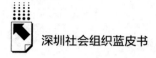

（7）主动发起制定团体标准工作，积极参与国际标准制定。

（8）编译有关合成生物学方面的著作。

三　协会促进合成生物未来产业发展创新的经验

协会高度重视党建，在党的指导下开展系列工作，发展至今，已在党建引领、智库建设、项目承接、品牌活动、科技传播、标准资质、创新联盟等方面形成核心影响力，并于 2022 年入选深圳市生物医疗领域唯一的社会组织交流服务展示点。

（一）党建引领

在党建引领方面，2021 年 6 月 25 日，中共深圳市合成生物学协会支部委员会正式成立。2021 年是中国共产党成立 100 周年，也是实施"十四五"规划、全面建设社会主义现代化国家的开局之年。中共深圳市合成生物学协会支部委员会的成立，开启了协会发展的新篇章，对于进一步加强协会党建工作，促进协会健康、稳定发展，具有重大而深远的意义。协会在党组织的领导下，通过观看庆祝大会、观看红色电影、开展党团联建等多种形式的活动加强政治理论学习，一方面提升党建的规范性、保持组织的先进性、充分发挥引领作用，另一方面提升协会的凝聚力、更好地发挥科研与产业之间的桥梁优势，助力合成生物产业发展。

（二）智库建设

在智库搭建方面，为适应当前科研范式转变（平台化、网络化与数字化等），协会充分发挥社团组织的优秀人才资源及灵活的人事聘用机制作用，已组建一支稳定的专家团队，其中包括学术界顶级专家、产业界企业代表以及科技伦理和法律界专家及资深资本界人士，旨在快速洞察国内外最新科技信息，并加以解读与研判，为会员提供优质服务。本着为会员提供信息服务的宗旨，协会围绕合成生物学各细分研究方面及应用领域，进行合成生物学行业统计，掌握国内外合成生物学领域发展动态，收集发布合成生物学领域最新动态，合成生物学智库（iSynBio Thinktank）已取得显著的研究成果。在战略研究方面，受科技部、国家市场监督管理局及中国科学技术协会等委托，完成系列战略报告；编译来自其他国家有关合成生物学的战略报告，作为国家、深圳市及各区政府参考资料，获得领导一致好评。目前，协会正参与科技部组织的合成生物学战略发展研究工作；在学术前沿方面，介绍合成生物学领域科技发展趋势与产业态势；在产业态势方面，重点关注合成生物产业投融资动态，及时把握信息动态，公众号发布报告 357 期，辐射海内外合成生物学及相关领域近万人次，推动湾区合成生物学产业发展，获得业界广泛关注。截至 2023 年 5 月，共形成约 160 万字的报告内容。[①]

（三）项目承接

在项目承接方面，协会积极参与各部委及地方政府项目，为合成生物科技与产业发展献言建策。已承接科技部、中科协、中科院等的多项智库项目与情报分析项目，为它们提供专业智力支撑；围绕合成生物大设施建设及产业布局，承接专利导航项目。重点项目列举如下。

2022 年 3 月，协会作为牵头单位，承担深圳市市场监督管理局光明监管局的专利导航项目，围绕合成生物重大科技设施建设，开展知识产权导航与布局，搭建合成生物产业专利导航基地。项目绘制了合成生物产业图谱，产出了调研报告 1 份、工作专报 4 期，搭建合成生物自动化设施专利导航数据平台，可检索分析专利达 26000 件，并完成高价值的专利组合评估分析。协会公布了专利导航平台型企业的专利分析数据，进一步推动以产业数据、专利数据为基础的产业专利导航决策机制的建立，为科技创新提供了有效支撑。2022 年 4 月，协会作为参与单位，承接科技部面向 2030 年的合成生物学发展战略研究项目，积极发挥协会智库优势，对未来 10 年合成生物学科学和技术发展趋势进行预判。2022 年 5 月，协会作为牵头单位，承接中国

---

① 本报告中未注明来源的数据均来自深圳市合成生物学协会统计资料。

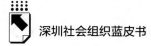

科学技术协会"合成生物学科技与伦理政策国际青年科学家沙龙"项目，组织举办中国科协合成生物科技与伦理政策国际青年科学家沙龙，围绕合成生物科技创新、产业发展、科技伦理与法规、生物安全及发展倡议等议题展开，来自境内外各界的40余位（其中美国4位、港澳11位）专家与青年学者共聚一堂，共享交流，探讨合成生物科技与产业高质量创新发展策略，为合成生物科技界、产业界、政策伦理法规界及智库研究界、媒体传播界等青年科技人才搭建了跨界交流平台，极大地促进了海内外青年人才的交流。2021年12月，协会承接深圳市光明区科技创新局"合成生物产业园区、企业认定标准制定与专家库建设"项目，为光明区的合成生物产业园区建设组建智库及专家团队，并提供相应的专业咨询建议。

（四）品牌活动

品牌活动方面，协会已开展系列核心学术产业品牌活动，形成了品牌效应。学术方面，合成生物学青年学者论坛（已办5届），规模超千人，辐射国内外优秀合成生物学青年学者；2023年4月承办了中国科学院第二届雁栖青年论坛合成生物学专题论坛，来自国内外51个科研机构约150名青年科学家代表受邀参加论坛。"学术+产业"方面，承办中国合成生物学学术年会（2023年4月第2届）暨工程生物创新大会（2023年4月第4届）暨亚洲合成生物学创新大会（2023年4月第1届），吸引国内外近300家高校及科研单位、近400家投资机构、700余家生物制造企业近2000人出席大会，近3000万人次线上参会，成为合成生物领域引人注目的常规性、标志性年度盛会。承办"合成生物学竞赛"，2022年首届比赛吸引了来自全国21所高校的共27支队伍参加，线上线下观赛人数超220万人次。在"双碳"背景下，联合承办"COP 15青年生物多样性科学探索活动"，形成《中国合成生物学青年负责任科技创新助力生物多样性保护宣言》（草案），拟进一步公开广泛征集意见与建议，形成最终方案提交联合国生物多样性公约（CBD）秘书处。2022年12月15日，在COP 15第二阶段会议期间，协会与iGEM、极地未来、SynbioAfrica、CYBAN、全球青年在线联盟G-YOU、中国生物工程学会合成生物学分会青年工作组联合，组织"保护、修复与创新：生物多样性目标下的青年科学探索"青年沙龙，邀请青年学者共享交流生物多样性科学探索的故事。

（五）科技传播

在科技传播方面，协会已建立完善的科技传播矩阵，包括网页、微博、公众号、视频号等传播平台，科学科普，理性宣传，提高公众对合成生物学的认知度。依托前期工作，2022年，协会及其下属机构被认定为南山区科普基地。2022年11月1日，协会协办了首届"造物：合成生命，制造未来"中国科学院科学节。开展合成生物学主题科普活动，旨在让公众能够近距离接触前沿科技成果，与科学家面对面，同时注重科学与文化、艺术的融合，突出"科学节"特点，激发公众尤其是青少年的好奇心，服务科学教育。活动为期三天，共吸引线上线下数百万人参与，为深圳乃至全国各地各界人士带来了一场生动有趣的合成生物学科普盛宴。全程精彩活动回放上传至合成生物学综合教育信息网站平台"iSynBio Talk"，使公众在"科普云课堂"持续感受合成生物学的魅力。

（六）标准资质

在标准资质方面，协会于2022年4月取得团体标准发布资质，能够在全国团体标准信息平台上发布团体标准（编号 T/SZSBA）。目前，协会正在组织合成生物学领域相关标准的立项工作。正在编制合成生物大设施工艺实施团体标准以及噬菌体产品等创新应用领域标准。积极主动发起制定团体标准工作，积极参与国际标准制定，不仅有利于提升协会的知名度和影响力，解决当下合成生物产业行业标准匮乏的问题，并且可在一定程度上推动合成生物产业的规范化和可持续发展，更好地发挥协会在行业发展过程中黏合剂与指挥棒的作用。

（七）创新联盟

在网络构建方面，深圳已成为全球合成生物学领域的一支重要力量。以深圳合成生物学创新研究院为据点，在合成生物学领域构筑全球创新网络节点（见图2），组建并承载国际、亚洲、中国及深圳等各级合成生物学社会团体。协会作为关键枢纽在全球网络体系中发挥重要桥梁作用，承接工程生物学青年爱好者协会、中国生物工程学会合成生物学分会、合成生物学分会青年工作组、亚洲合成生物学协会（ASBA）、国际合成生物设施联盟（GBA）、合成生物产业创新联盟等深圳、国内、亚洲及国际等各级组织秘书处工作。协会理事作为核心成员联合发起全球合成生物设施联盟，承接亚洲合成生物学联盟、中国生物工程学会合成生物学专业委员会秘书处日常事务工作，已在全球合成生物学领域产生重大影响力。此外，协会作为新型科技智库，整合优质资源，为科技及行业发展提供强有力的"智力"保障。

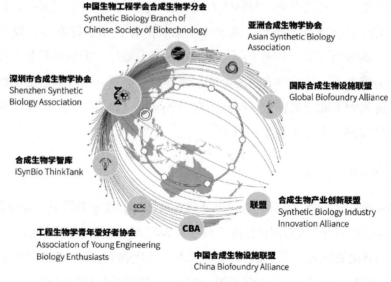

图 2 全球网络创新体系

（八）交流服务展示

2022年，协会入选深圳市生物医疗领域唯一的社会组织交流服务展示点（以下简称"展示点"）。在深圳市社会组织管理局的指导下，为更好地落实展示点项目的实施，协会积极展示合成生物学在生物医疗领域的相关成果，并接受公众预约参观（见图3）；利用网站、公众号、B站、微博等媒介，积极分享本领域的典型案例，旨在将展示点打造成为社会组织之间学习交流新阵地，发挥示范引领作用。2022年9月，展示点装修完毕，成为竞相打卡的网红展示点，目前已吸引了50余次的各级政府机构参观，完成近百次的接待（包括兄弟协会及行业上下游企业等）。协会围绕"一集群、一展会、一论坛、一协会、一联盟"目标，充分发挥桥梁纽带作用，搭建平台，促进资源共享，发挥示范引领作用，助力"20+8"新兴产业集群建设。协会也依托完善的网络体系，立足湾区优势，助力科技创新，打造全过程创新生态链；推动国际框架建立，提升深圳乃至我国在该领域内的国际影响力。

合成生物科技创新面向世界科技前沿，注重原始创新。合成生物学围绕"生物功能跨层次涌现的基本原理"这一核心科学问题，从定量基础理论与人工智能模型、定量表征技术及生物大分子工程与新功能生物分子设计、细胞与宿主工程、多细胞生物体系重构与创制、高通量自动化设施平台等方面开展攻关，发挥破解生命科学重大命题的潜力和驱动未来生物经济的能力。

合成生物科技创新面向经济主战场。合成生物学在工业、医学、农业、食品、材料、环境、海洋乃至国防等领域具有广泛应用前景。一方面，合成生物学促进生物产业高质量、高效率发展，将在振兴生物经济中发挥核心作用，驱动生物经济GDP占比提升，促进生物产业真正发展成为支柱产业，并带来大量就业。另一方面，合成生物学在呵护健康、应对突发公共卫生事件及气候变化、修复环境与维护生物多样性等方面发挥重要作用，为解决全球紧迫、可持续发展问题提供解决方案。

合成生物科技创新面向国家重大需求，开展"有组织的基础研究"，系统化构建"促融通"新范式，加快突破关键核心技术，瞄准国家需求。合成生物学在陆地、海洋甚至航空航天等领域都有应用。例如，利用合成生物技术，开发新途径人工合成海洋天然产物、合成生物被膜修复海洋环境污染、珊瑚礁修复助力海岸线长久维护、海洋仿生开发活体功能材料，解锁海

聚焦"20+8"未来产业－打造全球合成生物产业高地

四引两育

全球网络节点

中国生物工程学会
合成生物学分会
Synthetic Biology Branch
of Chinese Society
of Biotechnology

亚洲合成生物学协会
Asian Synthetic Biology
Association

深圳市合成生物学协会
Shenzhen Synthetic
Biology Association

国际合成生物设施联盟
Global Biofoundry Alliance

合成生物学智库
iSynBio ThinkTank

工程生物学
青年爱好者协会
Association of
Young Engineering
Biology Enthusiasts

中国合成生物设施联盟
China Biofoundry Alliance

CBA

科研育企

一个科学突破 ⇨ 一个高科技企业

模式育企

皿 - 创新 - 创业
科研 - 产业
线上线下创新创业培育体

科研产业一体化

人才引企
科教融合
战略科技力量

设施引企
全球首个
服务科研产业

政策引企
前瞻布局
专项支持政策

资本引企
产业大会
天使基金
专业投资机构

深圳市社会组织交流服务展示点

图3 深圳市社会组织交流服务展示点（生物医疗领域）

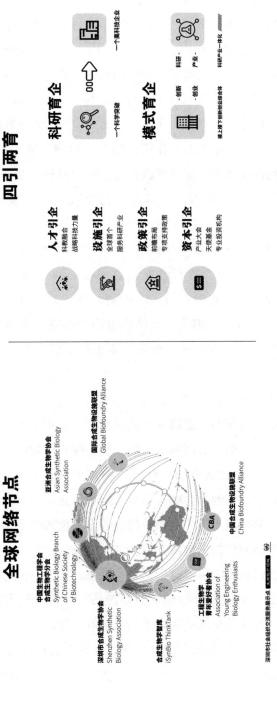

洋潜力；构建以二氧化碳为原料、太阳能为能源的底盘细胞，实现碳中性的燃料、材料、食品和化学品的生产，推动光驱固碳生物技术应用于固碳减排和清洁生产，助力"碳达峰"和"碳中和"。

合成生物科技创新面向人民生命健康。在生命健康领域的应用是深圳合成生物学发展的重点方向之一。未来十年，人工合成的活体药物有望为癌症病人、遗传病人、传染病人等未被满足的临床需求提供有效治疗手段。

四　协会推动合成生物未来产业发展面临的挑战

深圳已在合成生物学领域构筑全球创新网络节点，组建并承载国际、亚洲、中国及深圳等各级合成生物学社会组织工作。在全球范围内，合成生物学正在飞速发展。同时，基于当前的政治环境、经济竞争力等背景，合成生物既造福人类，又创造巨大的经济价值，正在被世界各国政府高度重视并重新审视。在国际联系日益加强的背景下，亟须在国际层面开展全球科技联动与协同的工作。未来几年，国际交流及粤港澳对接合作将进一步深化，区域性乃至国际性的社会团体将在国际层面的科技交流中发挥重要作用。而随着合成生物产业集群开放合作，深入参与全球产业分工合作，深度融入全球价值链与供应链，也将进一步提升我国在合成生物产业领域的国际影响力。合成生物产业是深圳重点培育的"20+8"未来产业之一。作为系统成熟、运行完善的社会组织，协会将紧紧围绕"六个一"工作体系重点内容，积极发挥协会、联盟优势，精准高效推动战略性新兴产业集聚发展。然而，协会作为地方团队组织在推动未来产业发展过程中仍面临困境与挑战，主要体现在以下三个方面。

（一）国际化程度有待提高

深圳是粤港澳大湾区重要战略城市之一，肩负推动"双区驱动"、形成"双区效应"、实现"双区发力"，成为粤港澳大湾区核心引擎的职责。而协会作为一个地方性社会组织，受限于属地性质，未能充分联动粤港澳资源，

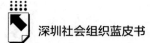
协同推动合成生物未来产业创新发展。与此同时，协会作为合成生物全球创新网络体系枢纽，虽然承接国际、亚洲组织秘书处等具体事务，但区域性、国际性组织实体落地深圳，组建国家级实体或者创新粤港澳联合实体，仍困难重重。如何发挥全球创新网络体系优势，作为联盟组织方在国际层面发声，提升协会国际化影响力，成为推动打造全球合成生物产业高地面临的重要课题之一。

（二）标准与规范亟须完善

合成生物科技领域不断取得突破性进展，新兴初创企业蓬勃涌现，产业投融资势头正猛。合成生物科技及产业的高质量健康发展离不开政策的引导与法律的规范。一方面，英国、欧盟、美国、加拿大、澳大利亚等发达经济体十分重视合成生物学战略研究，相继发布各自的合成生物学路线图，引导科技发展。尤其是美国，近两年围绕生物经济、材料、信息、微生物组学等发布了系列合成生物学相关路线图，产生了较大影响。另一方面，合成生物赋能应用广泛，为医药、化工、能源、环境、农业等诸多行业创建新基础，其产业高质量发展呼吁标准的系统性建立与监管策略的分级优化。

（三）资源整合模式有待优化

合成生物学是生命科学新兴交叉前沿领域，带动生物技术发展到新的阶段，也是未来生物经济发展的核心驱动力。一方面，合成生物前沿交叉，汇聚多学科优势，通过设计—构建—测试—学习再优化的工程学循环，能够快速将概念转化为产品；另一方面，合成生物涉及各行各业人类生活的方方面面。与以往独立企业或者产业发展模式不同，合成生物未来产业集群的高质量发展，呼吁构建高效能的资源整合平台，优化资源整合模式，打破信息壁垒，促进学科内外、行业内外的多学科多领域学者跨界交流，但协会在资源整合模式方面仍有待优化。

五　协会助力合成生物未来产业发展的建议

为进一步发挥协会灵活优势，助力合成生物未来产业高质量发展，加快推动全球合成生物未来产业高地建成，本报告提出以下建议。

（一）提高协会国际化水平，对接国际资源

深圳在粤港澳大湾区具有得天独厚的国际化地域与资源优势。建议以深圳为出发点搭建国际化平台，发挥粤港澳大湾区国际化优势，提高协会的国际化水平，提升深圳合成生物学中心节点乃至整个前沿生物技术领域影响力。在现有组织基础上，主管部门积极引导培育打造国际化组织，并适当给予专项资源支持；依托深圳在合成生物学领域构筑的全球创新网络节点，引进一批国际化组织落地深圳。比如，可以协会为连接点，推动区域性组织 ASBA 实体落地深圳，组建国家级实体或者创新粤港澳联合实体；依托深圳即将交付的合成生物基础研究重大科技设施，推动国际性组织 GBA 实体落地深圳，作为联盟组织方对接国际资源，在国际层面发声。

（二）完善行业标准与规范，产生国际影响力

经过几年发展，协会已在合成生物学领域具备一定影响力。目前，协会正在积极参与国家层面的合成生物学路线图编制工作，从宏观层面为我国合成生物学科技发展提供可参考建议。为进一步推动深圳合成生物未来产业高地建设，建议细化区域发展路线图，结合深圳发展实际，凝练若干优势方面并给予重点培育。协会是国内合成生物学领域首个获得全国标准发布资质的社会组织，应充分调动协会在行业发展过程中的黏合剂作用。主管部门需加强引导，系统性布局合成生物产业标准搭建工作，鼓励科研机构、龙头企业主动发起制定团体标准工作，在行业内起带动示范作用；推动升级成为国际标准，与国际标准接轨，产生国际影响效应。此外，还需充分发挥协会作为

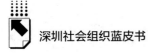
新型高端科技智库的优势，研判优化分级监管策略，为合成生物产业发展保驾护航。

（三）加强资源整合与交流，促进产业高质量可持续发展

协会作为关键枢纽在全球网络体系中发挥重要桥梁作用。在此基础上，应进一步整合社会有效资源，加强合作交流，促进产业高质量可持续发展。其一，发挥协会汇聚创新优势，促进行业上下游机构之间通力合作，打破技术层、平台层和应用层企业之间的技术壁垒，为平台服务和应用场景赋能。其二，保障协会在学术和具体事务管理上的独立性和灵活性，搭建学术界和产业界的沟通桥梁，创新性开展学术研讨会、产业研讨会，加强学术界、产业界共享交流讨论，将理论付诸实践，用实践印证理论，推动实现学术成果创新、产业链条融合创新、各组织机构协作创新。其三，鼓励协会参与开展科学评价、监督、创新成果推广、科普教育、公众对话等工作，并加强技术扩散与转移转化，从而形成更加完善的产业创新生态，提升我国合成生物行业的综合竞争力。

社会科学文献出版社

皮 书

智库成果出版与传播平台

❖ 皮书定义 ❖

皮书是对中国与世界发展状况和热点问题进行年度监测，以专业的角度、专家的视野和实证研究方法，针对某一领域或区域现状与发展态势展开分析和预测，具备前沿性、原创性、实证性、连续性、时效性等特点的公开出版物，由一系列权威研究报告组成。

❖ 皮书作者 ❖

皮书系列报告作者以国内外一流研究机构、知名高校等重点智库的研究人员为主，多为相关领域一流专家学者，他们的观点代表了当下学界对中国与世界的现实和未来最高水平的解读与分析。截至2022年底，皮书研创机构逾千家，报告作者累计超过10万人。

❖ 皮书荣誉 ❖

皮书作为中国社会科学院基础理论研究与应用对策研究融合发展的代表性成果，不仅是哲学社会科学工作者服务中国特色社会主义现代化建设的重要成果，更是助力中国特色新型智库建设、构建中国特色哲学社会科学"三大体系"的重要平台。皮书系列先后被列入"十二五""十三五""十四五"时期国家重点出版物出版专项规划项目；2013~2023年，重点皮书列入中国社会科学院国家哲学社会科学创新工程项目。

皮书网

（网址：www.pishu.cn）

发布皮书研创资讯，传播皮书精彩内容
引领皮书出版潮流，打造皮书服务平台

栏目设置

◆ **关于皮书**

何谓皮书、皮书分类、皮书大事记、
皮书荣誉、皮书出版第一人、皮书编辑部

◆ **最新资讯**

通知公告、新闻动态、媒体聚焦、
网站专题、视频直播、下载专区

◆ **皮书研创**

皮书规范、皮书选题、皮书出版、
皮书研究、研创团队

◆ **皮书评奖评价**

指标体系、皮书评价、皮书评奖

◆ **皮书研究院理事会**

理事会章程、理事单位、个人理事、高级
研究员、理事会秘书处、入会指南

所获荣誉

◆ 2008 年、2011 年、2014 年，皮书网均
在全国新闻出版业网站荣誉评选中获得
"最具商业价值网站"称号；

◆ 2012 年，获得"出版业网站百强"称号。

网库合一

2014年，皮书网与皮书数据库端口合
一，实现资源共享，搭建智库成果融合创
新平台。

皮书网

"皮书说"
微信公众号

皮书微博

权威报告·连续出版·独家资源

皮书数据库
ANNUAL REPORT(YEARBOOK)
DATABASE

分析解读当下中国发展变迁的高端智库平台

所获荣誉

- 2020年，入选全国新闻出版深度融合发展创新案例
- 2019年，入选国家新闻出版署数字出版精品遴选推荐计划
- 2016年，入选"十三五"国家重点电子出版物出版规划骨干工程
- 2013年，荣获"中国出版政府奖·网络出版物奖"提名奖
- 连续多年荣获中国数字出版博览会"数字出版·优秀品牌"奖

皮书数据库

"社科数托邦"
微信公众号

成为用户

登录网址www.pishu.com.cn访问皮书数据库网站或下载皮书数据库APP，通过手机号码验证或邮箱验证即可成为皮书数据库用户。

用户福利

- 已注册用户购书后可免费获赠100元皮书数据库充值卡。刮开充值卡涂层获取充值密码，登录并进入"会员中心"—"在线充值"—"充值卡充值"，充值成功即可购买和查看数据库内容。
- 用户福利最终解释权归社会科学文献出版社所有。

数据库服务热线：400-008-6695
数据库服务QQ：2475522410
数据库服务邮箱：database@ssap.cn
图书销售热线：010-59367070/7028
图书服务QQ：1265056568
图书服务邮箱：duzhe@ssap.cn

社会科学文献出版社 皮书系列
SOCIAL SCIENCES ACADEMIC PRESS (CHINA)

卡号：955138283728
密码：

S 基本子库
UB DATABASE

中国社会发展数据库（下设 12 个专题子库）

紧扣人口、政治、外交、法律、教育、医疗卫生、资源环境等 12 个社会发展领域的前沿和热点，全面整合专业著作、智库报告、学术资讯、调研数据等类型资源，帮助用户追踪中国社会发展动态、研究社会发展战略与政策、了解社会热点问题、分析社会发展趋势。

中国经济发展数据库（下设 12 专题子库）

内容涵盖宏观经济、产业经济、工业经济、农业经济、财政金融、房地产经济、城市经济、商业贸易等 12 个重点经济领域，为把握经济运行态势、洞察经济发展规律、研判经济发展趋势、进行经济调控决策提供参考和依据。

中国行业发展数据库（下设 17 个专题子库）

以中国国民经济行业分类为依据，覆盖金融业、旅游业、交通运输业、能源矿产业、制造业等 100 多个行业，跟踪分析国民经济相关行业市场运行状况和政策导向，汇集行业发展前沿资讯，为投资、从业及各种经济决策提供理论支撑和实践指导。

中国区域发展数据库（下设 4 个专题子库）

对中国特定区域内的经济、社会、文化等领域现状与发展情况进行深度分析和预测，涉及省级行政区、城市群、城市、农村等不同维度，研究层级至县及县以下行政区，为学者研究地方经济社会宏观态势、经验模式、发展案例提供支撑，为地方政府决策提供参考。

中国文化传媒数据库（下设 18 个专题子库）

内容覆盖文化产业、新闻传播、电影娱乐、文学艺术、群众文化、图书情报等 18 个重点研究领域，聚焦文化传媒领域发展前沿、热点话题、行业实践，服务用户的教学科研、文化投资、企业规划等需要。

世界经济与国际关系数据库（下设 6 个专题子库）

整合世界经济、国际政治、世界文化与科技、全球性问题、国际组织与国际法、区域研究 6 大领域研究成果，对世界经济形势、国际形势进行连续性深度分析，对年度热点问题进行专题解读，为研判全球发展趋势提供事实和数据支持。

法律声明